AF326105

BIBLIOTHÈQUE SCIENTIFIQUE CONTEMPORAINE

LES

CHEMINS DE FER

ET

LES TRAMWAYS

LES
CHEMINS DE FER

ET
LES TRAMWAYS

CONSTRUCTION, EXPLOITATION, TRACTION

La Voie, les Gares, les Signaux et Appareils de sécurité
La marche des trains, la Locomotive, les Véhicules
Les Chemins de fer métropolitains, de montagne, à voie étroite
Les Tramways et les Chemins de fer électriques

PAR

ADOLPHE SCHŒLLER

INGÉNIEUR DES ARTS ET MANUFACTURES
INSPECTEUR A LA COMPAGNIE DU CHEMIN DE FER DU NORD

Avec 90 Figures intercalées dans le texte

PARIS
LIBRAIRIE J.-B. BAILLIÈRE ET FILS
RUE HAUTEFEUILLE, 19, PRÈS DU BOULEVARD SAINT-GERMAIN

1892

Tous droits réservés

A Monsieur Albert SARTIAUX

Ingénieur en chef des Ponts et Chaussées,
Chef de l'Exploitaion de la Compagnie du Chemin de fer du Nord.

Monsieur l'Ingénieur en Chef,

Vous avez bien voulu m'encourager à écrire ce livre : permettez-moi de vous demander d'en accepter la dédicace.

Certes, ni vous, ni tous ceux qui vivent dans le monde des chemins de fer, n'y trouverez quelque chose de nouveau ou d'inédit.

C'est entre les mains du voyageur que je voudrais voir ce volume, lorsque, lassé de regarder le paysage qui se déroule sans cesse derrière les glaces du compartiment, il cherche à occuper les loisirs forcés du voyage.

A ce moment, peut-être, son train franchit, à toute vapeur, une gare sillonnée dans tous les sens par des trains et des manœuvres : imperturbablement, sans ralentir sa marche, il suit sa route au milieu du dédale des voies.

Souvent, s'élève alors dans l'esprit du voyageur, le désir de se rendre compte des moyens par lesquels l'homme peut obtenir de si merveilleux résultats.

J'ai essayé de répondre à ce désir, en montrant d'abord comment est constitué le chemin qui permet de circuler sans danger aux vitesses les plus vertigineuses ; comment sont disposées les gares pour assurer un service commode et rapide ; quels sont les signaux et les appareils sans nombre qui veillent à la sécurité du voyageur [1] ; quelles sont les principales dispositions réglementaires complétant les signaux pour assurer la circulation, ou régissant la composition et la marche des trains.

Ensuite, j'ai décrit ce que sont aujourd'hui les locomotives, moteurs uniques comme vitesse et comme puissance, et les véhicules, selon les catégories de transport auxquelles ils doivent répondre.

---

[1] Les signaux et appareils, même automatiques, ne sont malheureusement pas moins faillibles que les hommes ; ceci, pour mettre le lecteur en garde contre la tendance, trop répandue, à confondre « automaticité » et « infaillibilité ».

Puis, j'ai fait connaître les solutions adoptées pour la construction, l'exploitation et la traction des chemins de fer, dans les cas spéciaux : chemins métropolilains, à voie étroite, sur routes, tramways.

Enfin, j'ai consacré le dernier chapitre à la principale application faite, jusqu'à ce jour, de la force motrice à laquelle l'avenir semble réservé : l'électricité.

J'ajouterai qu'il m'a paru intéressant d'indiquer, dans chaque chapitre, non seulement ce qui s'est fait en France, mais encore de donner un aperçu des solutions diverses et conformes au génie de chaque nation, adoptées dans les autres pays.

Votre respectueux,

ADOLPHE SCHŒLLER.

Paris, le 28 février 1892.

LES CHEMINS DE FER

ET LES TRAMWAYS

INTRODUCTION

Nous nous sommes proposé de présenter au lecteur les derniers progrès réalisés dans la construction et l'exploitation des chemins de fer.

Cette industrie, qui a amené une révolution dans les transactions et leur a donné un essor inconnu jusqu'alors, se transforme continuellement elle-même pour répondre aux besoins nouveaux qu'elle a contribué à créer.

L'accélération des transports est, en effet, comme on l'a dit, un moyen de prolonger l'existence humaine, sans en allonger la durée, en donnant simplement à l'homme le moyen d'étendre le rayon de son activité par la réduction des distances.

La carte ci-jointe (fig. 1), publiée dans l'Album de statistique graphique du ministère des Travaux publics, représente d'une manière très ingénieuse l'accélération des voyages en France, dans le cours des deux derniers siècles. On voit la France se concentrer de plus en plus autour de la capitale : un voyageur met moins de temps pour aller aujourd'hui à Calais qu'il n'en mettait il y a deux siècles, pour se rendre à Pontoise. Alors qu'il fallait, au milieu du xvii° siècle, plus de trente jours pour recevoir la réponse d'une lettre adressée de Paris à Marseille, un négociant peut aujourd'hui échanger dans le même laps de temps une correspondance comprenant quinze lettres et autant de réponses. Son activité commerciale est donc au moins quinze fois plus grande, il vit donc quinze fois plus qu'un négociant du xvii° siècle.

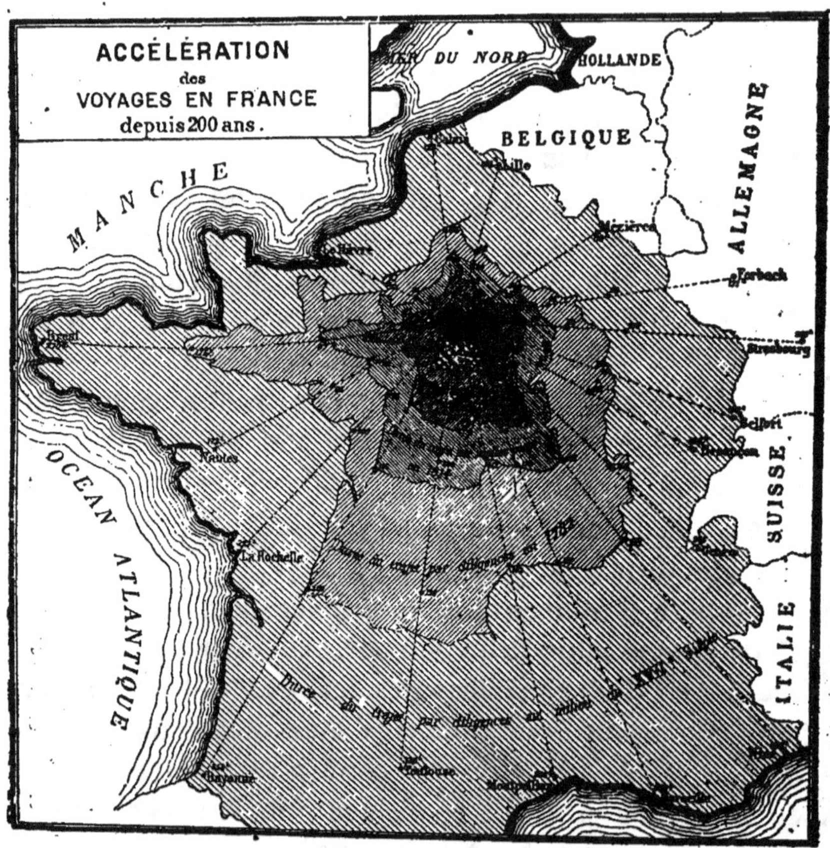

Fig. 1. — Accélération des voyages en France depuis 200 ans.

CHAPITRE PREMIER

LA VOIE

Sous le nom général de la *Voie,* on comprend toutes les installations fixes du chemin de fer, classées en deux catégories distinctes : l'*infrastructure* et la *superstructure.*

L'*infrastructure* d'un chemin de fer comprend tous les terrassements — remblais et déblais — et tous les ouvrages d'art — ponts, viaducs et souterrains — qui concourent à la constitution de la plateforme sur laquelle on viendra poser la voie proprement dite.

La *superstructure* comporte naturellement tout ce qui repose sur l'infrastructure : la voie proprement dite, qui fera l'objet de ce chapitre en même temps que l'infrastructure, puis les gares et les signaux qui seront décrits dans les chapitres suivants.

INFRASTRUCTURE. — *Tracé des lignes. Déclivités et courbes.* — Les méthodes employées pour le tracé et l'établissement de l'infrastructure sont identiques à celles en usage pour les routes ordinaires, et nous ne nous y appesantirions pas, si nous n'avions à faire ressortir les travaux exceptionnels auxquels les ingénieurs ont été conduits dans la construction des chemins de fer, travaux qui laissent bien loin derrière eux les ouvrages les plus difficiles des routes les plus célèbres.

Si les grands travaux sont relativement rares sur les routes ordinaires, c'est que ces dernières ont une élasticité de tracé que l'on ne retrouve pas pour les chemins de fer. Les routes peuvent s'accoler sur les flancs des montagnes, s'y développer en lacets terminés par des jarrets très courts, descendre dans les vallées pour remonter sur l'autre versant avec des pentes et des rampes relativement fortes.

L'effort de traction sur une bonne route, qui est d'environ 30 kilogrammes par tonne pour une vitesse d'un mètre par seconde, n'est, en effet, augmenté que d'un dixième pour une rampe de 3 millimètres par mètre ; pour que cet effort soit doublé, il faut que la rampe ait une inclinaison de 30 millimètres par mètre.

Sur un chemin de fer, au contraire, où l'effort de traction en palier n'est que de 3 kilogrammes par tonne à une vitesse de 25 kilomètres à l'heure, la résistance à vaincre est déjà doublée sur une rampe de 3 millimètres par mètre : sur une rampe de 30 millimètres, elle serait plus que décuplée.

Enfin, une autre considération, résultant du mode de propulsion employé, ne permet pas de dépasser certaines limites pour la rampe à faire gravir à une ligne de chemin de fer.

Les roues de la locomotive n'avancent sur les rails que grâce à l'adhérence ; si l'effort à vaincre pour remorquer la charge devient supérieur à cette adhérence, les roues glisseront sur les rails et la locomotive patinera sur place sans pouvoir avancer.

Comme l'effort de traction augmente avec l'inclinaison de la rampe, on se rend parfaitement compte de ce que, au delà d'une certaine inclinaison, la locomotive ne trouvera même plus une adhérence suffisante pour se remorquer elle-même.

Le rayon des courbes d'une ligne est également limité par des motifs du même ordre : la solidité indispensable pour un matériel destiné à circuler à de grandes vitesses exige que les roues soient, non pas libres comme dans les voitures ordinaires, mais calées sur leurs essieux. Les mouvements des deux roues sont donc solidaires, et comme, dans une courbe, la roue extérieure doit parcourir un chemin plus grand que la roue qui repose sur le rail intérieur, les roues doivent, en même temps qu'elles roulent, glisser sur le rail. Ce mouvement de glissement donne lieu à une résistance qui augmente d'autant l'effort de traction à exercer.

D'autre part les essieux d'une même voiture étant, en général, reliés d'une manière fixe au châssis, ces essieux conservent toujours leur parallélisme : or, pour franchir une courbe, la position la plus convenable des essieux est la convergence vers le centre ; cette condition n'étant pas réalisée, il convient, pour réduire autant que possible la résistance due au frottement des boudins des roues contre les rails, de tracer des courbes de rayons aussi grands que possible.

Le tracé des chemins de fer doit donc se faire avec des pentes faibles et avec des courbes d'un grand rayon.

Les limites à adopter dans les deux cas varient naturellement avec l'importance de la ligne, les dépenses d'établissement étant une fonction de ces limites.

Sur les grandes lignes, destinées à être parcourues par des trains rapides, le maximum admis pour les pentes est 5 millimètres, et exceptionnellement 8 à 10; les courbes ont des rayons supérieurs à 800 mètres.

Pour les lignes moins importantes, appelées à desservir un trafic plus restreint, les pentes vont généralement jusqu'à 10, 12 et 15 millimètres, exceptionnellement même à 25 et au delà, tandis que le rayon des courbes descend ordinairement à 500 et exceptionnellement à 300 mètres.

Il y a, bien entendu, des cas où ces limites doivent encore être dépassées, dans les chemins de fer de montagne, par exemple. Nous y reviendrons plus loin.

La forme du terrain se prête rarement aux exigences du tracé d'un chemin de fer ; aussi les ingénieurs ont-ils eu, dès le début, à étudier de grands ouvrages d'art qui permettent de franchir les vallées trop profondes pour que le chemin de fer puisse y descendre, et les montagnes trop élevées pour qu'il puisse en franchir le faîte sans être conduit à des lacets et à des détours trop nombreux.

Tranchées et remblais. — Pour maintenir la plate-

...orme à un niveau convenable, il a fallu élever des remblais et creuser des déblais de dimensions souvent considérables : le remblai de Rothenbach, sur la ligne de Munich à Constance, a 57 mètres de hauteur. Certaines tranchées ont jusqu'à 20 mètres de profondeur ; pour d'autres, on a dû déblayer plus d'un million de mètres cubes de terres. Sur la ligne du Nord-Pacifique, il existe une tranchée dans les rochers, de 100 mètres de profondeur, dans laquelle on a fait sauter 106.900 mètres cubes de roches à l'aide d'une mine contenant 10 tonnes de poudre.

PONTS ET VIADUCS. — Les grandes vallées et les cours d'eau ont été franchis à l'aide de ponts et de viaducs.

Les ouvrages d'art en charpente n'ont guère été employés qu'en Amérique : les causes de destruction auxquelles ils sont exposés et les chances d'incendie qu'ils courent font peu à peu abandonner leur emploi.

Viaducs en maçonnerie. — Les premiers viaducs européens ont été construits en maçonnerie : le plus grand viaduc en pierre qui ait été élevé jusqu'à ce jour, pour un chemin de fer, est celui de Goeltzschthal, près de Plauen, construit de 1846 à 1851 pour le chemin de fer de Leipzig à Hof : il est établi à une hauteur de 80 mètres et a 500 mètres de longueur.

En France, le viaduc en maçonnerie le plus élevé est celui de Morlaix, franchi par la ligne de Rennes à Brest à une hauteur de $56^m,84$ au-dessus de la Rance ; puis vient le viaduc de Pompadour, sur la ligne de Limoges à

Brives, qui comporte 8 arches de 25 mètres d'ouverture et s'élève à 55 mètres au-dessus du fond de la vallée.

Comme exemple de légèreté, il faut citer le viaduc de Comelle, sur la ligne de Paris à Creil ; quant au viaduc en pierre le plus long, c'est celui des lagunes de Venise, construit en 1846 : il mesure 3605 mètres franchis en 210 arches.

Ponts en fonte. — La fonte a également été appliquée à la construction des ponts de chemin de fer : Stephenson a donné l'exemple des grandes constructions en fonte, en établissant, en 1849, le viaduc de Newcastle-on-Tyne : ce monument a 6 travées de $38^m,05$ d'ouverture, formées par de grands arcs en fonte : deux planchers superposés portent, l'un trois voies de chemin de fer, l'autre une chaussée pour les voitures et les piétons.

Comme second exemple de bel ouvrage en fonte, il faut citer le pont de Tarascon, construit en 1852, qui franchit le Rhône en 7 arches de 62 mètres d'ouverture chacune.

Viaducs métalliques. — Mais la pierre et la fonte doivent céder le pas au fer lorsqu'il s'agit de ponts à grandes portées : en 1850, Stephenson jette par-dessus le détroit de Menai, le fameux pont tubulaire Britannia, dont les travées ont 140 mètres.

Les grands ponts furent ensuite construits en treillis à petites mailles (ponts de Kehl, de Cologne, etc.), ou en poutres à croix de Saint-André (pont de Bordeaux), et enfin en treillis à larges mailles.

Par leur configuration, les Pays-Bas devaient donner aux constructeurs de nombreuses occasions d'établir de grands ouvrages : le pont du Moerdijk sur le Hollandsche Diep, pour le passage de la ligne d'Anvers à Amsterdam, est établi à 14 travées de 100 mètres chacune. La ligne de Boxtel à Utrecht traverse la Meuse sur le pont de Crèvecœur qui a dix ouvertures de 57 mètres et une de 100 mètres ; le pont de Bommel, sur le Waal, a 8 travées de 57 mètres et une de 120 mètres. Enfin, le pont de Kuilenburg sur le Lek se compose d'une travée de 80 mètres, de sept de 57 mètres et d'une de 150 mètres. Cette dernière a été pendant longtemps la plus grande travée construite : les poutres, dont la partie supérieure affecte une forme parabolique, ont $7^m,50$ de hauteur à l'origine et $19^m,75$ au milieu.

Les viaducs métalliques s'élèvent souvent à des hauteurs considérables : l'un des plus connus est celui de Fribourg (Suisse), qui franchit la Sarine à 96 mètres de hauteur.

Dans certaines circonstances, la nature du sol ou d'autres motifs n'ont pas permis de prendre des points d'appuis intermédiaires pour supporter une poutre droite ; on a eu recours aux arcs métalliques de grande portée : le pont de Saint-Louis, sur le Mississipi, construit sur ce type, a une ouverture de $158^m,50$. Il donne passage à deux voies ferrées parallèles surmontées d'une chaussée de 15 mètres pour voie charretière.

Le pont de Maria-Pia sur le Douro, à Porto, construit par M. Eiffel, en 1877, présente un seul arc de 160 mètres d'ouverture, prenant son point d'appui sur chacune des deux rives et sur lequel le tablier horizontal de la voie repose par l'intermédiaire de petits piliers verticaux.

L'arc central, en raison de ses grandes dimensions, exigeait des dispositions spéciales ; il a la forme d'un croissant renversé, sa plus grande épaisseur (10 mètres à la clef) étant au sommet ; cette épaisseur va en diminuant jusqu'aux naissances où l'arc se termine par des rotules pour permettre les mouvements de dilatation.

Les deux fermes qui constituent les faces de l'arc sont inclinées l'une vers l'autre de manière à donner une grande stabilité à l'ensemble de la construction : à la base, elles sont écartées à 15 mètres l'une de l'autre, tandis qu'au sommet elles ne laissent entre elles que l'espacement de $3^m,95$ nécessaire pour le passage de la voie.

La voie passe sur ce pont à une hauteur de $61^m,28$ au-dessus du niveau des basses mers.

Le viaduc de Garabit (fig. 2), sur la Trueyre, sur lequel la ligne de Marvejols à Neussargues passe à une hauteur de 63 mètres au-dessus du fond de la vallée, a été construit de 1880 à 1884, sur le principe du Pont du Douro. Le tablier a une longueur de $458^m,65$; il est supporté par un arc de 165 mètres de portée et de 52 mètres de flèche.

En Angleterre, les ingénieurs devaient trouver, grâce aux bras de mer qui pénètrent profondément dans les côtes de l'île, l'occasion de faire plus grand encore.

Fig. 2. — Viaduc de Garabit.

Déjà le golfe de la Tay avait été traversé près de Dundee par un viaduc de 3 kilomètres de longueur qui, après s'être écroulé lors du passage d'un train de voyageurs, pendant une tempête, au mois de décembre 1879, vient d'être récemment reconstruit.

Pont du Forth. — Pour relier complètement Edimbourg au nord de l'Ecosse, il y avait encore un second golfe à franchir, le *Firth of Forth* : c'est ce qui a été fait de 1883 à 1890 à l'aide de l'ouvrage métallique le plus gigantesque construit jusqu'à ce jour.

Ce pont est établi d'après le principe désigné en anglais sous le nom de *cantilever system*.

En examinant la figure 3, on voit que le pont du Forth se compose de deux viaducs d'approche et du pont à encorbellements proprement dit. Les viaducs d'approche ne diffèrent l'un de l'autre qu'en longueur, leur niveau au-dessus de la mer et l'ouverture de leurs travées étant identiques. Ces deux viaducs sont réunis entre eux par une poutre droite qui traverse tout le pont à encorbellements et assure la continuité de la plateforme de la voie.

Le pont proprement dit se compose de trois piles à double encorbellement et de deux tabliers de jonction intermédiaires. Chaque pile à double encorbellement consiste en une tour métallique projetant de chaque côté une immense console en porte-à-faux sur laquelle vient reposer l'extrémité du tablier de jonction.

La longueur du pont à encorbellement est de 1630 mètres, la tour centrale sur l'îlot d'Inchgarvie ayant

9 mètres, les deux autres tours
14 mètres chacune, les deux
tabliers centraux de jonction
106 mètres chacun, et les six
encorbellements présentant un
porte-à-faux de 207 et 210 mètres.

Avec les viaducs d'approche
la longueur totale de l'ouvrage
est de 2468 mètres.

L'ouverture de chacune des
deux grandes travées est de 518
mètres, et le passage libre pour
les navires a une hauteur de 46
mètres.

Les trains passent à 47ᵐ,85
au-dessus du niveau de la mer
et les tours ont 109 mètres de
hauteur.

Cet ouvrage n'a pas absorbé
moins de 54.076 tonnes d'acier,
et son érection a coûté 75 millions de francs.

Le succès de cette entreprise
grandiose n'a pas manqué d'ex-
citer l'imagination des ingénieurs
et les projets les plus gigantesques ne les arrêtent plus : la traversée de la Manche par un pont

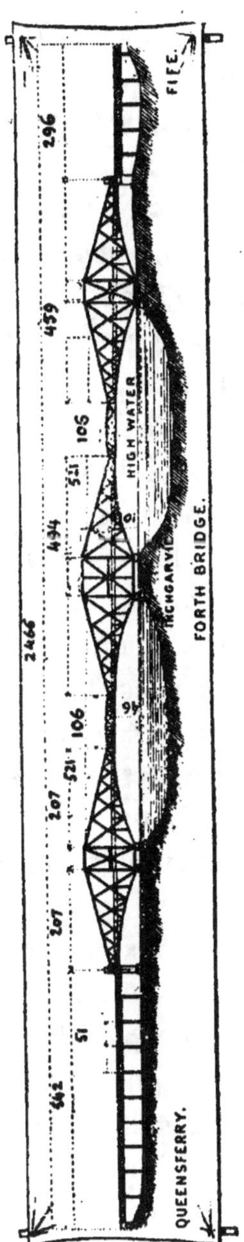

Fig. 3. — Le pont du Forth.

a été mise à l'ordre du jour ; nous n'en dirons que quelques mots.

Pont projeté sur la Manche. — Le projet présenté par MM. Hersent et Henri Schneider se détacherait près du cap Blanc-Nez et atteindrait la côte anglaise au nord de Douvres, suivant la ligne droite qui représente la plus courte distance entre la France et l'Angleterre.

La longueur totale de l'ouvrage serait de 33 kilomètres environ.

Les piles seraient en maçonnerie jusqu'à 21 mètres au-dessus du niveau des basses-mers, et supporteraient des colonnes métalliques de 50 mètres de hauteur sur lesquelles reposeraient les poutres du pont, laissant ainsi une hauteur libre de 61 mètres à basse mer et de 54 mètres à haute mer pour le passage des navires.

Les piles seraient espacées différemment, les plus grandes travées correspondant aux plus grandes profondeurs et les plus petites aux abords des rives et aux hauts fonds sur lesquels ne s'effectue pas la navigation : on aurait ainsi des travées alternées de 300 et 500, de 200 et 350, et de 100 et 250 mètres.

Les deux piles voisines les plus rapprochées supporteraient une immense poutre débordant de chaque côté d'un peu plus du tiers de la distance séparant les piles plus éloignées ; le vide restant au centre serait comblé par un petit tablier formant jonction entre les deux poutres voisines.

Le niveau des voies serait à 72 mètres au-dessus des basses mers : il y aurait deux voies et la largeur du blier proprement dit serait de 8 mètres; quant à la geur totale de l'ouvrage, elle varierait depuis 25 mètres jusqu'à 8 mètres.

La plus grande difficulté technique que présenterait construction de cet ouvrage serait certainement la fondation des piles qui doivent descendre en certains points jusqu'à 55 mètres au-dessous du niveau de la mer.

On peut se demander, d'autre part, si les entraves qui seraient infailliblement apportées à la navigation dans le Pas-de-Calais par la présence des innombrables piles du pont ne constitueraient pas un obstacle insurmontable pour la réalisation de ce projet, qui entraînerait une dépense évaluée, dès à présent, à 860 millions de francs.

Ponts suspendus. — Les ponts suspendus ont été quelquefois employés pour le passage des chemins de fer ; les plus connus sont ceux du Niagara et de New-York.

Le pont suspendu sur le Niagara, à 75 mètres au-dessus de la rivière, a une longeur de 250 mètres.

Le célèbre pont sur l'*East River*, réunissant New-York et Brooklyn, a une longueur de 1052 mètres. Il est soutenu par deux piliers en maçonnerie de 114 mètres de hauteur ; le tablier du pont a 26 mètres de large, et comprend deux voies ferrées, quatre routes pour les voitures et une passerelle pour les piétons, à 41 mètres au-dessus du niveau de l'eau.

TUNNELS. — Nous venons de voir comment les constructeurs ont été conduits à développer et à perfectionner l'art de construire les ponts, légué par les anciens, lorsqu'il s'est agi de faire passer des voies ferrées au-dessus des dépressions du sol.

Un obstacle d'un autre ordre et pour ainsi dire nouveau devait se présenter à l'ingénieur lorsque le trafic international réclama la jonction des pays du nord à ceux du midi de l'Europe. La chaîne interminable des Alpes oppose, depuis la Corniche de Vintimille jusqu'à la vallée du Danube, en Hongrie, un obstacle considérable à l'échange des produits.

Il est vrai, que depuis des siècles, des routes avaient été tracées, souvent avec une hardiesse incomparable, par tous les interstices et à travers tous les points faibles du rempart des Alpes.

Mais tous ces défilés se trouvent à des altitudes considérables : le col de Tende s'élève à 1873 mètres ; celui du mont Cenis à 2118 ; ceux du Grand et du Petit Saint-Bernard à 2742 et 2217 ; le Simplon à 2020 mètres ; le Saint-Gothard à 2113 ; le Splugen à 2117 ; le Brenner atteint 1384 mètres ; l'Arlberg, 1794 mètres ; et enfin le Semnering, 993 mètres.

Ils ne sont praticables aux voitures que pendant une faible partie de l'année, et doivent être franchis ensuite en traîneau ou à pied, quand les avalanches et les tourmentes n'en interdisent pas complètement l'accès.

Malgré ces obstacles, les voies ferrées essayèrent d'abord de franchir ces cols, et de 1848 à 1853, l'ingénieur autrichien Charles Ghega construisit la ligne de Semmering. En 28 kilomètres, ce chemin s'élève de 461 ètres, avec des rampes de 25 millimètres par mètre. Quelques années plus tard, au mois d'août 1867, une seconde voie était établie par le Brenner avec une montée de 585 mètres sur 28 kilomètres.

Ces grands travaux, qui exigeaient de nombreux viaducs et tunnels de longueur moyenne, dépassaient déjà de beaucoup tout ce qui avait été réalisé jusqu'alors pour les routes ordinaires; mais la traversée des Alpes par les autres passages devait exiger un bien autre effort de l'industrie moderne.

Le mont Cenis, le Saint-Gothard, l'Arlberg et le Simplon sont des routes commerciales qui ne peuvent se contenter d'une voie ferrée rendue impraticable par les neiges pendant la majeure partie de l'année; d'autre part, il aurait fallu, pour atteindre le faîte, avoir recours à des rampes qui auraient réduit la charge des trains dans des proportions trop considérables, ou bien faire faire à la ligne des détours et des lacets qui auraient accru inutilement les dépenses de construction et d'exploitation.

Une seule solution, constituant elle-même un problème nouveau pour l'art de l'ingénieur, se présentait : il fallait traverser la montagne par un immense tunnel.

Ce fut au mont Cenis que l'on s'attaqua le premier ; en 1857, les trois ingénieurs Sommeiller, Grandis et Grattoni percèrent, à l'aide de la perforatrice imaginée par le premier d'entre eux, un tunnel de 12.220 mètres de longueur, et, le 25 décembre 1870, le passage était ouvert entre la France et l'Italie, traversant le massif de Alpes à une altitude de 1338 mètres, bien qu'il eût en-

Fig. 4. — Chemin de fer du Gothard. — Les lacets de Wasen.

Le tunnel de l'Arlberg, construit en quatre ans, et où la rencontre des deux galeries eut lieu le 13 novembre 1883, a une longueur de 10.260 mètres.

Dans chacun de ces travaux gigantesques, on a, bien entendu, profité de l'expérience du travail précédent : à chaque fois, on a employé des perforatrices de plus en plus perfectionnées, donnant un travail utile de plus en plus considérable :

Au mont Cenis l'avancement moyen a été $2^m,40$ par jour
Au Saint-Gothard   —   — $5^m,58$ —
A l'Arlberg   —   — $8^m,30$ —

Ces entreprises ont donné lieu à des dépenses considérables.

Le tunnel du mont Cenis a coûté 75.500.000 francs
Le tunnel du Saint-Gothard a coûté 58.543.154 —
Le tunnel de l'Arlberg a coûté 40.833.300 —

ce qui donne comme coût par mètre courant :

Pour le mont Cenis.   .   .   . 5875 » francs
Pour le Saint-Gothard. .   .   . 3940,41 —
Pour l'Arlberg. .   .   .   .   . 3975 » —

La France, l'Autriche, l'Allemagne et le nord de la Suisse se trouvent aujourd'hui reliées à l'Italie, mais une importante route commerciale n'est pas encore pourvue des moyens de communications nouveaux, celle du Simplon qui relie la France et la Suisse occidentale au nord de l'Italie.

Aussi les ingénieurs suisses, italiens et français se sont préoccupés depuis longtemps du percement du Simplon t les préférences paraissent s'être finalement arrêtées sur un tunnel de base, qui pourrait avoir 20 kilomètres ou 16 kilomètres. Le tunnel de 20 kilomètres paraît être la meilleure solution, mais les grandes dépenses qu'il occasionnerait semblent devoir le faire rejeter.

Les frais d'établissement seraient de 65 à 70 millions pour un tunnel à simple voie et de 85 à 90 millions pour un tunnel à double voie ; la possibilité de rencontrer sur 11 kilomètres des températures très élevées pourrait occasionner un surcroît de dépenses excessif.

Une Commission d'experts nommée par les délégués des cantons de la Suisse romande, en 1886, a donc proposé l'adoption d'un tunnel de base de 16.070 mètres de longueur aux altitudes de 820 et 830 mètres, et qui pourrait être à simple voie.

Le percement du Simplon présentera une grande facilité comparativement aux autres percements de tunnels : les deux têtes du tunnel seront à une faible altitude ; on disposera pour les travaux d'une force motrice pour ainsi dire illimitée, grâce aux progrès faits dans le transport de la force par l'électricité ; cette même électricité permettra d'éclairer les chantiers d'une manière plus parfaite et sans doute plus économique ; la proximité du chemin de fer sur le versant nord et la faible longueur des voies d'accès permettront d'approvisionner facilement les chantiers. Enfin toutes ces facilités réunies auront pour conséquence la réduction du prix de la main-d'œuvre, et par suite celle de la dépense totale d'établissement du tunnel.

En Amérique, les ingénieurs ont rencontré les mêmes obstacles quand, franchissant le *Far West*, ils ont voulu relier l'Océan Atlantique au Pacifique : les crêtes hérissées des montagnes Rocheuses se sont dressées devant eux : la première ligne construite aux États-Unis, celle du *Pacific Railroad* a pu les franchir sans tunnels considérables, mais il n'en a plus été de même lorsque les Anglais ont établi la ligne du *Canadian Pacific Railroad* destinée à abréger le trajet de l'Angleterre vers la Chine, le Japon et l'Australie, car cette ligne, grâce à sa latitude plus élevée, réduit l'arc du cercle terrestre à parcourir pour passer de l'une des rives à l'autre.

Pour permettre à cette ligne la traversée des montagnes Rocheuses, il a fallu percer un tunnel de 3 kilomètres de longueur.

Dans l'Amérique du Sud, la chaîne très élevée des Andes oppose aux chemins de fer une barrière telle qu'ils n'en rencontreront de plus élevée que lorsqu'ils voudront franchir l'Hymalaya.

Au Pérou, la ligne de Callao à Oroya s'élève à 3350 mètres de hauteur sur un parcours de 168 kilomètres. Elle traverse 63 tunnels et franchit 38 ponts dont l'un, celui du Rimac, a 160 mètres de portée et repose sur des piles de 76 mètres de hauteur. Au Chili une ligne est en construction pour relier Valparaiso sur le Pacifique à Buénos-Aires sur l'Atlantique en traversant le massif volcanique des Andes.

Il est encore un autre cas, non moins intéressant, où il faut recourir au tunnel : c'est lorsqu'il s'agit de fran-

…hir un fleuve ou un bras de mer sur lequel les besoins de la navigation ou d'autres difficultés ne permettent pas de construire un pont.

Le premier exemple d'un tunnel de ce genre est celui construit par l'ingénieur français Brunel sous la Tamise de 1826 à 1843, mais ce n'est qu'en 1872 que fut entrepris le premier travail colossal sous-marin, le tunnel sous la Severn, établi sous l'embouchure de ce fleuve et reliant le sud de l'Angleterre au pays de Galles. La longueur de ce tunnel est de 7 kilomètres, dont $3^{km},62$ sont situés sous le fleuve. L'épaisseur minima entre le tunnel et le lit du fleuve est de $9^{m},15$.

Le projet de cette entreprise était dû à Ch. Richardson, élève de Brunel. Commencés en 1872, les travaux furent exécutés par la Compagnie du *Great Western Railway* jusqu'en 1879, époque à laquelle les eaux d'une source envahirent complètement les travaux en moins de vingt-quatre heures.

Moyennant 24 millions, un entrepreneur, M. Walker, reprit le sauvetage des travaux : il fut maître des eaux en février 1881 et au mois de septembre de la même année, réalisa la jonction des deux têtes de tunnel. En 1883 une nouvelle inondation envahit le tunnel en s'élevant à raison de $1^{m},22$ par heure, mais M. Walker réussit de nouveau à s'en rendre maître, en sorte que le tunnel put être livré à la circulation le 9 janvier 1886, après douze ans et demi de travaux.

Le tunnel sous la Mersey, inauguré le 20 janvier 1886, relie la ville de Liverpool à Birkenhead, situé sur l'autre rive et procure un raccourci de 32 kilomètres environ sur les anciennes routes qui contournaient la baie de la Mersey. Le tunnel a une longueur de 1188 mètres et passe à $10^m,15$ au-dessous du lit du fleuve. On accède aux deux extrémités du tunnel où se trouvent les stations, à $27^m,50$ au-dessous de la rue, par des escaliers de 316 marches, ou plus commodément par trois ascenseurs hydrauliques pouvant contenir chacun cent voyageurs.

Nous ne pouvons terminer ce chapitre sans mentionner le tunnel projeté sous la Manche pour relier la France à l'Angleterre. Ce tunnel qui partirait de Sangate, près de Calais, pour aboutir à Douvres, aurait une longueur de 40 kilomètres. Les études approfondies qui ont été faites et confirmées par des expériences, permettent de prévoir que ce tunnel pourrait être percé entièrement à travers des bancs de craie imperméable. L'ingénieuse perforatrice rotative imaginée par le colonel Beaumont permettrait l'achèvement rapide de ce grand travail, le jour où les difficultés qui entravent la réalisation de cette entreprise seraient levées.

SUPERSTRUCTURE. LE RAIL. — Le chemin de fer peut être considéré comme la combinaison de deux éléments : le *moteur mécanique* destiné à remorquer une charge et la *voie ferrée*.

Chacun de ces deux éléments a été imaginé séparément et s'est développé pour son propre compte ; l'un et l'autre ne paraissaient destinés qu'à un avenir restreint

rsque de leur rencontre et de leur union jaillit le plus
puissant des outils de l'industrie moderne, transformant
le monde en moins d'un demi-siècle en étendant sur lui
les mailles serrées d'un réseau de plus de 520.000 kilomètres.

Il est assez facile de remonter à l'origine du moteur
employé sur les chemins de fer, la *locomotive*, mais il
n'en est plus de même lorsqu'on veut déterminer
l'époque de l'invention de la *voie ferrée*.

La *voie ferrée* répond à un double but : premièrement,
guider dans leur course la machine et les véhicules qui
composent les trains; secondement, réduire la résistance
au roulement de manière à permettre de traîner avec une
force donnée une charge plus grande que sur les routes
ordinaires ou la même charge à une vitesse supérieure.

On peut dire que ces problèmes se sont posés à
l'homme dès l'origine, et qu'ils ont reçu à travers les
âges les solutions les plus diverses, mais les premières
voies ferrées (dans l'acception où nous les comprenons
aujourd'hui) dont on ait conservé le souvenir existaient
en 1767 dans les charbonnages de Colebrook Dale, dans
le pays de Galles. C'est sur les voies minières de cette
dernière contrée que les rails subirent leurs premiers
perfectionnements.

C'étaient alors de simples plaques de fonte de 5 pieds
de long, de 4 pouces de large et d'un quart de pouce
d'épaisseur, fixées par trois clous sur des longrines. On
en reconnut bientôt l'insuffisance, et en 1797 John Curr
inventait le rail à ornières en fonte.

Ce *plate-rail*, comme l'appelaient les Anglais, se composait d 'une partie horizontale servant de chemin de roulement et d'un rebord vertical qui maintenait le véhicule dans la voie. Le rebord se trouvait du côté intérieur à la voie pour arrêter les graviers lancés par les pieds des chevaux, et quelquefois le rail était renforcé à sa partie inférieure par une nervure.

Aux extrémités de chaque rail étaient ménagés deux petits trous rectangulaires qui, par leur réunion, formaient un vide carré recevant le clou qui fixait à la fois les deux rails contigus sur un dé en pierre.

Ces rails à ornières furent employés pendant longtemps dans les charbonnages et sur les chemins de fer à traction de chevaux : on s'imagine aisément les cahots et les chocs que devaient subir sur une voie de ce genre des véhicules dont les roues n'étaient pas encore munies de boudins : on peut encore aujourd'hui voir à Ticknall, en Angleterre, une ligne construite sur ce type il y a près d'un siècle, restée sans modification depuis lors et exploitée, comme jadis, par traction de chevaux et avec des véhicules à roues sans boudin.

Les ingénieurs du commencement de ce siècle préconisèrent beaucoup cette forme de rails parce qu'elle permettait de faire circuler les véhicules de chemin de fer indifféremment sur leur voie ou sur les routes ordinaires. En Angleterre on entreprit même la transformation de ces dernières sur une assez vaste échelle, en les garnissant de deux files de plaques de pierre ou de fonte. On comptait pouvoir ainsi amener les wagons chargés core au dessus de lui une épaisseur de 1610 mètres de montagne.

Le 29 février 1880, c'était le tour du Saint-Gothard, percé, en neuf années, d'un tunnel de 14.984 mètres de longueur, par l'ingénieur L. Favre, malgré les difficultés inattendues que rencontrèrent les travailleurs : tantôt c'étaient des roches d'une dureté extraordinaire qu'il fallait attaquer, tantôt, au contraire, des couches d'argile qui, sous la pression des roches environnantes, menaçaient d'obstruer le tunnel et écrasaient les maçonneries qu'on essayait de leur opposer ; enfin, c'étaient les cours d'eau souterrains qui se déversaient tout à coup dans le tunnel, balayant tout sur leur passage.

Les lignes d'accès au tunnel ne purent être établies qu'au prix d'études considérables, qu'à l'aide des solutions les plus ingénieuses : sans parler des nombreux viaducs et tunnels de longueur moyenne, on rencontre dans la vallée du Gothard, à Wasen au nord, à Dazio-Grande au sud, un seuil d'une hauteur considérable que la Reuss et le Tessin franchissent en formant des cascades impétueuses.

Pour vaincre cet obstacle, le chemin de fer s'engage dans la montagne, et, tournant sur lui-même en s'élevant dans un tunnel en forme d'hélice, débouche au-dessus de l'ouverture par laquelle il était entré, pour disparaître de nouveau et atteindre enfin le sommet du seuil par un second tunnel en hélice.

La figure 4 montre la vue des lacets de Wasen et l'on aperçoit parfaitement les trois voies superposées.

e marchandises directement jusqu'au domicile de l'ex-
éditeur, mais ce système hybride devait bientôt disparaître devant l'invention du rail saillant.

William Jessop eut le premier l'idée d'employer des
roues à boudins *(edge-rail)*, c'est-à-dire munies d'un
rebord saillant, et de les faire rouler sur des rails en saillie
ayant la forme d'un T. Le roulement, dès lors, ne s'effec-
tuait plus sur la partie inférieure, mais sur la partie
supérieure des rails, et l'une des caractéristiques de nos
chemins de fer modernes était ainsi constituée.

Jessop appliqua son invention sur le chemin de fer
qu'il avait construit à Longhborough, en 1879, et qui
était le premier chemin de fer public établi en Angleterre.
Ces premiers rails étaient des barres de fonte très courtes,
renflées en leur milieu; ils étaient désignés par le nom
pittoresque de rails à ventre de poisson *(fish-bellied)*. Les
rails fish-bellied étaient posés quelquefois sur des
traverses en bois, le plus souvent sur des dés en pierre
très rapprochés, ayant leurs arêtes, tantôt parallèles aux
rails, tantôt placées obliquement. Les rails étaient fixés
sur les dés à l'aide de clous ou par l'intermédiaire de
coussinets; à l'origine ils n'étaient pas reliés l'un à
l'autre, et ce n'est que plus tard qu'on chercha à réaliser
cette liaison en faisant des joints à mi-fer ou en queue
d'aronde.

Les deux files de rails étaient donc indépendantes, et
l'on conçoit le peu de sécurité que pouvait offrir une voie
présentant un tel manque de solidarité, alors que la condition essentielle est d'avoir une liaison intime entre les

deux surfaces de roulement qui doivent être constamment de niveau et équidistantes.

Les progrès de la métallurgie permirent de faire des barres de plus en plus longues, et bientôt le fer remplaça la fonte.

Vers 1830, le rail Brunel en section en ⋂ fait son apparition. En 1831, le rail à patin est inventé par l'ingénieur américain Stevens. A partir de 1835, le rail à double champignon apparaît en Angleterre. Ces deux derniers rails détrônèrent rapidement tous les autres et constituent les deux types principaux employés aujourd'hui dans les chemins de fer.

Les ingénieurs ont beaucoup discuté sur la valeur relative de l'un et de l'autre : en Angleterre, c'est le rail à double champignon qui est employé presque exclusivement; en France, le rail à double champignon et le rail à patin, aussi dénommé rail Vignole, du nom de l'ingénieur qui en assura la vulgarisation, sont en usage tous deux, ainsi que le montre le tableau ci-dessous; nous indiquons en même temps le poids du rail par mètre courant et sa longueur :

RAILS EN ACIER FONDU

	Type	Poids par mètre kg.	Longueur
Est. . . .	Patin.	44,200	12 mètres
État. . . .	Double champignon. .	38,000	8,50
Midi. . . .	Double champignon. .	37,600	11
Nord. . . .	Patin.	43,215	12
Orléans. . .	Double champignon. .	38,200	11
Ouest. . . .	Double champignon. .	38,750	8
P.-L.-M. . .	Patin.	33,800	12

Il nous reste à mentionner, pour compléter cet histo-
que, que l'acier a remplacé le fer dans la fabrication du
rail. Universellement admis aujourd'hui, l'acier, — malgré l'avantage qu'il présente d'avoir une durée au moins
six fois plus grande, le rail de fer étant hors d'usage après
le passage de vingt millions de tonnes, au maximum, —
l'acier a eu à lutter pendant longtemps contre la préven-
tion de fournir des rails trop cassants.

Bessemer, qui, le premier, avait proposé l'emploi de
l'acier à une Compagnie de chemins de fer, en Angleterre,
dut, pour convaincre les ingénieurs de cette Compagnie,
leur présenter un rail fabriqué avec ce métal, qu'il avait
enroulé autour de lui-même comme un tire-bouchon.

LA VOIE. — Les éléments principaux dont se compose la voie, sont : les *rails* à patin ou à double
champignon, réunis les uns aux autres, dans une même
file, par des *éclisses*, couvrant latéralement les joints et
fixées aux extrémités des rails par des *boulons*.

Les deux files de rails sont réunies entre elles par des
traverses : dans le cas du rail Vignole, le patin repose directement sur la traverse, et y est maintenu par des
crampons enfoncés à la masse ou par des *tirefonds* vissés
dans le bois.

Dans le cas du rail à double champignon (fig. 5), il
est nécessaire d'interposer un *coussinet*, sorte de mâ-
choire fixe retenue sur la traverse à l'aide de tirefonds, et
embrassant le champignon inférieur et l'âme du rail qui
est calé à l'aide de *coins* en bois ou en métal.

L'éclissage des rails se fait en porte-à-faux entre deux traverses : on obtient ainsi une plus grande douceur de la voie, et on évite en même temps les formes compliquées à donner aux éclisses ou aux coussinets, lorsque le joint se trouve sur les traverses.

Fig. 5. — Voie en rails à double champignon.

La distance entre traverses est variable suivant la vitesse et la fréquence des trains qui parcourent la ligne. Elle est d'environ $0^m,75$ à $0^m,98$ pour les traverses courantes ; celles qui sont voisines du joint sont habituellement distantes de $0^m,60$ seulement.

Les traverses sont généralement en bois injecté de créosote ou de sulfate de cuivre pour en assurer la conservation ; leur durée est variable suivant l'essence employée, et s'élève à plus de 25 ans pour le chêne, 14 ans pour le sapin, 10 ans pour le pin et le hêtre.

Dans certains cas, notamment sur les ouvrages d'art, les rails sont posés non plus sur des traverses disposées perpendiculairement à l'axe de la voie, mais sur des *longrines* placées longitudinalement sous les rails.

On a cherché à remplacer dans certains cas les traverses par des plateaux ou des cloches métalliques supportant les coussinets et reliées entre elles par des tirants métalliques : ce système a donné de bons résultats dans les pays chauds où les traverses ne peuvent être employées à cause des agents nombreux de destruction.

On a même imaginé des systèmes de voie où les traverses et les longrines sont complètement supprimées : la voie Barlow, employée pendant quelque temps dans le midi de la France, était constituée par des rails à section en forme d'accent circonflexe très aplati : ($\wedge$) réunis de distance en distance par des entretoises.

Cette voie a aujourd'hui disparu, de même que la voie Brunel, composée de rails en $\cap$ posés sur longrines.

Un autre type de voie employé en Allemagne, consiste en un rail à patin dont la base très large forme longrine *(Rail-Hilf)*, les deux files de rails étant maintenues à l'écartement à l'aide de tirants en fer.

Aujourd'hui, le principal objectif des ingénieurs paraît être la substitution des traverses métalliques aux traverses en bois, on se préoccupe, à juste titre, de cette question qui intéresse, au premier chef, la conservation de nos forêts, en raison de l'énorme quantité de bois consommée chaque année.

On doit exiger de la traverse métallique, eu égard à

son prix plus élevé, qu'elle présente sur la traverse en bois une augmentation de durée suffisante, et qu'en outre elle possède des qualités au moins égales.

Les modèles de traverses métalliques sont extrêmement nombreux, mais ils se rattachent tous à deux types principaux : la forme en auge renversée, imaginée en 1864, par Vautherin, ou la forme prismatique régulière, de création plus récente.

On peut dire que la période d'expérience des traverses métalliques n'est pas encore terminée, et qu'elles ne l'emportent pas encore définitivement sur les traverses en bois, notamment sur les lignes à grand trafic où les traverses sont soumises à une fatigue et à des chocs considérables.

Pour compléter la description de la voie, nous rappellerons que les traverses sont enterrées dans une couche de gravier qui constitue le *ballast* et qui a pour but de donner de l'élasticité à la voie.

Comme remarque générale, il y a lieu de noter que la tendance actuelle, justifiée par l'augmentation constante du poids des machines et des véhicules et par l'accélération de la vitesse de marche, est de construire des voies très lourdes et très robustes.

Le poids par mètre courant des rails tend à se rapprocher de 50 kilogrammes et même à dépasser cette limite. On rapproche de plus en plus les traverses les unes des autres. Dans la voie constituée en rails à double champignon, on donne également aux coussinets un poids considérable ; le rail lui-même n'est plus symétrique, avantage du retournement ayant été reconnu illusoire; le champignon supérieur est rendu plus fort que le champignon inférieur, et le rail affecte la forme connue en Angleterre sous le nom de *bull headed.*

Écartement. — La première ligne de chemin de fer, celle de Stockton à Darlington, fut construite à l'écartement de $1^m,435$ entre les bords intérieurs des rails : cette largeur correspondait à l'écartement adopté pour les roues des véhicules circulant sur les routes ordinaires, et aucune considération spéciale ne paraît avoir guidé Stephenson dans l'adoption de cette largeur qui devrait être appliquée plus tard à la majorité des voies ferrées et mériter par là l'appellation de *voie normale.*

Cette même largeur a été employée sur le premier chemin de fer français, établi en 1835, entre Saint-Étienne et Andrézieux, par Marc Séguin.

Mais dans les premières années de l'établissement des chemins de fer, aucune règle fixe ne fut suivie : sur les lignes construites en Angleterre, les largeurs les plus diverses avaient été adoptées.

Tant que ces lignes ne formèrent que des tronçons isolés les uns des autres, l'inconvénient de ce manque d'unité ne se fit pas sentir; mais le jour où les ramifications furent assez étendues pour venir en contact, on reconnut l'imprévoyance dont on avait fait preuve: il était impossible aux voyageurs de se rendre d'un centre important à un autre sans changer plusieurs fois de voiture; les marchandises devaient être transbordées à chaque passage d'une ligne sur une autre, ce qui avait comme conséquences immédiates des frais supplémentaires et des avaries dépréciant les marchandises.

Aussi, en 1848, le Parlement anglais décida-t-il que toutes les nouvelles lignes seraient construites à l'écartement de 4 pieds 8 pouces 1/2 ($1^m,435$), tout en autorisant le maintien de la voie de 7 pieds ($2^m,143$) sur les lignes déjà construites.

La voie de 7 pieds, qui existe encore sur une ligne importante de l'Angleterre, avait été préconisée par l'ingénieur Brunel qui pensait pouvoir obtenir de grandes vitesses, grâce à cette grande largeur de voie permettant l'emploi de machines puissantes ; mais en raison des inconvénients qui résultent de son isolement au milieu d'un réseau construit uniformément à la voie de $1^m,435$, cette voie large est destinée fatalement à disparaître.

En France, on commença à construire les lignes à l'écartement de $1^m,50$ entre axes des rails, ce qui laissait la largeur entre les bords intérieurs des rails indéterminée ; aussi a-t-on fixé plus tard cette largeur à $1^m,445$.

En Allemagne, on a toujours conservé l'écartement de $1^m,435$, également adopté en Hollande, après la suppression de la largeur de $1^m,900$ primitivement admise.

Le congrès de Berne, tenu au mois de mai 1886, et auquel ont participé toutes les puissances de l'Europe centrale (Allemagne, Autriche, France, Hongrie, Italie, suisse, etc.), a fixé, comme règle, que l'écartement des lignes ne doit pas être inférieur à $1^m,432$ dans les parties en alignement droit, ni supérieur à $1^m,465$ dans les courbes.

En Russie, la première ligne construite entre Saint-Pétersbourg et Sarskoe-Selo avait $1^m,829$ (6 pieds) ; la seconde, établie entre Saint-Pétersbourg et Moscou, $1^m,524$ (5 pieds). Cette dernière largeur a été admise pour toutes les lignes de l'Empire Russe, à l'exception des chemins de Varsovie à Vienne et de Varsovie à Bromberg, qui sont construits à voie normale de $1^m,435$.

L'Espagne et le Portugal ont, comme la Russie, adopté pour des raisons stratégiques, une voie large ($1^m,680$) ; on rencontre encore des voies larges ($1^m,600$) en Irlande.

En Suède et en Norvège, diverses largeurs ont été adoptées : on y trouve des voies de $1^m,435$, $1^m,200$, $1^m,067$ et $0^m,800$.

Hors d'Europe, la diversité des largeurs est encore plus grande :

Aux Indes anglaises, il existe des voies de $1^m,667$, $1^m,219$ (4 pieds), $1^m,00$ et $0^m,610$ (2 pieds) ; au Japon, on trouve $1^m,067$ et $0^m,838$; à Java, $1^m,435$ et $1^m,067$; en Asie Mineure $1^m,098$.

En Afrique, les chemins de fer égyptiens ont $1^m,035$, certaines lignes algériennes et tunisiennes ont $1^m,100$; au Cap de Bonne-Espérance, on retrouve la voie de 3 pieds 6 pouces ($1^m,067$).

Aux États-Unis, au Canada et au Mexique, la voie

normale de 1^m,435 domine, sauf sur quelques lignes exceptionnelles construites à l'écartement de 0^m,914 (3 pieds).

La largeur normale des chemins de fer brésiliens est 1 mètre, mais on y rencontre également des lignes à voie de 1^m,600, de 1^m,397 et de 0^m,610.

En Australie, les largeurs varient entre 1^m,600, 1^m,435 et 1^m,067.

En résumé, 74 pour 100 environ des chemins de fer existants sont établis à *voie normale* (de 1^m,435 à 1^m,448), 12 pour 100 à *voie large* et 14 pour 100 à *voie étroite*.

Surécartement et surhaussement de la voie. — Nous venons de voir quel est l'écartement normal de la voie ; c'est la largeur appliquée dans les parties en ligne droite ; mais, par suite du parallélisme des essieux, il est nécessaire de donner un surécartement dans les courbes, pour faciliter le passage des véhicules : c'est ce qu'on appelle le *jeu* de la voie.

Il est, en outre, nécessaire dans les courbes de *surhausser* la file extérieure des rails pour empêcher le véhicule de sortir de la voie sous l'effet combiné de son poids et de la force centrifuge. Ce surhaussement est variable avec le rayon de la courbe et la vitesse des trains qui parcourent la ligne : il peut s'élever jusqu'à 8 centimètres.

On fait cesser graduellement le surhaussement à l'extrémité de la courbe, par un raccordement parabolique.

Appareils permettant de passer d'une voie sur l'autre.
— Divers moyens sont employés pour permettre le passage des véhicules d'une voie sur l'autre.

Lorsqu'une voie doit se bifurquer ou que l'on veut faire passer un train tout entier d'une voie sur une autre, on fait usage d'*appareils de changement de voie* (fig. 6).

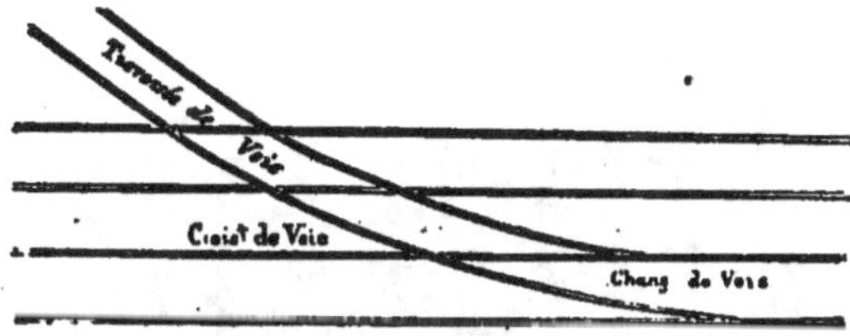

Fig. 6. — Changement, croisement et traversée de voie.

Ces appareils se composent de deux lames mobiles ou *aiguilles* qui viennent s'appliquer alternativement contre l'un ou l'autre rail disposé en file continue du côté

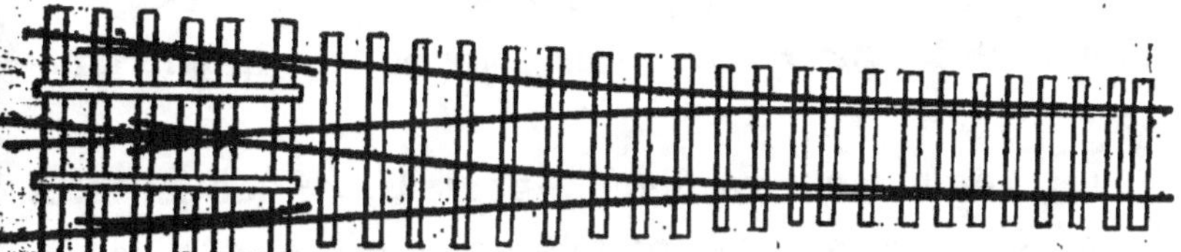

Fig. 7. — Aiguille et croisement [1].

extérieur (fig. 7). Suivant le cas, le boudin de la roue se trouve donc dirigé vers la droite ou vers la gauche par les lames d'aiguille, puis il rencontre l'appareil de *croise-*

[1] Figure empruntée au livre de MM. Pol Lefèvre et Cerbelaud.

ment de voie (fig. 8) placé à l'intersection des rails pour permettre son passage. Cet appareil comprend une pointe en acier en forme de V, appelée *pointe de cœur*, comprise entre deux *pattes de lièvre* constituées par le recourbement des rails. Deux *contre-rails* placés le long des files extérieures de rails, complètent le guidage des boudins pour empêcher le déraillement.

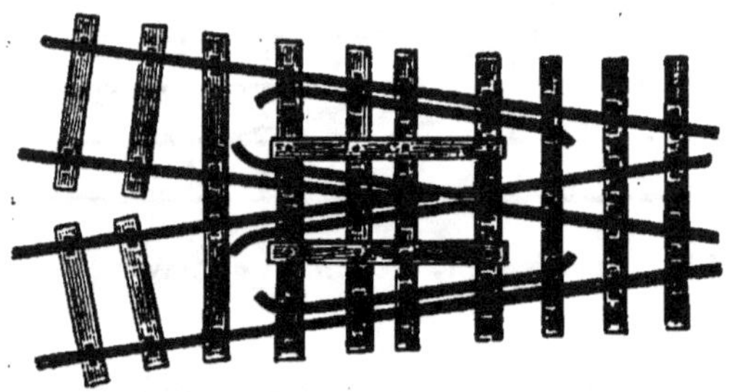

FIG. 8. — Appareil de croisement de voie.

Si la voie doit en couper une autre, on fait usage de l'appareil de *traversée de voie* composé de quatre *croisements*.

En combinant ces divers appareils, on obtient les *traversées-jonctions*, qui permettent à la fois la traversée et le passage d'une voie sur l'autre. Les traversées-jonctions sont simples ou doubles suivant qu'elles sont raccordées d'un seul côté ou des deux côtés de la traversée. Les aiguilles d'une traversée-jonction sont en général manœuvrées par le même levier.

Une *bretelle* est constituée par une série de jonctions disposées en croix à travers des voies parallèles pour permettre le passage de l'une quelconque d'entre elles sur les autres.

Pour avoir la certitude que les aiguilles sont bien faites et ne restent pas entre bâillées, ce qui occasionnerait des déraillements, on les munit d'appareils électriques de contrôle. Lorsqu'elles sont manœuvrées à

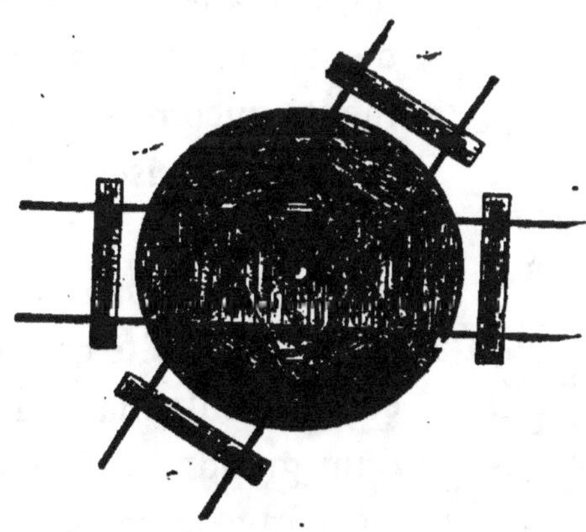

Fig. 9. — Plaque tournante.

distance et qu'elles doivent être abordées par la pointe, on les fixe dans leur position à l'aide de *verrous* qui rendent tout déplacement impossible.

Pour empêcher enfin qu'une aiguille ne puisse être manœuvrée sous le passage d'un train, on la munit d'une *pédale*, sorte de contre-rail mobile qui s'abaisse sous la pression des roues et applique parfaitement la lame d'aiguille contre le rail.

Autrefois, les aiguilles étaient manœuvrées isolément à l'aide d'appareils à contre-poids placés à proximité; les aiguilleurs étaient ainsi obligés à des déplacements fré-

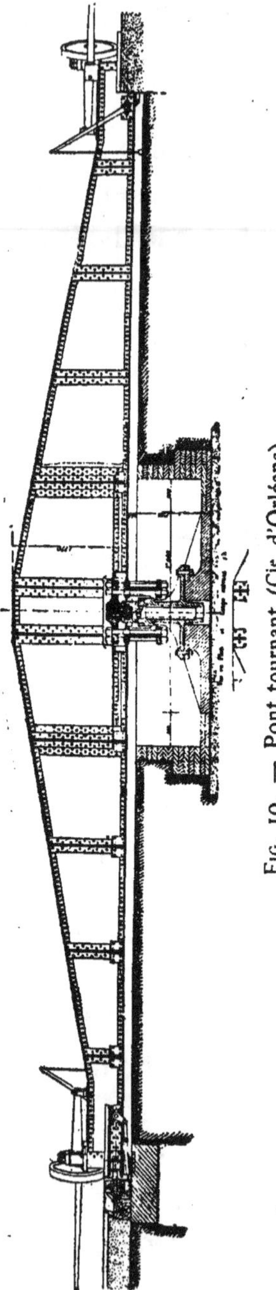

FIG. 10. — Pont tournant (Cⁱᵉ d'Orléans).

quents qui n'étaient pas sans danger au milieu des voies parcourues par de nombreux trains.

D'autre part, les divers aiguilleurs, étant indépendants les uns des autres, pouvaient par suite d'une inattention ou d'un défaut d'entente, autoriser des mouvements incompatibles et donner lieu à des prises d'écharpe ou à des collisions.

Pour remédier à cet état de choses, on a été conduit à réunir en une seule main la manœuvre d'un grand nombre d'aiguilles, ainsi que nous le verrons plus loin au chapitre des *enclenchements;* les leviers de manœuvre étant tous situés les uns à côté des autres, leur mouvement est transmis aux aiguilles par des tringles rigides ou même par de simples fils.

Plaques tournantes. — Les plaques tournantes (fig. 9) permettent de faire passer aussi les véhicules d'une voie sur une autre et de les tourner. Elles se composent d'un plateau roulant sur des galets dans une cuve en maçonnerie : leur manœuvre est assez connue pour que nous puissions nous dispenser d'insister sur ce point.

Ponts tournants. — Les ponts tournants (fig. 10) sont employés pour tourner les machines locomotives. Ils se composent d'un pont métallique qui peut avoir jusqu'à 17 mètres de longueur, pivotant autour d'un axe disposé dans une crapaudine. Les extrémités du pont reposent sur une voie circulaire par l'intermédiaire de galets.

Ces ponts sont équilibrés de manière à ce que, la machine et son tender occupant une position déterminée, deux hommes puissent, en le poussant à l'épaule, faire tourner le pont, malgré sa masse énorme.

Chariots transbordeurs. — Ces appareils très bas, roulant dans une fosse, ou mieux sur une voie à niveau transversale, permettent de faire passer rapidement des voitures d'une voie sur une autre. Ces appareils sont très usités dans les grandes gares et dans les ateliers; ils sont poussés à bras d'homme ou remorqués par des chevaux ou à l'aide de petites machines de manutention. Parfois ils portent eux-mêmes une machine à vapeur fixe.

CHAPITRE III

GARES A VOYAGEURS

GARES FRANÇAISES. — **Les dispositions adoptées pour l'aménagement des gares à voyageurs, en France, sont assez connues pour que nous n'ayons pas à en donner une description détaillée : elles varient d'ailleurs suivant les besoins locaux et ne sont pas soumises à des règles absolues.**

Nous répondrons, toutefois, au but que nous nous proposons dans cet ouvrage, en décrivant les dispositions adoptées depuis quelques années en France et dans les principaux pays étrangers pour faire face à l'accroissement du trafic et aux modes nouveaux d'exploitation.

Il y a lieu de distinguer deux cas, suivant qu'il s'agit d'une gare de passage ou d'une gare terminus.

Gares de passage. — Les gares de passage d'une certaine importance desservent généralement plusieurs directions. Si l'une des directions est peu importante par rapport à l'autre et s'il n'y a pas de trains directs à faire passer de l'une sur l'autre, les lignes secondaires

vent aboutir à des voies en
asse disposées latéralement à la
ne principale.

Lorsque les diverses lignes sont
comparables entre elles comme
importance, elles peuvent se souder
une certaine distance de la loca-
, en un *tronc commun* qui s'épa-
nuit dans la gare en un faisceau de
voie à quai. Si la circulation est très
active, le tronc commun est très
chargé, et son exploitation peut
donner lieu à des inconvénients
tels : on supprime alors les bifurcations et les diverses lignes, pro-
longées parallèlement, sont reliées
entre elles en avant de la gare par
une bretelle avec traversées.

Pour l'arrivée des voies à quai,
une disposition nouvelle et ingénieuse est celle des *quais doubles*.

La figure 11 donne le plan d'une
gare de bifurcation desservant quatre directions, et dans laquelle on a
appliqué le système des quais doubles. Pour plus de simplicité, chaque
voie a été représentée par un seul
trait ; le sens de la circulation des
trains est indiqué par des flèches.

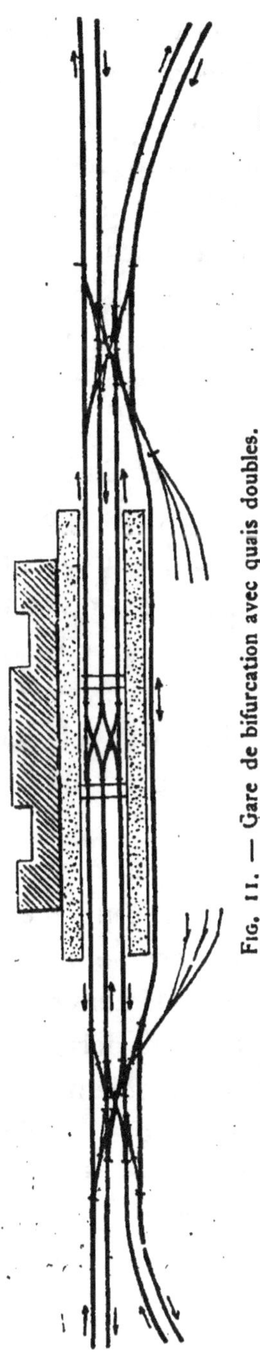

Fig. 11. — Gare de bifurcation avec quais doubles.

Un train arrivant de l'une quelconque des lignes est dirigé par le moyen des grandes bretelles extrêmes sur la voie du milieu jusqu'en face du centre du bâtiment principal; en cet endroit, la voie se dédouble pour permettre au train de venir se placer à quai, soit à droite, soit à gauche.

Cette disposition donne donc la possibilité d'avoir simultanément en gare quatre trains disposés deux à deux sur les voies à quai en se tournant le dos. L'échange des voyageurs entre ces trains se fait très facilement, soit sur le même quai, soit d'un quai à l'autre, par le moyen de deux passages situés en face du centre de la gare, de part et d'autre des bretelles du milieu.

Ces passages se trouvent en arrière de la queue des trains, et l'on n'a pas besoin de couper ces trains pour permettre la traversée des voyageurs.

Enfin, on voit que deux trains peuvent, s'il le faut, être réunis par l'arrière en refoulant un peu l'un vers l'autre.

Le départ des trains s'effectue par les voies extérieures, ainsi que l'indiquent les flèches.

En résumé, il est possible, avec ce système, d'expédier simultanément quatre trains et d'en recevoir deux autres, sans autre délai que la nécessité d'attendre que les croisements soient dégagés.

Les trains d'une cinquième direction peuvent, en outre, être reçus sur une voie extérieure disposée le long du deuxième quai.

En ce qui concerne la distribution intérieure des bâments, l'admission directe sur les quais des voyageurs munis de leurs billets — mesure libérale et très appréciée du public, dont l'initiative, prise par la Compagnie du Nord et suivie par d'autres Compagnies — a entraîné l'adoption de dispositions nouvelles.

Nous donnons comme exemple de ces dispositions la gare de Roubaix et nous en reproduisons le plan (fig. 12).

La figure 13 représente la vue extérieure de cette gare, dont la façade élégante porte bien l'empreinte de la destination spéciale de l'édifice.

Le vestibule ou « salle des pas-perdus », de grande dimension et aussi dégagé que possible, renferme au fond le bureau central, sur la façade duquel se trouvent les guichets de billets ; sur les côtés sont disposés les guichets de bagages, flanqués d'une petite table sur laquelle les voyageurs déposent leurs bagages à la main, tandis que les colis à enregistrer, pris à la descente de voiture par un tricycle taré, sont pesés sur une bascule disposée à fleur de sol.

Après avoir pris leurs billets, les voyageurs peuvent se rendre directement du vestibule sur le quai ou pénétrer dans les salles d'attente.

Ces salles, orientées parallèlement aux quais, débouchent toutes dans le vestibule ou dans un couloir, ne nécessitant à la porte d'accès qu'un seul gardien pour le contrôle des billets.

Les voyageurs usant largement de la faculté de monter directement en voiture ou de circuler sur les quais, les

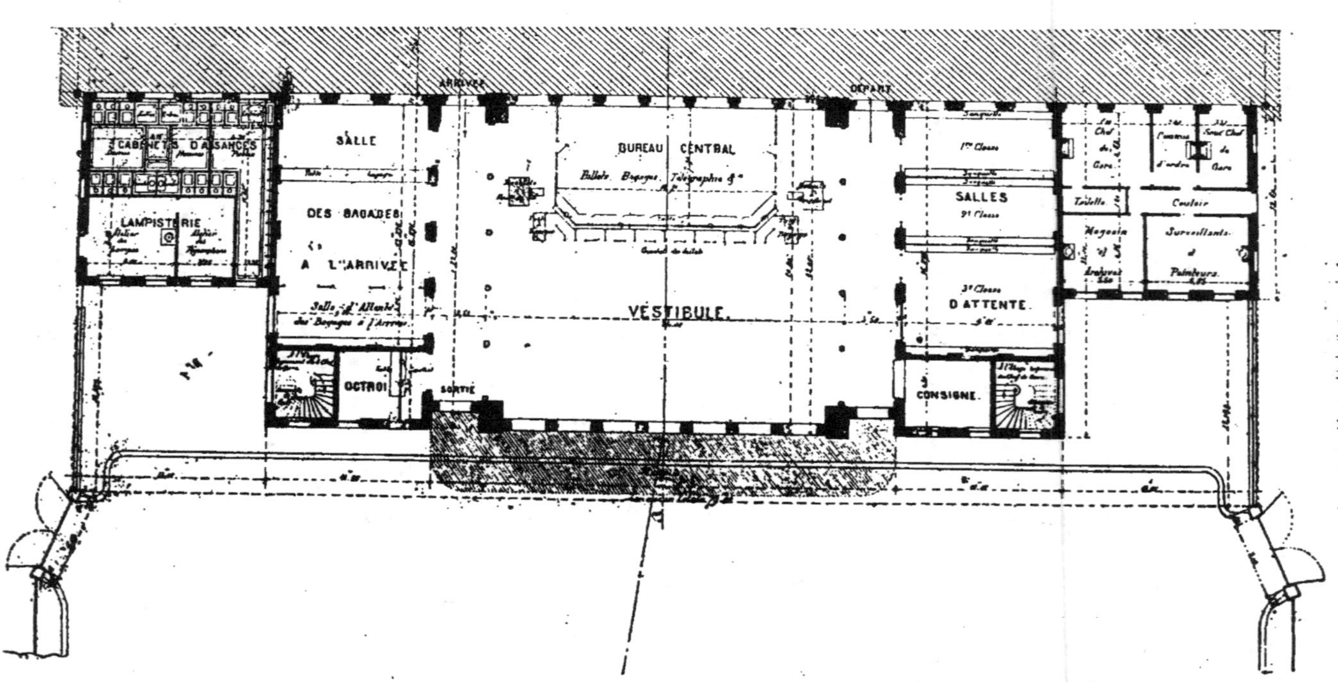

Fig. 12. — Plan de la gare de Roubaix.

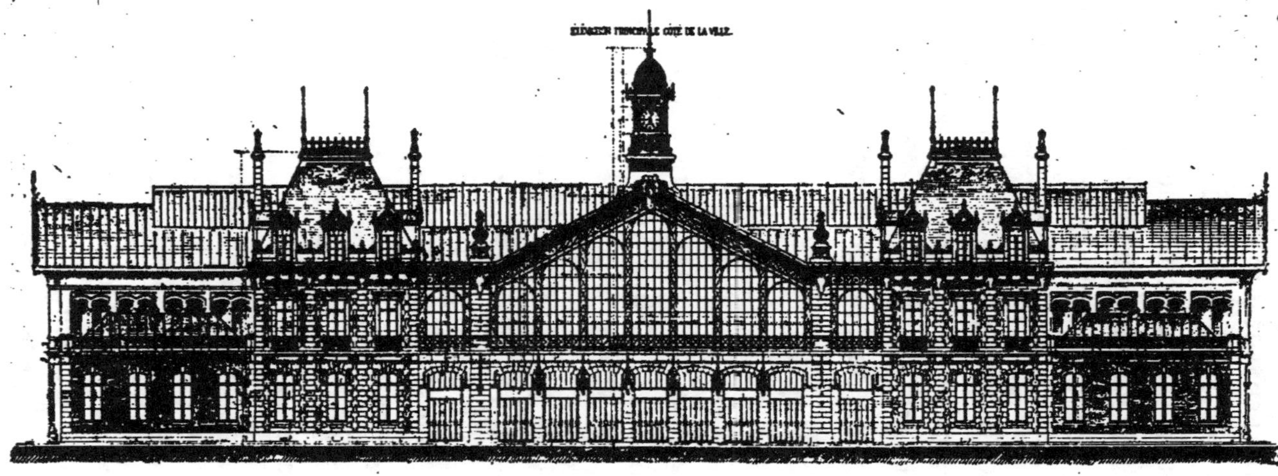

FIG. 13. — Façade de la gare de Roubaix.
(M. DUNNETT, architecte).

salles d'attente peuvent être moins spacieuses qu'autrefois, ce qui permet de les chauffer plus facilement en
hiver ; elles sont mieux closes que les salles débouchant
isolément et directement sur les quais, et les voyageurs
n'ont pas à y redouter les courants d'air comme dans
ces dernières ; enfin, la voix de l'employé chargé
d'annoncer les départs y pénètre mieux.

Gares terminus. — La disposition des gares terminus
constitue souvent un problème fort complexe dans
les grandes villes, où l'on doit satisfaire à la fois à un
trafic de grande ligne et à un mouvement intense de
banlieue.

Les deux services de grande ligne et de banlieue
ont des exigences distinctes, tant au point de vue de
la distribution des locaux que de la formation des
trains.

Pour les voyageurs à longue distance, il faut des installations importantes pour le service des bagages, tant à
l'arrivée qu'au départ. Les trains à grand parcours ne
peuvent être réexpédiés tels quels : leur composition doit
le plus souvent être remaniée et les voitures qui les composent doivent être envoyées au remisage pour une visite
et un nettoyage à fond.

Le service des bagages des lignes de banlieue est, au
contraire, très restreint ; toutes les installations doivent
être combinées de façon à assurer un débit rapide des
voyageurs qui arrivent et qui partent. En raison des départs fréquents, le matériel des trains de banlieue n'est,
pour ainsi dire, jamais modifié : aussitôt que les voya-

voyageurs sont descendus, un train de banlieue doit se remplir de nouveau et repartir.

Le problème a été autrefois résolu fréquemment de la manière suivante : les services de départ et d'arrivée des grandes lignes étaient disposés latéralement, chacun d'un côté de la halle des trains, et le service de banlieue, lorsqu'il y en avait un, se faisait par la façade. Cette disposition avait été adoptée pour l'ancienne gare du Nord, à Paris.

Comme exemple de gares terminus, nous donnerons une description sommaire de la gare Saint-Lazare et de la gare du Nord, à Paris : ces deux gares présentent les dispositions les plus modernes, la première par suite de sa reconstruction complète, la seconde par suite de transformations successives qui ont été apportées ou qui sont en cours d'exécution, mais les principes qui ont guidé les ingénieurs dans les deux cas sont bien différents.

Gare Saint-Lazare. — La situation topographique des lignes convergeant vers la gare Saint-Lazare a permis de séparer complètement le service de banlieue du service des grandes lignes.

L'Hôtel Terminus, placé au premier plan, devant le centre de la façade de la gare, établit la séparation entre deux grandes cours, dont l'une donne accès aux services de banlieue et l'autre aux services de grandes lignes.

La façade de la gare, qui s'étend sur une longueur de 170 mètres, présente deux pavillons extrêmes, situés en face de chacune des cours ; celui réservé aux grandes lignes renferme les guichets de billets et les services de bagages correspondants : les bagages sont élevés au niveau des voies à l'aide de monte-charges. Des escaliers monumentaux situés dans chacun de ces pavillons, débouchent dans une grande salle des pas-perdus éclairée par le haut, et accessible directement de l'hôtel au moyen d'une passerelle. Cette salle des pas-perdus est bordée d'un côté par les bureaux de billets des lignes de banlieue, et de l'autre côté, vers les voies, par les salles d'attente. Chaque direction a ses salles d'attente spéciales dans lesquelles les voyageurs doivent attendre l'heure du départ.

Les voies de départ et d'arrivée des trains de voyageurs sont divisées en quatorze groupes desservis chacun par un quai de plus de 200 mètres de longueur.

Sept groupes contigus à deux voies et un à quatre voies sont affectés au service de banlieue, six autres groupes, dont deux à quatre voies, un à trois voies, et les trois autres à une seule voie, sont réservés aux trains de grande ligne.

Les trains de grande ligne sont reçus à l'arrivée sur les voies extrêmes du côté est, le long d'un bâtiment renfermant les salles de bagages et de douane à l'arrivée, et précédé d'une cour pour le stationnement des voitures de place.

Cinq grandes halles courbes couvrent les quais et les voies sur 160 mètres environ de longueur.

Pour permettre le contrôle des billets à l'arrivée, une

rille règne sur toute la largeur de la gare, à la hauteur des heurtoirs, avec portes en face de chaque quai : comme on le voit, le public ne peut pas circuler librement dans l'intérieur de la gare.

Il nous reste à signaler les chariots hydrauliques avec plaque tournante, employés pour le dégagement des machines au fond des voies en cul-de-sac de la gare.

Dans les cas où l'on a beaucoup de place disponible, les voies sont placées sous les halles par groupes de trois, la voie médiane étant utilisée pour le dégagement des machines; mais dans les grandes villes, le prix du mètre carré de terrain est trop élevé pour ne pas faire renoncer à cette solution coûteuse. On ne dispose alors les voies que par groupes de deux, et il faut, dans ce cas, subir l'inconvénient (minime dans les gares à trafic intense) de ne pouvoir dégager la machine d'un train que quand l'autre voie est libre.

Lorsqu'il s'agit de trains légers remorqués par de petites machines-tender, on peut faire aboutir les deux voies du même groupe à une plaque tournante qui présente l'avantage de permettre, dans une seule ma-nœuvre, le changement de voie et l'orientation de la machine cheminée en avant.

Mais cette solution n'est pas applicable pour les grandes locomotives à tender séparé : il faut alors dis-poser, entre les deux voies, une bretelle qui les mette en communication.

Après son arrivée en gare, le train doit refouler depuis

le fond de la voie pour dégager les croisements et permettre le passage de la machine.

La disposition adoptée à la gare Saint-Lazare (fig. 14) est la combinaison d'un chariot transbordeur et d'une plaque tournante. Un chariot, dont la surface supérieure est au niveau du ballast, peut se déplacer perpendiculairement aux deux voies en s'engageant de chaque côté dans des cavités pratiquées sous les trottoirs. Il est mis en mouvement par des chaînes actionnées à l'aide d'accumulateurs hydrauliques. Ce chariot porte trois voies disposées de manière à donner toujours la continuité des voies principales dans les deux positions extrêmes; il est assez long pour former, dans toutes les positions, une surface continue avec le sol, sans intervalles dans lesquels les agents pourraient tomber. Sur la voie médiane est disposée une plaque tournante encastrée dans le chariot.

Lorsqu'une machine doit être passée d'une voie sur l'autre et être tournée, le chariot est placé de manière à ce que la voie de la plaque tournante se trouve vis-à-vis de la machine; cette dernière avance sur la plaque; on fait alors glisser le chariot jusqu'à ce que la plaque se trouve au milieu entre ces deux voies. La rotation de 180° s'effectue alors à l'aide d'un moteur hydraulique, et l'on fait ensuite avancer le chariot de manière à placer la machine vis-à-vis de la voie de départ.

Gare du Nord. — Les nouvelles dispositions de la Gare du Nord sont, contrairement à celles de la gare Saint-Lazare, étudiées en vue de donner aux voyageurs

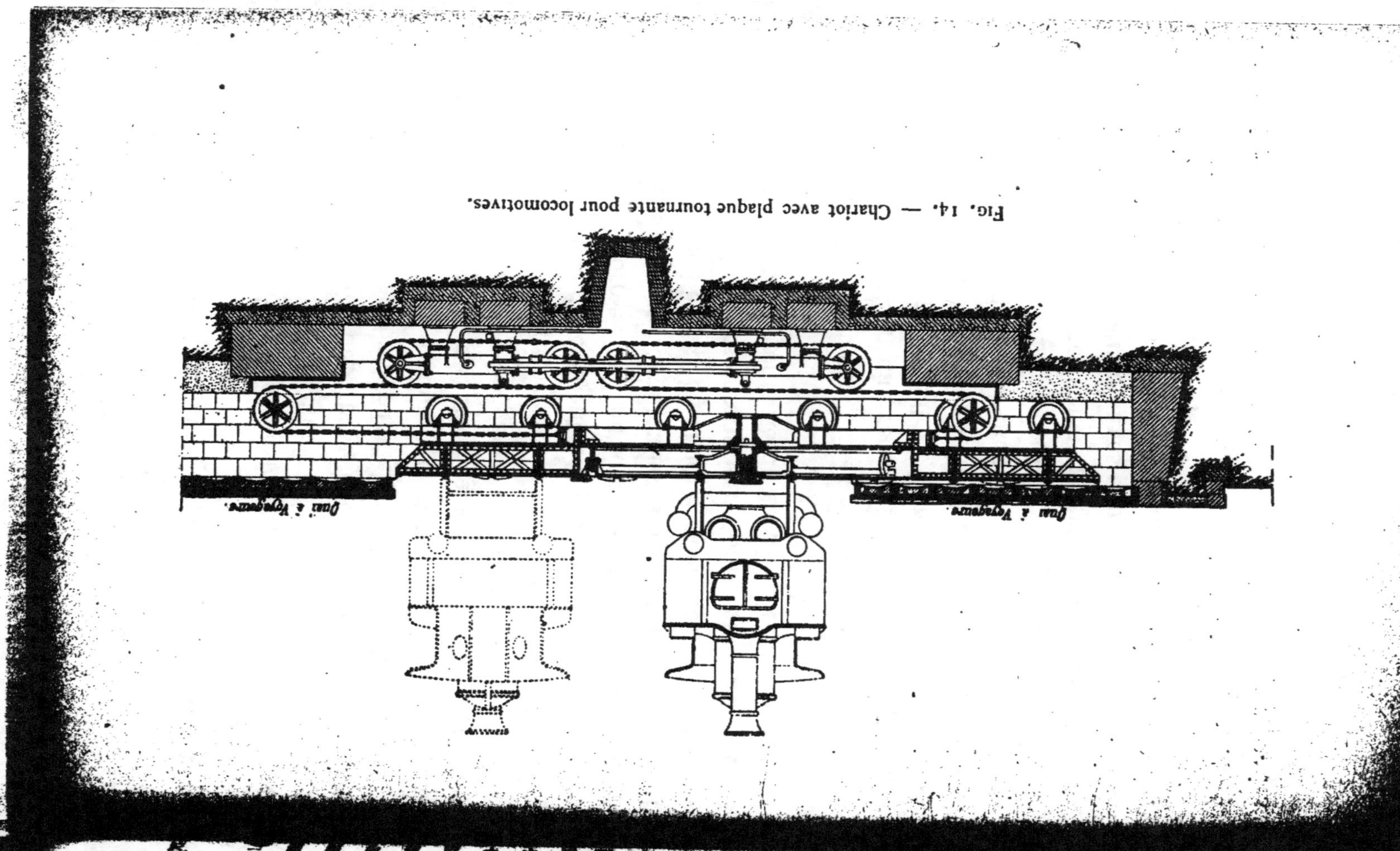

Fig. 14. — Chariot avec plaque tournante pour locomotives.

le libre accès des quais, dans la plus grande mesure possible.

Le programme de la transformation de cette gare peut se résumer comme il suit :

Le service des départs se fait sur la façade de la gare et dans le vestibule parallèle à la cour des départs : l'accès de la gare a donc lieu directement par la façade pour les voyageurs sans bagages et par la cour des départs pour les voyageurs avec bagages.

· La salle des pas-perdus, ainsi disposée en équerre, communique directement par plusieurs entrées avec une large plateforme située en tête des quais. Les voyageurs ont toute liberté de circuler sur cette plate-forme et trouvent à l'entrée de chaque quai des lanternes indicatives dont les inscriptions font connaître l'heure de départ et les points de destination des trains en partance.

Des salles d'attente, closes et confortablement aménagées, débouchent directement sur la grande plate-forme; les voyageurs peuvent donc à leur choix se diriger vers ces salles d'attente s'ils sont en avance, ou monter immédiatement dans leur train.

Dans la salle des pas-perdus, les guichets de distribution des billets encadrent les services de bagages comportant des bureaux doubles pour l'enregistrement, flanqués de deux bascules automatiques pour le pesage des tricycles chargés de colis.

Une vaste consigne pour le dépôt des bagages, et où les voyageurs peuvent également faire envoyer par les magasins les objets dont ils ont fait l'achat dans la journée (consigne du commerce) est disposée au fond de la salle des pas-perdus.

Du côté de l'arrivée sont réservées de vastes salles pour la visite de la Douane et pour la livraison des bagages.

Ces salles débouchent dans la cour couverte de stationnement des voitures de place.

Un buffet bien aménagé permet aux voyageurs de transit, venus d'Angleterre, de Belgique ou d'Allemagne et continuant par les trains de jonction vers le Midi de la France, l'Italie ou l'Espagne, de prendre leurs repas et de se reposer des fatigues du voyage sans sortir de la gare.

Le voyageur, libre de circuler partout et affranchi de toute sujétion, est guidé par de nombreuses inscriptions très apparentes.

En ce qui concerne les voies, une grande bretelle relie entre elles les neuf voies d'entrée et de sortie dans l'avant-gare et permet de recevoir et d'expédier les trains de toutes les directions sur l'une quelconque des voies de la halle.

GARES ÉTRANGÈRES. — *Gares anglaises.* — Les gares anglaises sont, en général, remarquables par la simplicité de leurs installations : sauf dans les grandes villes, tout sentiment architectural et toute recherche de luxe semblent avoir été bannis de la construction des gares.

Ce qui frappe en premier lieu, c'est la hauteur des quais dont la bordure est placée au niveau même du plancher des voitures. Les avantages de cette disposition se font sentir principalement dans les gares métropolitaines et dans les gares de banlieue, où la circulation est très active. Le voyageur passe de la voiture sur le quai et inversement sans hésitation et sans avoir à chercher les marchepieds : les voyageuses en particulier n'ont pas à redouter les chutes auxquelles elles sont exposées quand leurs robes se prennent autour des palettes étroites qui servent à la descente de voiture. Enfin les personnes qui se trouvent sur le quai, étant placées à hauteur des compartiments, peuvent, de même que les agents, se rendre compte immédiatement des places disponibles dans les voitures. Dans ces conditions, le stationnement des trains dans les gares peut être très réduit.

Sous les halles couvertes, ces quais sont le plus souvent composés d'un plancher en bois établi sur des charpentes ou sur de petits piliers en briques. Ces quais sont, par suite, facilement modifiables : ils ont en outre l'avantage de laisser au-dessous d'eux, du côté des voies, un espace libre pour les transmissions, les canalisations et les lignes télégraphiques.

Les salles d'attente sont petites et peu décorées : elles servent peu, le public usant toujours de la latitude qui lui est donnée de pénétrer immédiatement sur les quais pour prendre place dans le train.

Tous les emplacements disponibles sont couverts de

dames et d'affiches multicolores : si cette publicité
très profitable aux Compagnies de chemins de fer, on
peut nier qu'elle est très gênante pour le voyageur
nt l'œil a la plus grande
ne à retrouver le nom de
station au milieu du fouillis
scriptions de tous genres.

Dans les grandes gares,
ce à l'absence de tout

Fig. 15. — Hôtel Terminus du Midland Railway à la gare
de Saint-Pancras à Londres.

troi, les voitures pénètrent de la rue jusque sous la
lle, entre les quais d'arrivée : souvent même ces
aussées sont conduites dans la gare, à grands frais, à
lde de ponts qui traversent la voie et d'où des plans
clinés descendent vers les quais.

Les gares renferment très souvent un bar et un buffet.

Les *hôtels terminus*, qui commencent à être appréciés e
France, sont très répandus en Angleterre.

Dans les grands centres, ces hôtels sont des plus somp
tueux : l'hôtel du chemin de fer de Midland à la gare d
Saint-Pancras, à Londres, dont nous donnons la vue dan
la figure 15, permet au lecteur de se rendre compte d
l'importance de certains de ces hôtels et du luxe
déployé dans leur construction.

Dans la figure 16, nous reproduisons le plan de l'une
des principales gares de Londres, *Victoria Station*.

Il est facile, sur ce plan, de se rendre compte du fonctionnement d'une gare anglaise.

Au départ, le voyageur, entrant par la façade, pénètre
dans un vestibule et trouve devant lui le guichet où il
doit prendre son billet, puis les bascules à fleur de sol
sur lesquelles on pèse, s'il y a lieu, mais très rarement,
ses bagages. De là, il passe directement sur le quai de
départ où stationne son train.

Les services accessoires, salles d'attente, buvette,
buffet, toilette, hôtel, etc., sont disposés latéralement
dans une aile en retour d'équerre.

A l'arrivée, le voyageur n'a qu'à descendre de son
compartiment et à traverser un quai pour monter
dans le *cab* qui l'emmènera en ville, lui et ses bagages,
s'il ne préfère pas se rendre directement à l'hôtel
terminus.

Gares allemandes. — En Allemagne, avant l'unification de ce pays, on ne rencontrait que peu de gares
construites suivant un type original : on s'était contenté

plus souvent de calquer les modèles donnés par les
autres pays, en adaptant à l'ornementation extérieure,
les tours, tourelles et créneaux en honneur chez nos
voisins. Ce n'est qu'après la constitution de l'empire et
après la réunion de la presque totalité des chemins

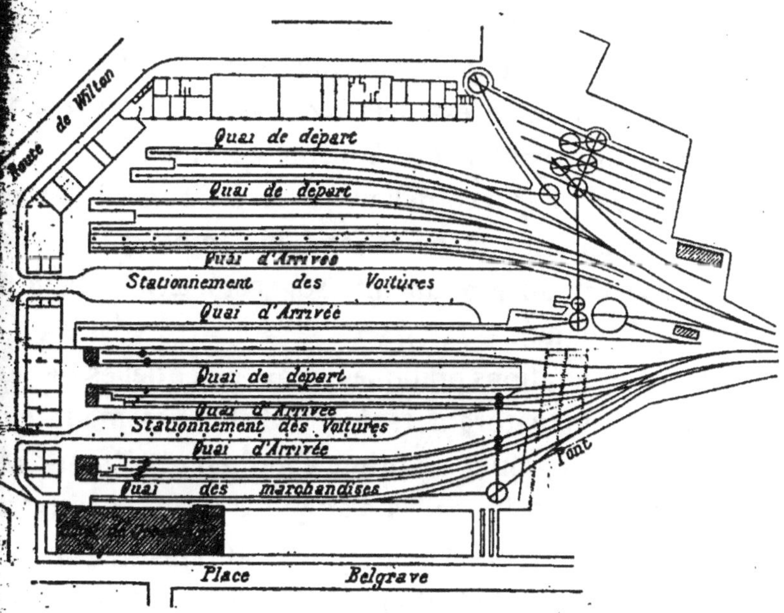

Fig. 16. — Gare Victoria à Londres.

de fer dans les mains de l'État, que les architectes
allemands ont cherché à créer le type de la gare allemande.

Puisant au trésor public, ils ont pu faire grand, très
grand, et, dans certains cas, le luxe déployé dépasse la
mesure. Il est évidemment très bien de faire de la gare,
qui est de nos jours le centre d'activité d'une ville, un

monument, mais il ne faut pas oublier que ce monume[nt] doit présenter une élasticité qui lui permette de croîtr[e] avec le trafic et de se modifier facilement pour répondr[e] aux exigences nouvelles qui naissent sans cesse de[s] progrès faits dans l'industrie des chemins de fer.

Or, la plupart des nouvelles gares allemandes pré[-] sentent ce défaut d'être un objet d'art et de luxe auque[l] on ne peut plus toucher sans tout gâter ; on en arriv[e] à ceci, qu'une gare est déjà reconnue trop petite alor[s] que sa construction est à peine commencée et l'o[n] ne peut remédier à ce défaut parce qu'il serait néces-saire de refaire les plans de fond en comble si l'on vou-lait conserver au monument son caractère artistiqu[e] (gare de Cologne).

Ces considérations pratiques, mais essentielles de nos jours, sont de nature à tempérer l'éblouissement légi-time que l'on éprouve de prime abord en pénétrant dans des vestibules et des salles d'attente aux murs couverts de boiseries sculptées et de fresques, aux baies garnies de verrières de couleur et aux plafonds cloisonnés et dorés à profusion.

Le principe qui a guidé les architectes allemands dans la réédification de leurs gares est celui de la division de la gare en deux étages.

Ce principe découle tout naturellement de la situation qui avait été faite aux chemins de fer dans les villes, lors de leur établissement : presque partout les voies ferrées croisaient à niveau, même les rues les plus fréquentées, contrairement à la pratique admise en France et en An-

...erre, où la traversée des villes se fait généralement ...tranchée ou en viaduc.

...ussi, lorsque l'intensité de la circulation, tant sur ...hemin de fer que dans les rues, prit l'importance ...e au rapide accroissement des villes d'Allemagne, la ...uation devint intolérable. Un seul remède s'offrait : ...placer le niveau des voies par rapport à celui des ...es. Les ingénieurs allemands s'occupent en ce mo-...nt de l'appliquer successivement dans toutes les ...andes villes, en surélevant les voies sur des viaducs ou ...s remblais et en reportant les gares nouvelles sur des ...placements excentriques ou d'anciennes fortifications, ...gantesque travail dans lequel les millions s'englou-...ssent.

...La Compagnie des Chemins de fer de l'Est a envoyé ...cemment en Allemagne une mission, placée sous la ...rection de M. l'ingénieur en chef Petsche, et chargée ...e suivre ces travaux; nous empruntons à l'intéressant ...apport qu'elle a publié, quelques détails instructifs sur ...s principales gares.

...Dans les gares à deux étages, les voies sont au pre-...mier, puisqu'elles arrivent généralement à la gare sur ...n viaduc. Au rez-de-chaussée, les voyageurs pénè-...rent dans un vaste vestibule affecté au service des ...illets et des bagages et où débouchent les tunnels ...onnant accès aux différents trottoirs. Chaque trot-...oir a son tunnel ou son escalier spécial, en sorte que

Revue générale des chemins de fer, 1886.

les voyageurs se trient d'eux-mêmes suivant la direction qu'ils doivent prendre.

Des tunnels spéciaux sont affectés aux bagages, que
des monte-charges élèvent jusqu'aux quais. Parfois, des
quais leur sont spécialement affectés, au grand profit de
la circulation des voyageurs. D'autres tunnels avec
monte-charges sont souvent réservés aux colis de la
poste.

Les salles d'attente, toujours transformées en *Restau-
ration* (buffet ou buvette suivant la classe), sont tantôt
au rez-de-chaussée, tantôt au premier étage.

L'accès aux voies par des galeries souterraines et des
escaliers conduit, le plus souvent, à établir des salles
d'attente supplémentaires sur les trottoirs intermédiaires
et ceux-ci se trouvent fort rétrécis par cette addition.

Nous donnons, à titre d'exemple d'une grande gare
allemande de passage, le plan de la gare centrale de
Mayence (fig. 17).

Le bâtiment principal, construit dans le style de la
Renaissance italienne, comporte une partie centrale et
deux pavillons latéraux.

Le pavillon du milieu, en saillie sur la façade, constitue le vestibule (18) avec les guichets de billets à droite
et à gauche (35), le service des bagages (19 et 20) et la
consigne (17) au fond. Des deux côtés, un couloir conduit aux salles d'attente (13, 14, 21, 22), et aux buffets
(11, 23). Le pavillon de droite renferme les salons de
réception impériaux ; le pavillon de gauche est réservé
au service de la gare. Quant aux deux constructions

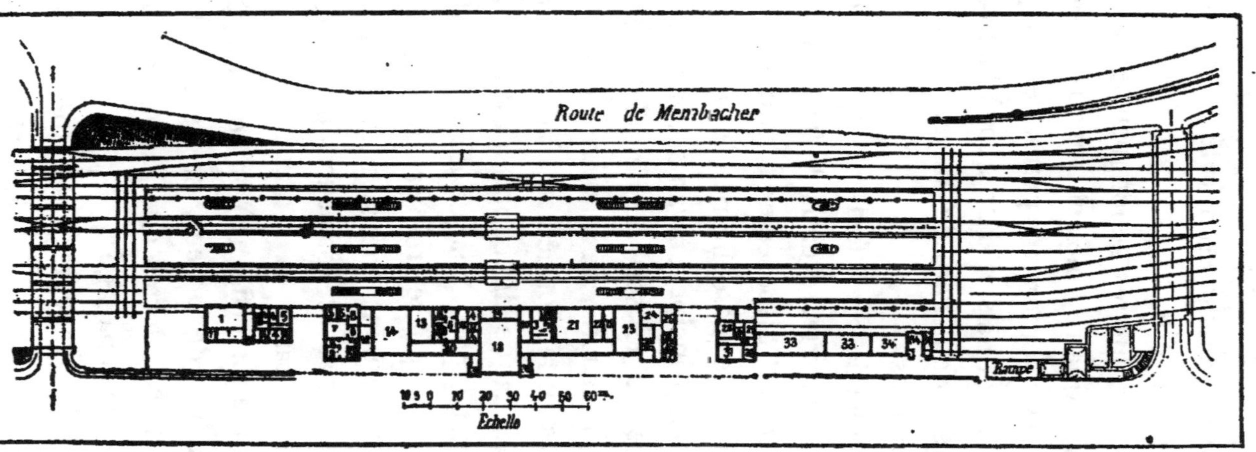

Fig. 17. — Gare de Mayence.

extrêmes, celle de gauche est affectée à la poste et cell[e]
de droite à la messagerie. ·

Une halle de 300 mètres de longueur et de 42 mètre[s]
de portée couvre quatre voies et trois quais de 10 mètres de largeur. Des souterrains permettent de passer des
salles d'attente aux quais et d'un quai à l'autre.

L'établissement de la gare de Mayence n'a pas coûté
moins de 22 millions.

La gare centrale de Francfort-sur-le-Mein, dont nous
donnons la vue extérieure dans la figure 18 et le plan
dans la figure 19, est disposée en terminus.

Les plans de cette gare immense ont été tracés en
s'appuyant sur les principes suivants : concentrer dans un
seul vestibule central les services de billets et de bagages
pour toutes les directions, de manière à éviter les confu-
sions auxquelles aurait donné lieu l'adoption d'une entrée spéciale à chaque direction ; n'avoir pas de salles
d'attente distinctes pour chaque direction, dont quel-
ques-unes auraient pu se trouver insuffisantes en cas
d'affluence pour certains trains, mais n'établir qu'une
seule série de salles assez spacieuses pour faire face au
trafic dans tous les cas.

En examinant le plan (fig. 19), on voit que, du quai de
tête, de 18 mètres de largeur, se détachent dix-neuf
quais longitudinaux affectés alternativement au service
des voyageurs et des bagages.

· Les neuf quais à voyageurs sont bordés de chaque côté
par une voie, le nombre total des voies étant ainsi de 18.

Ces voies sont recouvertes par trois halles de 186 mètres

longueur, de 56 mètres
de largeur chacune, et de
[...] mètres de hauteur.

Le bâtiment principal
[es]t disposé en avant de ces
[s]alles, tandis que des bâti-
[m]ents renfermant les lo-
[c]aux de service et les bu-
[r]eaux d'administration sont
[d]isposés latéralement (13).

Le spectateur est frappé
[t]out d'abord par la saillie
[c]onsidérable du pavillon
[c]entral sur le reste de la
[f]açade.

Cette saillie est justifiée
[p]ar la nécessité de donner
[a]u vestibule une pro-
fondeur suffisante pour
l'établissement des guichets
de billets et de bagages. Ce
[g]rand vestibule (2) a une
largeur de 30 mètres, une
[p]rofondeur de 55 mètres
[e]t une hauteur de 25 mè-
[t]res sous plafond. Les piétons y pénètrent par des
portes latérales, tandis que
[l]es voyageurs arrivant en

Fig. 18. — Gare de Francfort-sur-le-Mein.

voiture entrent par les baies situées sur la façade.
Chacun des côtés du vestibule est occupé, vers l'avant,
par les guichets de billets (4) et, vers l'arrière, par le

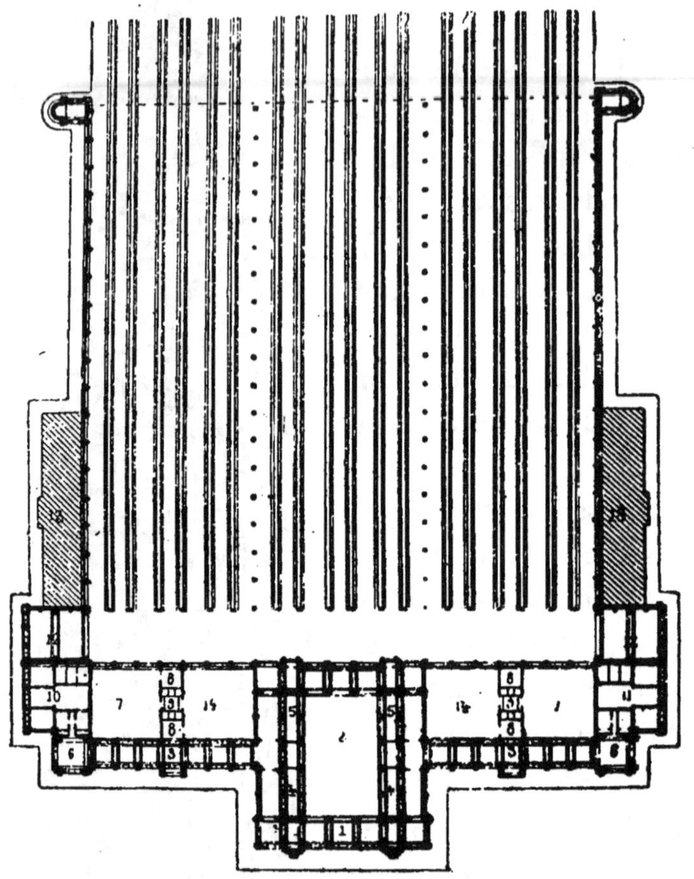

FIG. 19. — Plan de la gare de Francfort-sur-le-Mein.

service des bagages au départ (5). Le fond du vestibule est libre et permet l'accès direct des quais. Des
galeries latérales (3), de 70 mètres de longueur et de

7 mètres de large, débouchant de chaque côté, au centre du vestibule, conduisent aux salles d'attente (7 et 14).

Ces dernières, disposées de la même manière du côté droit et du côté gauche, et donnant directement sur le quai de tête, comprennent deux salles d'attente, deux salons pour dames et une salle de restaurant. Des entrées spéciales (3) permettent aux voyageurs munis de billets de se rendre directement de l'extérieur dans les salles d'attente sans avoir à passer par. le grand vestibule. Enfin, les deux pavillons extrêmes (10 et 11) renferment les salons de réception pour les personnages princiers et les salles de conférences de l'administration.

Le quai transversal de tête se prolonge de chaque côté vers des sorties (12) en avant desquelles se trouvent les halles de remisage des voitures de place.

La délivrance des bagages à l'arrivée se fait sur les quais de service des bagages, à leur rencontre avec le quai de tête.

Bien que par la disposition même de la gare, toute traversée des voies par les voyageurs soit inutile, un tunnel transversal a été établi sous les voies près de l'extrémité de la halle, de manière à relier entre eux les neuf quais à voyageurs. Les voyageurs et les agents peuvent ainsi se rendre d'un quai à l'autre sans avoir à remonter vers le quai de tête. D'autres tunnels sont affectés au service des bagages en transit et à la poste.

La gare de Francfort se distingue, comme on le voit, par sa disposition rigoureusement symétrique par rapport à l'axe longitudinal du bâtiment. Les installations ont été combinées de manière à ce que la moitié de droite et la moitié de gauche de la gare constituent chacune un ensemble distinct et absolument complet.

Il résulte de cette disposition qu'un voyageur qui a dû s'adresser, par exemple, à un guichet situé sur la gauche du vestibule pour prendre son billet, aura à faire enregistrer ses bagages de ce même côté, et continuera à se diriger vers la gauche pour se rendre aux salles d'attente et au train de la direction qu'il veut prendre.

La gare de Francfort-sur-le-Mein constitue certainement l'un des monuments les plus grandioses de l'espèce : sa construction a donné lieu à une dépense de plus de cinquante millions de francs.

Gares américaines. — Les petites gares et les gares de moyenne importance sont établies aux États-Unis et dans le reste de l'Amérique du Nord d'après un type très simple et à peu près uniforme, qui s'est dégagé peu à peu de l'ensemble des dispositions diverses primitivement adoptées.

Il y a toujours deux salles d'attente, l'une pour les hommes, l'autre pour les dames, séparées l'une de l'autre par un couloir central donnant accès, par des portes à tambour, d'un côté sur la cour de la gare, et de l'autre sur le quai. Quelquefois une troisième salle d'attente spéciale est réservée aux gens de couleur. Le bureau des billets, enclavé dans la salle d'attente des hommes, donne à la fois sur le vestibule et sur le quai. A l'un des angles de la salle d'attente des dames, généralement surmonté d'une tourelle, se trouvent les cabinets de toilette. La salle des bagages et la toilette pour les hommes sont disposées dans un petit bâtiment annexe.

Le vestibule est accusé au dehors par un pignon ; une tour surmontant le bureau des billets renferme le télégraphe.

Les salles d'attente sont spacieuses, bien ventilées, bien éclairées et bien chauffées, mais sobrement meublées : on n'y trouve ni fauteuils, ni chaises rembourrées, ni tables ; par contre il y a toujours, selon l'usage américain, un réservoir d'eau glacée.

Presque toutes les gares américaines *(dépôts)* font l'impression de bâtiments provisoires. Les grandes constructions massives en pierre, établies d'après un plan d'ensemble bien arrêté, tel qu'on est habitué à les voir en Europe, sont rares : cependant, les gares centrales de New-York, de Washington, de Columbus, de Saint-Louis, de Kansas-City et de Chicago constituent de véritables monuments.

CHAPITRE III

GARES DE MARCHANDISES ET DE TRIAGE

Le service de la petite vitesse ou des trains de marchandises donne lieu à des installations de deux espèces :

1° Celles nécessaires au chargement et au déchargement des marchandises.

2° Celles nécessaires au classement et à la formation des trains de marchandises.

Installations pour le chargement et le déchargement des marchandises. — Gares de marchandises. — Les transports de petite vitesse se font de deux manières bien distinctes ; si c'est une caisse, un fût, une pièce de machine isolée, etc., qu'il s'agit de faire transporter, cet envoi constitue ce que l'on appelle une *expédition de détail* ; si, au contraire, les matières envoyées forment par leur nombre le chargement complet d'un ou de plusieurs wagons, ou si ce sont des matières en vrac, comme la houille, les betteraves, etc., les expéditions se font par *wagons complets*.

Les tarifs des chemins de fer prévoient ces deux modes d'expédition, et l'on conçoit que les prix de transport par wagons complets sont généralement plus bas que ceux des expéditions de détail, le matériel étant mieux utilisé, de même que la traction, et les dépenses de chargement et de déchargement étant en général moindres, sans parler du cas où ces opérations sont faites par les expéditeurs et les destinataires eux-mêmes.

Chacune de ces deux catégories de transports réclame naturellement des installations différentes. Si, dans une petite station ou dans une halte, on n'accepte que des expéditions de détail, il n'y a pas besoin, le plus souvent, de dispositions spéciales, le service de la petite et de la grande vitesse se faisant en commun ; si, au contraire, la halte n'est ouverte qu'au service des wagons complets, il suffit d'une ou de plusieurs voies bordées d'une chaussée pavée ou empierrée, sur laquelle viennent se placer les camions et les tombereaux, côte à côte avec les wagons.

Si le service est plus important, on construit des halles à marchandises et des quais découverts : les voitures du commerce viennent y déposer leurs chargements d'un côté ; sur l'autre face, sont les wagons dans lesquels on effectuera les transports. Un bureau est affecté aux employés chargés du service de la petite vitesse.

Grandes gares de marchandises. — Dans les grandes gares, le nombre de ces halles peut devenir considérable ; elles sont alors établies parallèlement les unes aux autres et souvent chacune d'elles est affectée à une catégorie spéciale de transports : l'une aux arrivages des vins, l'autre aux expéditions des laines, une troisième aux sucres, etc.

Les wagons sont envoyés sous halle sur des voies reliées à la voie d'arrivée par des plaques tournantes, si les halles sont disposées perpendiculairement à la ligne, par des aiguillages ou par des chariots transbordeurs, si les halles sont parallèles à la ligne principale. Les halles ne sont généralement placées perpendiculairement aux voies principales que lorsque la disposition des lieux ne permet pas de faire autrement, l'emploi des plaques tournantes obligeant à passer les wagons un par un : la gare des marchandises de la Villette, à Paris, en est un exemple.

La gare des marchandises de Bercy (fig. 20) présente à la fois l'exemple de halles parallèles et de halles perpendiculaires.

La gare des marchandises de Batignolles est disposée en halles parallèles aux voies, desservies par un chariot transbordeur. Ce chariot, mû par une machine à vapeur, circule sur une voie très large : la machine est pourvue d'un treuil sur lequel s'enroule un câble métallique à l'aide duquel on tire le wagon à amener sur le chariot. Puis le chariot se met en mouvement sur sa voie transversale pour aller se placer en face de la voie de la halle sous laquelle le wagon doit pénétrer ; un petit coup sec donné au câble suffit pour faire descendre le wagon du chariot et l'envoyer sous halle.

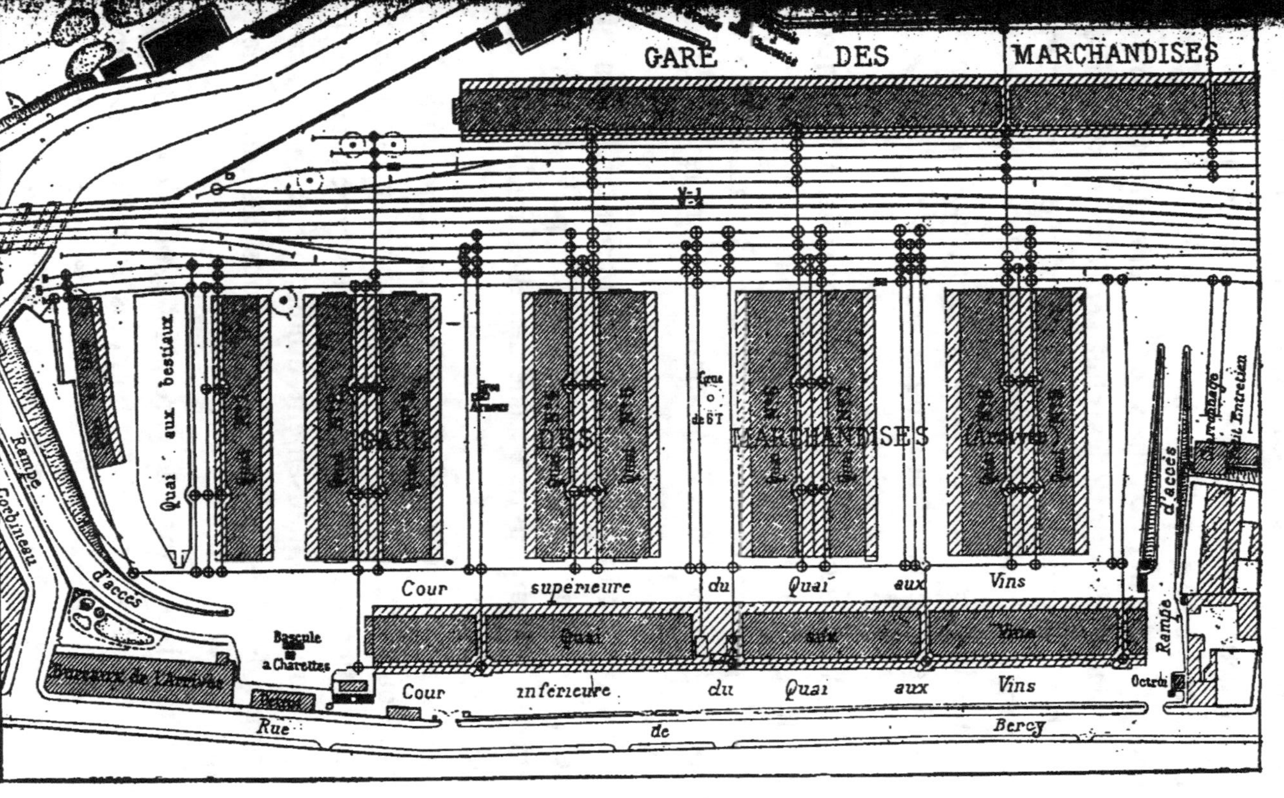

FIG. 20. — Gare des marchandises de la Cie de P.-L.-M. à Bercy.

On peut, pour manœuvrer les wagons sur les voies, les faire pousser par des hommes d'équipe ou les faire tirer par des chevaux, mais ces moyens primitifs doivent faire place à des procédés plus perfectionnés dès que le nombre des wagons à manœuvrer devient important : on emploie alors une petite locomotive munie d'un treuil, dite *machine de manutention* (fig. 21), dont le câble peut servir à remorquer, au besoin, des wagons placés sur une voie voisine.

En Amérique, on dispose quelquefois, à l'avant des machines de manœuvres, une potence dont le bras horizontal peut se mouvoir à droite et à gauche et vient pousser les wagons à manœuvrer sur les voies d'à côté.

Dans les gares encore plus importantes, telles que celles de Londres, ou celle de La Chapelle à Paris, on effectue la manœuvre à l'aide de cabestans hydrauliques ou électriques.

Ces cabestans reçoivent l'énergie d'une station centrale où sont réunis les accumulateurs hydrauliques ou électriques ; ils sont répartis dans les voies d'après un programme soigneusement étudié, de manière à permettre de réaliser sur les voies tous les mouvements nécessaires.

Une visite dans une gare ainsi exploitée est des plus intéressantes ; on voit les hommes accrocher l'extrémité d'un câble en acier à une rame de wagons, enrouler l'autre extrémité autour du cabestan : celui-ci se met à tourner comme par enchantement par suite d'une pression que l'agent exerce avec le pied sur une pédale, et la rame se met en mouvement. A l'aide de poupées de renvoi convenablement établies, on utilise aussi les cabestans pour effectuer le tournage sur plaques. Par ce procédé, le travail des gares se fait économiquement,

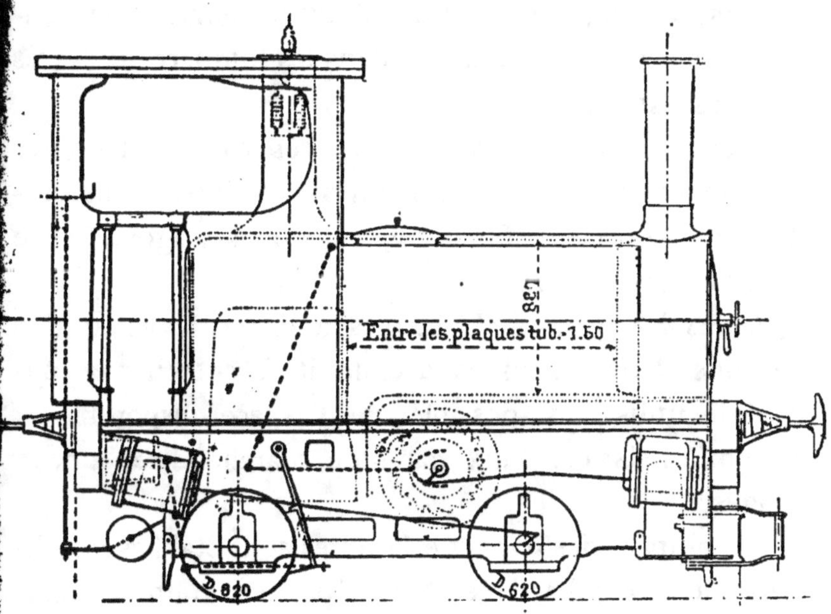

FIG. 21. — Machine de manutention de la Cie du Nord.

rapidement, sans bruit et sans risques d'incendie dans les halles.

Gares spéciales. — Les grandes gares à marchandises sont elles-mêmes subdivisées en gares spéciales pour les principales natures de marchandises. Les gares aux pierres sont pourvues de treuils puissants pour lever les énormes blocs ; les gares aux vins ont de vastes quais couverts pour recevoir et abriter les fûts ; les gares aux charbons sont constituées par des estacades sur lesquelles on amène les wagons et d'où le charbon est déversé, à l'aide de coulottes, dans les tombereaux placés en contre-bas.

En Angleterre, les wagons à charbon ont un plancher pourvu de trappes qu'il suffit d'ouvrir pour que le contenu se déverse directement dans les tombereaux placés sous les estacades.

D'autres fois, les wagons sont répartis sur des voies rayonnant en X autour de plaques tournantes et les tombereaux se placent côte à côte contre les wagons, entre les branches des X.

Gares à étages. — L'accroissement de la valeur des terrains dans les villes a conduit à chercher la plus grande utilisation possible de l'espace disponible et a donné naissance aux gares de marchandises à deux étages.

La plupart des gares de Londres sont établies sur ce type; les voies d'arrivée et de départ des trains de marchandises sont tantôt à l'étage inférieur, tantôt à l'étage supérieur, suivant les dispositions locales, et l'autre étage est affecté au chargement et au déchargement des marchandises des wagons sur les camions et inversement.

Les wagons sont passés d'un étage à l'autre à l'aide de puissants ascenseurs hydrauliques.

A Paris, on peut voir une installation de ce genre réalisée pour le service des messageries de la gare Saint-Lazare.

Nous venons de passer en revue les installations qui permettent de charger ou de décharger les wagons à marchandises. Il s'agit maintenant de prendre tous les wagons chargés pour en former des trains, ou, au contraire, de décomposer les trains arrivés pour en extraire les divers groupes de wagons destinés à chacune des halles et à chacune des subdivisons de la gare des marchandises. Autrement dit il faut procéder à la formation et au triage.

GARES DE FORMATION ET DE TRIAGE. — Tous les wagons destinés à partir sont réunis et amenés pêle-mêle par une machine de gare : il faut d'abord séparer des autres tous les wagons qui doivent former un même train, et ensuite les disposer dans un ordre déterminé suivant la composition du train.

On conçoit, en effet, que l'on ne saurait expédier un train *en salade :* il importe, au double point de vue de l'économie de temps et de la nécessité de manœuvrer le moins possible les marchandises pour éviter les avaries, que les wagons d'un train soient placés dans l'ordre géographique des stations.

Cela veut dire que les wagons destinés à la première station sont en tête ; puis viennent ceux pour la station suivante, et ainsi de suite.

De cette manière, lorsque le train arrive dans une gare intermédiaire, les wagons destinés à cette gare sont toujours en tête et la machine n'a à manœuvrer que ces wagons pour les déposer sur les voies de garage : si les trains n'étaient pas convenablement composés pour les diverses directions et si les wagons n'étaient pas disposé[s] dans l'ordre des stations on ne pourrait même pl[us] se borner à assurer le service au prix des plus gran[ds] retards ; il serait matériellement impossible de faire fa[ce] au trafic, avec son importance actuelle.

En outre, sur les grands réseaux, les trains de mar[-] chandises sont organisés de manière à effectuer leu[r] parcours entre deux gares principales sans rompr[e] charge ; le trafic des stations intermédiaires est recueill[i] par des trains omnibus, et amené aux grands centre[s] de bifurcation où les wagons doivent être convenable- ment classés pour le transit par les trains directs.

Il y a donc à effectuer, aux bifurcations importantes, comme aux gares terminus, un travail de classification par directions et par gares.

Ce travail est très compliqué et extrêmement difficile, et cette importante question a depuis longtemps fait l'objet des études des ingénieurs.

Les solutions les plus diverses ont été imaginées et mises en pratique : voies parallèles avec une double ligne transversale de plaques, ou desservies par un cha- riot transbordeur, faisceaux de voies en éventail avec une voie de tiroir formant la tige de l'éventail, etc.

Triage par la gravité. — Les manœuvres de triage donnent évidemment lieu à des dépenses considérables d'hommes, de chevaux et de machines ; aussi, un grand progrès a-t-il été réalisé lorsqu'on a songé à utiliser pour ces manœuvres une force naturelle ne donnant lieu à aucune dépense : la *gravité.*

Il a suffi, à cet effet, de donner aux voies de triage la pente convenable pour que les wagons descendent les voies par leur propre poids à une vitesse moderée.

La disposition des voies de triage en faisceaux, avec ou sans l'emploi de la gravité, est l'une des plus répandues, et l'utilité de cette disposition se conçoit aisément si l'on se représente quel est le travail à effectuer : un train de wagons mélangés est coupé en rames, et chaque rame est amenée par la gravité, avec une machine de manœuvre ou à l'aide de chevaux, sur une voie spéciale du faisceau. Toutes les voies du faisceau concourant en une voie commune, il est évident que l'on peut ensuite retirer les rames ou les wagons isolés dans l'ordre voulu pour la composition d'un train.

Gare de triage d'Edge-Hill. — Le triage par la gravité est employé à Edge-Hill, près Liverpool, pour la gare la plus importante d'Angleterre. Cette gare reçoit et expédie, en effet, plus de 530 trains par jour.

Tous les trains arrivant à Liverpool sont débranchés à Edge-Hill, et les wagons doivent y être triés pour être ensuite distribués entre les divers docks et entrepôts du port de commerce.

Inversement tous les wagons chargés sont envoyés à Edge-Hill pour être classés dans les trains au départ.

Les trains à trier sont reçus sur six voies d'arrivée placées au sommet du plan incliné et pouvant contenir 294 wagons.

Ces six voies se réunissent en une seule à leur extré-

mité inférieure pour se déployer de nouveau en un faisceau de 24 voies de triage, capables de contenir 1065 wagons : chaque voie est destinée à recevoir les wagons qui
devront former un même train. A la suite de ces 24 voies,
décomposées en deux groupes de 12 voies se soudant
en une seule à leur partie basse, se trouvent deux
groupes de formation ou *grils* à travers lesquels les
wagons d'un même train sont, pour ainsi dire, passés
au crible, de manière à les placer suivant leur ordre de
succession dans le train. Enfin, les grils aboutissent aux
voies de départ qui reçoivent les trains formés et où les
machines viennent se mettre en tête.

Dans son bel ouvrage sur *un Chemin de fer anglais*,
M. G. Findlay décrit d'une façon pittoresque le travail
de cette gare :

A l'arrivée d'une rame à débrancher sur les voies de
réception, les freins à main sont levés, la machine est
décrochée, et l'on inscrit sur chaque wagon le numéro
de la voie sur laquelle il doit être dirigé.

Un surveillant inspecte avec soin les freins des wagons
et crie les numéros inscrits sur les wagons à un autre
agent placé plus loin et qui est chargé de régler la
vitesse de descente. Le numéro est transmis par un
signal à la main ou avec la corne à l'aiguilleur, qui
actionne les leviers de manière à diriger les wagons
sur la voie voulue.

Chaque wagon est accompagné par un homme d'équipe
armé d'un long bâton qu'il introduit entre la roue et le
châssis du wagon pour former frein et modérer la vitesse.

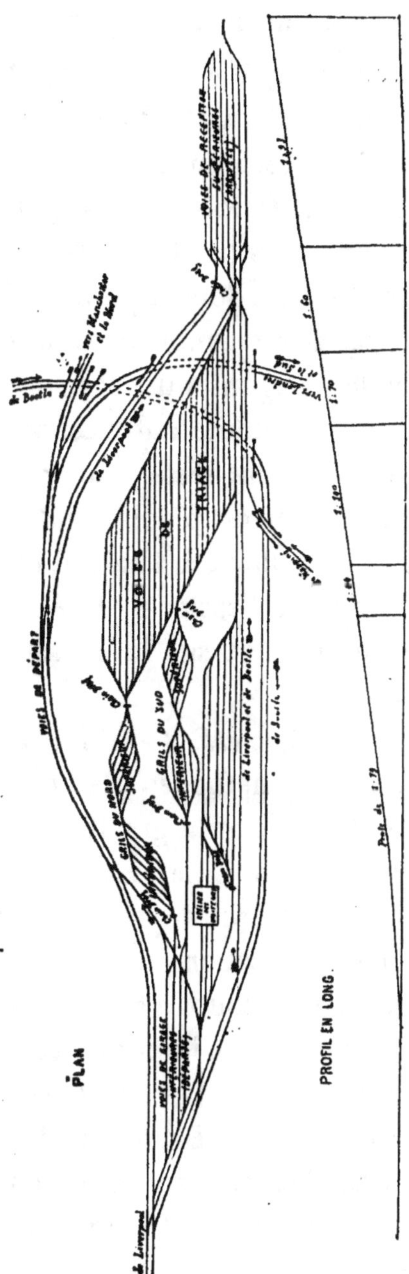

Fig. 22. — Plan de la gare de triage d'Edge-Hill.

De cette manière, chaque voie de triage finit par contenir un train déterminé, mais dont les wagons sont encore dans un ordre quelconque.

Par une nouvelle opération, ces wagons sont alors envoyés, un par un, à travers les grils sur les voies de départ dans l'ordre où ils doivent figurer dans le train.

Un dispositif spécial est employé à la gare d'Edge-Hill pour arrêter les wagons qui, par suite d'une trop forte impulsion, ou pour toute autre cause, s'échappent du faisceau où ils devraient rester : un crochet fixé au bout d'une longue chaîne est placéau milieu de la voie ; le crochet peut être soulevé à l'aide d'un levier, et il saisit alors le wagon par l'essieu ; la résistance que la chaîne éprouve en traînant sur le ballast ne tarde pas à arrêter le wagon.

Gare de triage du Bourget. — En France, on fait également usage des méthodes de triage les plus diverses, mais le triage par la gravité est le plus employé. Il nous paraît donc intéressant de donner une description du type théorique de gare de triage, tel qu'il a été réalisé, sur les indications de M. Albert Sartiaux, au Bourget et dans beaucoup d'autres gares, avec des modifications plus ou moins importantes résultant des dispositions locales (fig. 23). Les trains de marchandises venant des directions A ou B entrent directement sur les voies de débranchement en pente, au nombre de quatre, reliées deux à deux, et commandant, à l'aide d'une bretelle et de traversées-jonctions, le groupe C de voies de triage.

Cette disposition permet de constituer, à volonté, soit un groupe unique commandé par quatre voies de débranchement, qu'on peut garnir de plusieurs trains sans interrompre le travail, soit plusieurs groupes sur lesquels on travaille isolément ou simultanément avec deux, trois ou quatre voies de débranchement.

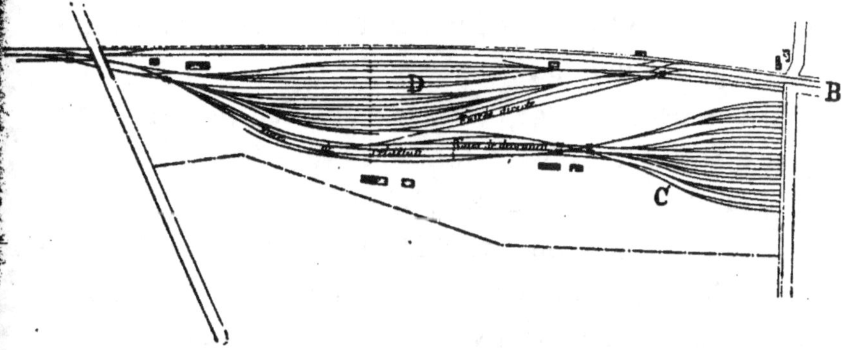

Fig. 23. — Gare de triage du Bourget.

A droite et à gauche des quatre voies de débranchement, est installée une voie permettant de sortir du faisceau C les wagons triés sans interrompre les opérations de triage.

Une fois le triage par direction opéré sur le groupe C, les wagons sont amenés sur les voies de tiroir qui commandent les deux faisceaux D, dont l'un sert au garage des trains et l'autre au classement par ordre géographique des wagons sortant du triage. Ce dernier classement se fait alors à l'aide d'une machine de manœuvre.

Quant au détail des opérations de triage, il s'effectue

absolument de la manière que nous avons indiquée pour la gare d'Edge-Hill.

Il faut remarquer que, dans le système ci-dessus, toutes les aiguilles ont été groupées de façon à permettre la manœuvre par un seul aiguilleur, ce qui est très avantageux au point de vue de la rapidité et de l'unité du travail, tout en laissant la possibilité de mener de front et sans interruption plusieurs opérations de triage simultanées.

Les gares de triage ont permis de dégager les grandes gares de marchandises dont elles sont les annexes dans les grandes villes : cette subdivision a eu l'avantage de reporter une grande partie des opérations en dehors des villes, le triage qui réclame de grands espaces pouvant être effectué sans inconvénient à une certaine distance : C'est ainsi que la Compagnie du Nord a établi ses gares de triage à la Plaine-Saint-Denis et au Bourget, la Compagnie de l'Est à Noisy-le-Sec, la Compagnie de Paris-Lyon-Méditerranée à Villeneuve-Saint-Georges, etc.

Gare de Noisy-le-Sec. — La nouvelle gare de triage de la Compagnie de l'Est, à Noisy-le-Sec, comportera une gare de triage proprement dite, à Bobigny, et une gare d'échange avec le Chemin de Grande-Ceinture, à Noisy-le-Sec. La première de ces gares sera accompagnée des ateliers de garage et d'entretien des voitures, et la seconde sera à proximité de nouveaux dépôts de locomotives et ateliers du matériel roulant.

La gare de triage de Bobigny comprendra : un faisceau du côté de Paris, destiné au garage des rames de wagons venant de La Villette et de Pantin, suivi d'un second faisceau sur lequel se fera le triage de ces wagons par la gravité.

Par son autre extrémité, ce second faisceau sera relié à deux groupes de voies destinées aux wagons triés, les uns pour la direction d'Avricourt, les autres pour la direction de Belfort.

Inversement, un faisceau du côté de Noisy-le-Sec recevra les trains venant des directions d'Avricourt et de Belfort, dont les wagons seront triés par la gravité sur un second faisceau et envoyés ensuite sur trois groupes de voies servant à la formation des rames destinées, soit à la gare de La Villette, soit à la gare de Pantin.

Gare de triage de Villeneuve-Saint-Georges. — C'est à la gare de triage de Villeneuve-Saint-Georges que les trains de marchandises provenant des deux grandes artères du réseau de Lyon (Bourgogne et Bourbonnais), sont, en général, décomposés et remaniés pour former des trains spécialisés à destination des diverses gares de Paris, et inversement.

La gare de triage est comprise entre les deux branches du Bourbonnais et de la Bourgogne : elle renferme deux groupes de triage, séparés par des voies de circulation pour les trains de marchandises et les machines. Les divers faisceaux de triage sont commandés par des voies de tiroir, et coupés par des lignes transversales de chariots transbordeurs.

Extérieurement à chaque faisceau, se trouvent les halles de transbordement pour les wagons de détail.

Enfin, des jonctions directes permettent l'entrée et la sortie des trains de la Grande-Ceinture, et l'ensemble est complété par des ateliers de voitures et des dépôts de locomotives.

Malgré les dimensions considérables atteintes aujourd'hui par les installations de triage, elles sont à certains moments insuffisantes pour faire face au travail qui leur incombe pendant le jour, et le travail de nuit devient souvent nécessaire.

C'est ici que les progrès de l'électricité sont venus donner un concours précieux aux chemins de fer, en leur apportant un éclairage capable d'illuminer de grands espaces avec une intensité suffisante.

Si l'intermittence des poussées du trafic ne justifie pas les dépenses d'une installation fixe d'éclairage électrique, on a recours aux foyers à lucigène : ce sont des appareils portatifs dans lesquels la flamme est engendrée par la combustion d'huiles lourdes de goudrons, activée au moyen d'un courant d'air comprimé, lancé dans un bec spécial. Ces foyers donnent une longue flamme fusante, douée d'un grand pouvoir éclairant.

CHAPITRE IV

SIGNAUX

La voie d'un chemin de fer étant établie, la première question qui se présente est d'assurer la sécurité de la circulation sur cette voie. Il est, en effet, impossible, en raison de la vitesse dont est animé un train de chemin de fer, d'en laisser la responsabilité aux seuls agents chargés de la conduite, ainsi que cela se pratique sur les routes ordinaires.

Aussi, dès le début, des hommes furent-ils échelonnés le long des lignes pour faire des signaux avec la main aux mécaniciens. Si la voie était libre, ces agents étendaient le bras dans la direction que suivait le train ou se tenaient au port d'armes ; si la voie n'était pas libre, ils se plaçaient en travers de la voie en élevant les deux bras de toute leur hauteur.

Souvent, un homme à cheval précédait le train, et sonnait du cornet pour faire garer les passants et les promeneurs.

Les premiers signaux fixes furent employés en 1840,

en Angleterre, sur le chemin de fer de Stockton à Darlington : on avait placé, en huit points dangereux, des mâts portant d'énormes lampes garnies d'un verre mi-partie rouge et vert, masqué à l'aide d'une coulisse.

Lorsque la coulisse, levée à moitié, ne montrait que le verre vert, le signal signifiait « attention »; lorsque la coulisse, levée complètement, laissait apercevoir également le verre rouge, il signifiait « danger ».

Dans chaque contrée, et même sur chaque ligne de chemin de fer, le système des signaux s'est développé d'une manière différente ; néanmoins, un certain nombre de règles se retrouvent d'une manière à peu près générale, surtout au point de vue de la signification des couleurs :

En général, la couleur *blanche* ou le feu blanc indiquent que la voie est libre.

La couleur *verte* ou le feu vert commandent l'attention ou le ralentissement.

La couleur *rouge* ou le feu rouge commandent l'arrêt. En prévision du cas où un drapeau rouge ou une lanterne rouge viendraient à manquer, tout objet ou toute lumière vivement agités ont la même signification.

Les chemins de fer anglais tendent depuis quelque temps à proscrire la lumière blanche de leurs signaux et à n'employer que le *vert* pour la voie libre, et le *rouge* pour l'arrêt.

Signaux en France. — Le système des signaux est uniforme depuis 1885 pour toutes les lignes de chemins de fer français : si cette unification présente de grands

antages, au point de vue de la simplicité, en temps
dinaire, ces avantages deviennent inappréciables en
mps de guerre, où les mécaniciens peuvent être appe-
à circuler par toute la France, en passant d'un réseau
r l'autre.

Le langage des signaux français est régi par un *Code
es signaux* approuvé par décision ministérielle, en date
u 15 novembre 1885. Ce langage est appliqué par toutes
s Compagnies, et les appareils destinés à le transmettre
e diffèrent plus que par quelques détails de construc-
on ou de forme. Nous croyons donc intéressant de
mettre les parties essentielles de ce Code sous les yeux
u lecteur, en y joignant une illustration du type de
haque signal.

Titre premier. — **Dispositions générales.**

Article premier. — Sont régis par les dispositions sui-
antes les signaux échangés entre les agents des trains et les
gents de la voie ou des gares.

Les règlements spéciaux à chaque compagnie ne pour-
ont contenir aucune disposition contraire.

Les compagnies pourront d'ailleurs être autorisées par le
inistre des Travaux publics à employer, à titre d'essai, des
gnaux autres que ceux qui sont prévus et définis au présent
rêté.

Titre II. — **Signaux de la voie.**

Section 1. — *Généralités.*

Art. 2. — Les *signaux* de la *voie*, c'est-à-dire les signaux
its de la voie aux agents des trains ou des machines, sont
stinés, soit à indiquer la *voie-libre*, soit à commander l'*arrêt*

ou le *ralentissement,* soit à donner la *direction.* Dans tous les cas, l'absence de signal indique que la voie est libre.

Les signaux sont *mobiles,* c'est-à-dire susceptibles d'être transportés et employés en un point quelconque, ou *fixes,* c'est-à-dire établis à demeure en un point déterminé.

ART. 3. — Le signal de *ralentissement* fait à des trains en pleine marche indique que la vitesse effective doit être réduite de façon à ne pas dépasser un maximum de 30 kilomètres à l'heure pour les trains de voyageurs, et de 15 kilomètres pour les trains de marchandises.

Section 2. — Signaux mobiles.

ART. 4. — Les signaux mobiles ordinaires sont faits :

Le jour, avec des drapeaux, des guidons, un objet quelconque ou le bras ;

La nuit, ou le jour par temps de brouillard épais, avec des lanternes à feu blanc ou de couleur ;

Le jour, comme la nuit, avec des pétards.

ART. 5. — La *voie libre* peut être indiquée en présentant aux trains :

Le jour, le drapeau roulé ou le bras étendu horizontalement dans la direction suivie par le train ;

La nuit, le feu blanc.

ART. 6. — Le drapeau rouge déployé, tenu à la main par un agent, commande l'*arrêt immédiat.*

A défaut de drapeau rouge, l'arrêt est commandé, soit en agitant vivement un objet quelconque, soit en élevant les bras de toute leur hauteur.

Le feu rouge commande l'*arrêt immédiat.*

A défaut de feu rouge, l'arrêt est commandé par toute lumière vivement agitée.

ART. 7. — Le drapeau vert déployé, ou le guidon vert, commande le ralentissement.

Le feu vert commande le ralentissement.

ART. 8. — En cas de ralentissements accidentels, comme ceux nécessités par les travaux ou l'état de la voie, un drapeau roulé, un guidon blanc ou un feu blanc indique le point à partir duquel le ralentissement doit cesser.

ART. 9. — Les pétards sont employés pour compléter les signaux optiques mobiles commandant l'arrêt, lorsque, soit de jour, soit de nuit, à raison de troubles atmosphériques ou pour toute autre cause, ces signaux ne pourraient pas être suffisamment perceptibles.

Dans ce cas, on doit placer deux pétards au moins, et trois par temps humide, dont un sur chaque rail, à 25 ou 30 mètres d'intervalle et à pareille distance en avant du signal optique qu'ils complètent.

L'emploi des pétards pour compléter les signaux optiques mobiles est obligatoire, lorsque, par suite du brouillard ou d'autres troubles atmosphériques, les signaux optiques ne peuvent être distinctement aperçus à 100 mètres de distance.

ART. 10. — En cas de force majeure, des pétards peuvent être employés isolément et indépendamment des signaux optiques, même en l'absence d'un agent posté pour faire les signaux sur place.

Le mécanicien d'un train qui rencontre des pétards placés dans ces conditions, doit se rendre immédiatement maître de la vitesse de son train par tous les moyens à sa disposition et ne plus s'avancer qu'à une vitesse suffisamment réduite pour être en mesure de s'arrêter dans la partie de voie en vue, s'il se présente un obstacle ou un signal commandant l'arrêt. Si, à partir du lieu de l'explosion, après un parcours fixé par le règlement de la compagnie, sans qu'il puisse être inférieur à 500 mètres, il ne se présente ni obstacle, ni signal commandant l'arrêt, le mécanicien peut reprendre sa vitesse normale.

Section 3. — *Signaux fixes.*

ART. 11. — Les signaux fixes de la voie sont :
Les disques ou signaux ronds;
Les signaux d'arrêt absolu ;
Les sémaphores;
Les signaux de ralentissement;
Les indicateurs de bifurcation et signaux d'avertissement;
Les signaux indicateurs de direction des aiguilles.

ART. 12. — Le *disque* ou *signal rond* (fig. 24) peut prendre deux positions par rapport à la voie qu'il commande : perpendiculaire ou parallèle.

Le disque fermé, c'est-à-dire présentant au train sa face rouge perpendiculaire à la voie, le jour, ou un feu rouge, la nuit, commande l'arrêt.

Le disque effacé, c'est-à-dire disposé parallèlement à la voie, le jour, ou présentant le feu blanc, la nuit, indique que la voie est libre.

Dès qu'un mécanicien aperçoit un disque fermé, il doit se rendre immédiatement maître de la vitesse de son train par tous les moyens à sa disposition et ne plus s'avancer qu'à une vitesse suffisamment réduite pour être en mesure de s'arrêter à temps dans la partie de voie en vue, s'il se présente un obstacle ou un nouveau signal commandant l'arrêt. En tout cas, il ne devra jamais atteindre la première aiguille ou la première traversée de voie protégées par le signal, et ne se remettre en marche qu'après y avoir été autorisé soit par le conducteur chef de train, soit par l'agent de service à la gare ou au poste protégé.

ART. 13. — Le *disque* ou *signal rond* doit être suivi d'un poteau indiquant, par une inscription, le point à partir duquel le signal fermé assure une protection efficace.

ART. 14. — Le *signal carré d'arrêt absolu* (fig. 25) peut

prendre deux positions par rapport à la voie qu'il commande : perpendiculaire ou parallèle.

Le signal présentant au train, le jour, perpendiculairement à la voie, un damier rouge et blanc, et, la nuit, un double feu rouge commande l'*arrêt absolu*, c'est-à-dire qu'aucun train ou machine ne peut franchir le signal, tant qu'il commande l'arrêt.

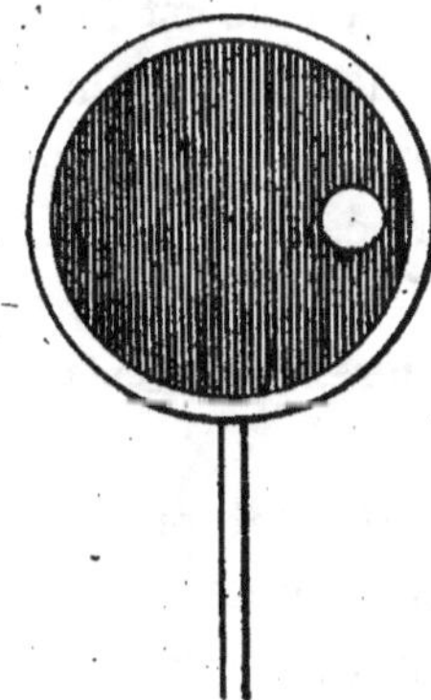

FIG. 24. — Disque.

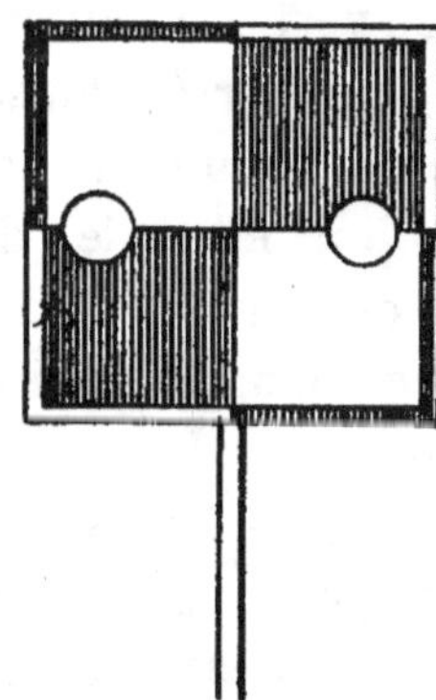

FIG. 25. — Signal carré d'arrêt absolu.

Le signal effacé, c'est-à-dire disposé parallèlement à la voie, ou présentant la nuit, un feu blanc, indique que la voie est libre.

ART. 15. — Sur les voies autres que celles suivies par les trains en circulation, le *signal d'arrêt absolu* défini à l'article précédent peut être remplacé, avec l'autorisation du Ministre, par un signal carré ou rond à face jaune, présentant, la nuit, un simple feu jaune.

ART. 16. — Le *sémaphore* est un appareil destiné à maintenir entre les trains les intervalles nécessaires.

Il donne ses indications : le jour, par la position du ou des bras dont il est muni ; la nuit, par la couleur des feux qu'il présente.

Le bras qu'on voit à gauche, en regardant le sémaphore vers lequel le train se dirige, s'adresse seul à ce train.

Le jour, le bras étendu horizontalement et présentant sa face rouge commande l'arrêt; le bras incliné vers le bas, à angle aigu, commande le ralentissement; le bras rabattu sur le mât indique que la voie est libre.

La nuit, le sémaphore commande: l'arrêt, par un feu donnant en même temps le vert et le rouge; le ralentissement, par le feu vert. Le feu blanc indique que la voie est libre.

Le signal d'arrêt du sémaphore interdit la circulation au delà du poste ou de la station où le sémaphore est placé, sauf autorisation formelle d'avancer, donnée par le chef de station, ou par celui qui en fait fonctions, au poste ou à la station et dans les conditions particulières indiquées au mécanicien.

ART. 17. — Le *disque de ralentissement* peut prendre deux positions par rapport à la voie qu'il commande.

Le signal présentant au train, le jour, perpendiculairement à la voie, sa face verte, et la nuit, un feu vert, commande le ralentissement indiqué à l'article 3.

Le signal effacé, c'est-à-dire disposé parallèlement à la voie, et présentant, la nuit, un feu blanc, indique que la voie est libre.

Des limitations spéciales de vitesse peuvent, dans des cas déterminés par le Ministre, être indiquées par des tableaux blancs, éclairés la nuit et portant le chiffre auquel la vitesse doit être réduite.

Des tableaux portant en lettres apparentes, éclairées la nuit, le mot ATTENTION, peuvent également, dans les cas fixés par le Ministre, être employés pour indiquer aux agents des trains qu'ils doivent redoubler de prudence et d'attention jusqu'à ce que la liberté de marche leur soit rendue.

ART. 18. — L'*indicateur de bifurcation* (fig. 26 et 27) est formé, soit par une plaque carrée, peinte en damier vert et blanc, éclairée la nuit par réflexion ou par transparence, soit par une plaque portant le mot BIFUR, éclairée la nuit de la même manière.

Ce signal est disposé, sauf autorisation contraire du Ministre, de manière à donner constamment la même indication.

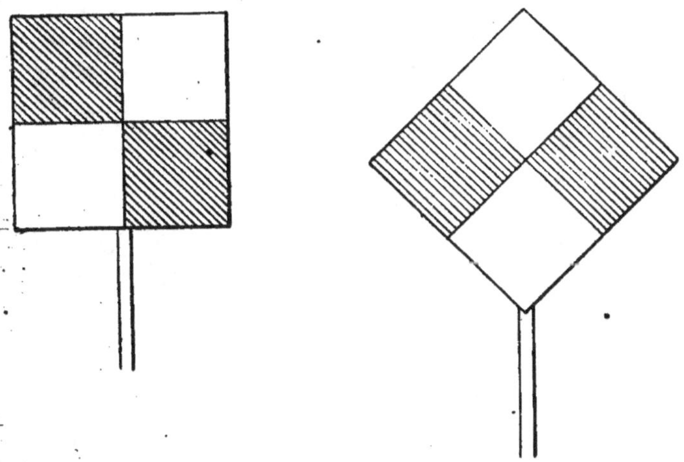

FIG. 26 et 27. — Indicateurs de bifurcation.

Le damier vert et blanc peut aussi être employé comme *signal d'avertissement* annonçant des signaux carrés d'arrêt absolu qui ne protègent pas des bifurcations.

Le mécanicien qui rencontre, non effacé, l'un des signaux précédents, doit se mettre en mesure de s'arrêter, s'il y a lieu, à l'embranchement ou au signal d'arrêt absolu qu'annonce ledit signal.

ART. 19. — Les *signaux indicateurs de direction des aiguilles* se distinguent :

En signaux de *direction* (fig. 28), placés aux aiguilles en pointe où le mécanicien doit préalablement demander la voie libre par le sifflet de la machine.

Et en signaux de *position* (fig. 29), destinés à renseigner les agents sédentaires sur la direction donnée par les aiguilles, direction que le mécanicien n'a pas à demander par le sifflet de la machine.

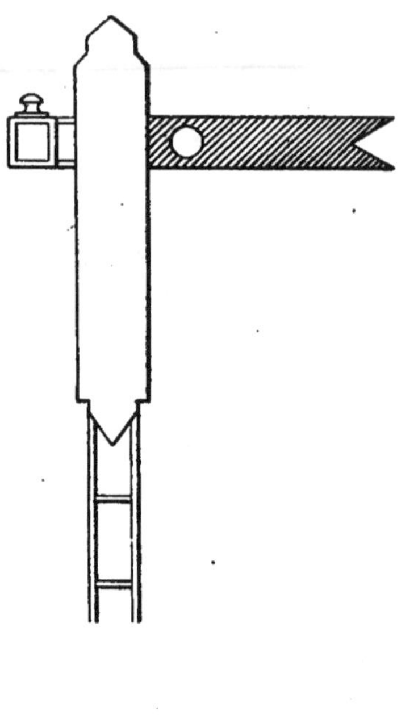

Fig. 28. — Indicateur
de direction.

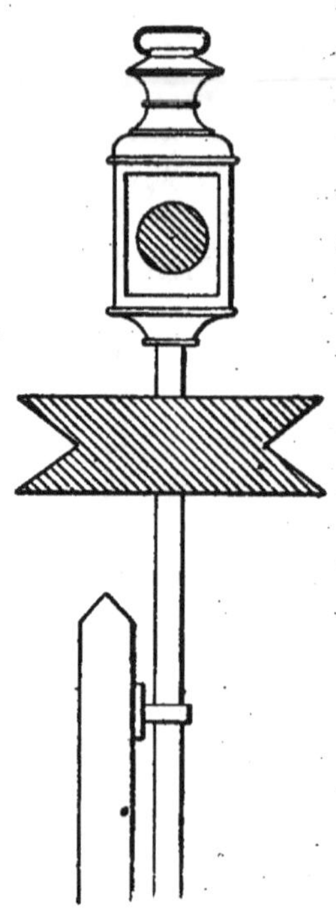

Fig. 29. — Indicateur
de position.

Art. 20. — Les signaux *de direction* des aiguilles (fig. 28), signaux qui ne s'adressent qu'aux trains abordant les aiguilles par la pointe, sont faits par des bras sémaphoriques peints en violet, terminés à leur extrémité en flamme par une double pointe; ces bras sont disposés, se meuvent et sont éclairés la nuit de la manière suivante :

1° Lorsqu'ils sont mus par des leviers indépendants des aiguilles, mais enclenchés avec elles, ils sont placés sur un mât, à des hauteurs différentes, en nombre égal aux directions que peut donner le poste. Le bras le plus élevé correspond à la direction la plus à gauche, le bras le moins élevé à la direction la plus à droite, chacun étant placé de haut en bas, dans l'ordre où se trouvent les directions, en allant de gauche à droite. Les bras ne peuvent prendre que deux positions : la position horizontale, indiquant que la direction correspondante n'est pas donnée ; la position inclinée, à angle aigu, indiquant la direction qui est donnée. La nuit, les bras horizontaux présentent le feu violet ; les bras inclinés à angle aigu, le feu vert ou le feu blanc, suivant que l'on doit ralentir ou passer en vitesse.

2° Lorsqu'ils sont mus automatiquement par l'aiguille, le mât ou indicateur juxtaposé à l'aiguille ne présente jamais qu'un bras apparent. Le bras apparent d'un côté, le jour, ou donnant un feu violet, la nuit, indique que la direction correspondante est fermée. Le bras effacé, le jour, ou un feu blanc, la nuit, indique le côté dont la direction est donnée. Lorsque plusieurs bifurcations se suivent au même poste, les appareils sont placés dans l'ordre des directions à prendre, et leurs indications doivent être observées dans le même ordre.

TITRE III. — Signaux de Trains.

Section 1. — *Signaux ordinaires portés par les trains.*

ART. 21. — Tout train, circulant de jour, tant sur les lignes à double voie que sur celles à voie unique, doit porter, à l'arrière du dernier véhicule, un *signal de queue* consistant, soit en une plaque de couleur rouge, soit dans la lanterne d'arrière dont le train doit être muni la nuit.

ART. 22. — Tout train circulant de nuit, tant sur les lignes à double voie que sur celles à voie unique, doit porter à l'avant au moins un feu blanc, et à l'arrière un feu rouge, placé sur la face arrière du dernier véhicule ; deux autres lanternes doivent être placées de chaque côté, vers la partie supérieure du dernier véhicule, ou, en cas d'impossibilité, de l'un des derniers véhicules ; ces lanternes de côté doivent être disposées de façon à lancer un feu blanc vers l'avant et un feu rouge vers l'arrière.

Cette disposition n'est pas obligatoire pour les trains de manœuvre ayant à effectuer un parcours de moins de 5 kilomètres ; dans ce cas, un seul feu rouge à l'arrière suffit.

Art. 23. — Dans tous les cas où aura été établie, en conformité des prescriptions règlementaires sur la matière, une circulation à contre-voie sur une ligne à double voie, tout train ou toute machine isolée circulant à contre-voie doit porter : le jour un drapeau rouge déployé à l'avant ; la nuit un feu rouge en plus du feu blanc ou des feux blancs de l'article précédent.

Art. 24. — Les trains de marchandises peuvent être distingués des trains de voyageurs par l'adjonction d'un feu vert à l'avant.

Art. 25. — Les machines isolées circulant pour le service dans les gares portent, la nuit, un feu blanc à l'avant et un feu blanc à l'arrière.

Art. 26. — Les machines isolées circulant sur la ligne, hors de la protection des signaux des gares, portent la nuit : à l'avant, au moins un feu blanc ; à l'arrière, au moins un feu rouge, sans préjudice du signal d'avant spécial au cas de circulation à contre-voie sur une ligne à double voie.

Art. 27. — Les compagnies peuvent, en se conformant à leurs règlements spéciaux approuvés par le Ministre, distinguer la direction des trains ou machines par la position relative assignée aux feux d'avant et par l'addition de feux supplémentaires. Ces feux supplémentaires peuvent être blancs ou présenter toute couleur autre que le rouge.

Section 2. — *Signaux du mécanicien.*

ART. 28. — Le mécanicien communique avec les agents des trains ou de la voie par le sifflet de sa machine. Un coup prolongé appelle l'attention et annonce la mise en mouvement.

Aux bifurcations, à l'approche des aiguilles qui doivent être abordées par la pointe, le mécanicien demande la voie en donnant le nombre de coups de sifflet prolongés correspondant au rang qu'occupe la voie qu'il doit prendre, en comptant à partir de la gauche, savoir :

Un coup pour prendre la première voie ;

Deux coups pour prendre la deuxième voie ;

Trois coups pour prendre la troisième voie ;

Quatre coups pour prendre la quatrième voie.

Deux coups de sifflet brefs et saccadés ordonnent de serrer les freins ; un coup bref de les desserrer.

Section 3. — *Signaux des conducteurs de trains.*

ART. 29. — Le train étant en mouvement, le conducteur de tête communique avec le mécanicien par la cloche ou le timbre du tender.

Un coup de cloche ou de timbre commande l'arrêt.

ART. 30. — Les conducteurs intermédiaires signalent l'arrêt au conducteur de tête et au mécanicien comme aux agents de la voie, en agitant à l'extérieur de leur fourgon ou vigie un drapeau rouge déployé ou un feu rouge tourné vers l'avant.

Le conducteur de tête, sur le vu de ce signal, le répète au mécanicien en sonnant la cloche ou le timbre du tender.

Tout agent de la voie qui aperçoit à temps un pareil signal doit faire immédiatement le signal d'arrêt au mécanicien, et, si celui-ci ne l'a pas aperçu, employer tous les moyens à sa disposition pour faire présenter utilement au train le signal d'arrêt par l'agent de la voie ou le poste en avant le plus rapproché, dans le sens de la marche du train.

Titre IV. — **Dispositions spéciales.**

Section 1. — *Signal de départ et d'arrêt des trains.*

Art. 31. — L'ordre de départ d'un train est donné au conducteur de tête par le chef de gare ou son représentant, au moyen d'un coup de sifflet de poche.

Le conducteur de tête commande à son tour au mécanicien la mise en marche du train, au moyen d'un cornet.

Si le train mis en marche doit être aussitôt arrété, pour une cause quelconque, le chef de gare en donne le signal par des coups de sifflet saccadés, et le conducteur de tête sonne la cloche ou le timbre du tender.

Le mécanicien doit, dans ce dernier cas, obéir aux coups de sifflet du chef de gare, dès qu'il les entend, alors même que le conducteur de tête ne les aurait pas encore confirmés comme il vient d'être dit.

Section 2. — *Dispositions particulières au cas d'exploitation sur plus de deux voies principales.*

Art. 32. — Si l'exploitation se fait sur plus de deux voies principales, les signaux destinés à chacune des voies devront être placés au voisinage immédiat et à gauche du rail de gauche de ladite voie, dans le sens de la marche des trains, ou au-dessus de cette voie, à l'exception des sémaphores dont les bras devront tous être placés de façon à être vus les uns au-dessous des autres, les bras les plus élevés s'adressant à la direction la plus à gauche, et les plus bas à la direction la plus à droite, dans le sens de la marche des trains, les bras intermédiaires s'adressant à la direction intermédiaire, s'il y en a une.

Des délais plus ou moins étendus ont été accordés, sur chaque réseau, pour la transformation des signaux anciens et leur remplacement par des signaux conformes aux prescriptions du code.

Signaux d'une bifurcation. — Une bifurcation en pleine voie fournit un exemple intéressant de l'application des divers signaux que nous venons d'étudier.

Les signaux destinés à assurer la sécurité des trains à leur passage aux bifurcations (fig. 30) sont établis de la manière suivante :

De quelque direction que le mécanicien approche de la bifurcation, il rencontre d'abord un disque à distance D, assez éloigné pour couvrir un train arrêté en avant de la bifurcation C ; puis un indicateur de bifurcation D placé à 800 ou 900 mètres environ de la bifurcation, un second indicateur de bifurcation B′ en losange, répétiteur du premier, et enfin un signal carré d'arrêt absolu A muni de pétards et placé à 60 mètres au moins du point à couvrir, c'est-à-dire du point où l'entre-voie est réduite à $1^m,75$, et où, par conséquent deux machines convergeant vers la bifurcation se toucheraient.

En outre, un signal indicateur de direction I indique la direction donnée par l'aiguille en pointe aux trains qui doivent se diriger sur l'une ou l'autre branche de la bifurcation.

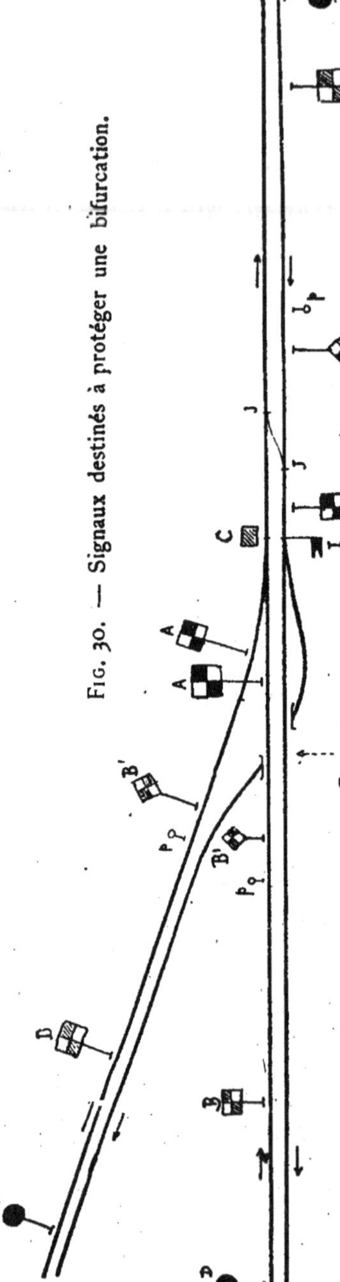

FIG. 30. — Signaux destinés à protéger une bifurcation.

Sur chacune des branches et sur le tronc commun, les disques à distance sont normalement effacés et les signaux carrés sont normalement tournés à l'arrêt.

Les aiguilles et les différents signaux sont généralement enclenchés entre eux, c'est-à-dire que leurs leviers de manœuvre sont reliés l'un à l'autre de telle sorte qu'il est impossible à l'aiguilleur de manœuvrer les appareils correspondant à une direction donnée, si ceux des autres directions ne sont pas dans la position convenable; il ne peut en outre les manœuvrer dans un ordre autre que celui prévu.

Lorsqu'un train approche de la bifurcation, le mécanicien siffle pour annoncer son arrivée; s'il aborde la bifurcation par

aiguille en pointe, il donne, en outre, le nombre de
coups de sifflet réglementaire pour demander sa direction.

Dès que le train a dépassé le disque à distance,
l'aiguilleur met ce signal à l'arrêt. Si rien ne s'oppose
au passage du train, il dispose les aiguilles de la bifurcation, verrouille, le cas échéant, l'aiguille en pointe (c'est-
à-dire la fixe, dans sa position, à l'aide d'un levier spécial terminé par un verrou, de manière à empêcher un
entre-bâillement de l'aiguille. Puis il efface le signal
carré s'adressant à la voie parcourue par le train.

Le mécanicien de son côté, après avoir franchi le
disque à distance ouvert, doit, aussitôt qu'il aperçoit le
signal indicateur de bifurcation, ralentir sa marche de
manière à pouvoir s'arrêter dans l'espace qu'il voit
avant lui, et en particulier au signal d'arrêt, si celui-ci
est fermé.

Si le signal carré est effacé, le mécanicien continue sa
marche sans s'y arrêter et franchit la bifurcation à la
vitesse prescrite par les règlements.

S'il aborde la bifurcation par la pointe, le mécanicien
doit s'assurer que le signal I indique bien la direction
qu'il a demandée.

p, p sont les poteaux de protection, que la queue d'un
train arrêté aux signaux A doit avoir dépassés pour
être efficacement protégé par les disques D.

Enfin, JJ est une jonction de voies prise en talon par
tous les trains et utilisée seulement en cas de secours.

SIGNAUX A L'ÉTRANGER. — *Signaux anglais.* — En Angleterre, la forme de signal généralement adoptée est celle du sémaphore (fig. 31), c'est-à-dire un mât vertical dont la hauteur peut atteindre jusqu'à 20 mètres, muni d'un bras de 1^m,50 de long. Le bras horizontal commande l'arrêt, et le bras incliné et presque vertical indique la marche en avant. Pour la nuit, le bras est muni de lunettes donnant un feu rouge pour indiquer l'arrêt, et un feu blanc ou vert pour indiquer la voie libre ou commander l'attention.

Les divers signaux sont :

Le *Home Signal*, ou signal local ;

Le *Distant Signal*, ou signal avancé ;

Le *Starting Signal*, ou signal de départ ;

Fig. 31. — Signal anglais.

L'*Advanced starting Signal*, ou signal de départ avancé ;

Le *Disc Signal*, ou disque ;

Le *Home Signal* correspond au disque d'arrêt absolu, et le *Distant Signal*, qui précède le *Home Signal* à 600 mètres environ, correspond au signal rond français. Le *Distant Signal* se distingue du *Home Signal* par ce que l'extrémité du bras est terminée par une flamme. On attache une grande attention, en Angleterre, à ce que les signaux soient bien visibles ; quand ils ne peuvent se détacher nettement sur le ciel, on établit derrière eux un échafaudage supportant un panneau peint en blanc, ou bien on recouvre les murs d'une couche

couleur blanche pour former un fond sur lequel le
signal tranche nettement.

Le *Starting Signal* résulte du mode d'exploitation
voie fermée appliqué en Angleterre : la voie n'est considérée comme libre que lorsqu'un signal en donne
indication. Le *Starting Signal* est généralement placé à
l'extrémité du quai de la gare, et indique au mécanicien
le moment où il peut pénétrer dans la section en avant.

La *Advanced starting Signal* est placé à environ 300
mètres du précédent, et permet de ne pas engager la
section en avant, tout en faisant stationner un train qui
a dépassé le *Starting Signal* du quai pour prendre des
wagons sur les garages ou pour dégager la section en
arrière.

Le *Disc Signal*, qui a l'aspect du disque à distance
français, sert à indiquer aux mécaniciens dont les trains
sont sur les voies de garage, le moment où ils peuvent
en sortir pour prendre la ligne principale.

Dans une petite gare anglaise et à une bifurcation
ordinaire, les signaux sont assez simples, mais il faut
avoir été dans l'une des grandes gares de Londres pour
se rendre compte de la complication à laquelle peut con-
duire ce système ; un même mât servant pour plusieurs
directions, est pourvu d'une multitude d'ailes, et ces
mâts forment à leur tour une véritable forêt sur les
passerelles de signaux placées en avant des gares.

Les signaux employés dans les autres pays de
l'Europe, se rapprochent toujours plus ou moins de l'un
des deux systèmes, anglais ou français.

Signaux américains. — Aux États-Unis, les Compagnies les plus progressistes ont adopté un ensemble de signaux qui se rapproche beaucoup des signaux anglais, mais c'est là une exception. Dans les petites gares, la protection se fait par les agents des trains. Pour les grandes gares, laissons la parole à M. Rœderer, qui a visité les États-Unis en 1888 : « On commence à doter les grandes gares de signaux et même à les enclencher. Nous avons vu toutefois, à Chicago, une gare énorme dont les abords s'étendent sur plusieurs milles, avec bifurcations, traversées de voies, branchements de toutes sortes, sans un signal fixe. Le mécanicien, en abordant un de ces points critiques, s'arrête et regarde à droite et à gauche ; s'il n'aperçoit aucun mouvement dangereux se dirigeant sur lui, il repart. Si, au contraire, un autre train ou une autre manœuvre survient, les mécaniciens, qui sont des gentlemen (comme les nôtres), échangent quelques politesses : « Après vous. » — « Je n'en ferai rien ». La régularité du service doit singulièrement en souffrir, quoi qu'on en dise. »

Dans d'autres gares, les signaux sont très variés et n'ont pas par eux-mêmes de signification déterminée, en sorte qu'ils doivent être complétés par des règlements faisant connaître leur signification dans chaque cas particulier.

Manœuvre des signaux. — Les signaux sont manœuvrés de diverses manières, le plus ordinairement à l'aide de transmissions par fils ou de transmissions rigides constituées avec des tiges de fer creux. Aux ts-Unis, la manœuvre est parfois effectuée par l'air comprimé ; MM. Bianchi et Servettaz ont imaginé employer, pour la transmission, de l'eau glycérinée qui circule dans des tubes creux.

La Compagnie de l'Est fait l'essai de la manœuvre à distance par l'électricité au moyen d'un petit moteur électro-mécanique ; la Compagnie du Nord a déjà résolu la manœuvre électrique pour les aiguillages.

Éclairage des signaux. — Les signaux sont éclairés la nuit par des lanternes à huile, en pleine voie ou dans les petites gares, ou par des becs de gaz, dans les localités où il existe des usines. Plus récemment, on a fait application de l'éclairage électrique en employant des lampes à incandescence.

Dans certains cas, l'électricité a été réduite à un rôle moins important, et on s'est borné à l'utiliser pour l'allumage des signaux.

Appareils de contrôle de la manœuvre des signaux. — Pour donner aux agents la certitude que les signaux ont bien obéi à la manœuvre du levier, lorsqu'on les met à l'arrêt, des appareils électriques de contrôle sont installés sur les signaux : ces appareils envoient un courant électrique en retour qui fait tinter une sonnerie ou apparaître un petit voyant lorsque le disque a bien fonctionné.

Dans certains cas, par exemple lorsque le feu d'un signal ne peut être aperçu par l'agent qui le manœuvre, on emploie un dispositif spécial qui prévient électriquement de l'extinction fortuite du signal.

Cloches électriques. — Les cloches électriques, employées depuis longtemps en Allemagne, en Autriche et en Hollande, ont été introduites en France en 1862, sur la ligne du Nord, par M. Félix Mathias, et ont été depuis lors étendues en France à toutes les lignes à voie unique.

Ces cloches sont installées dans les gares et stations ainsi qu'aux passages à niveau.

Avant d'expédier un train sur la voie unique vers une station, le chef de gare manœuvre l'appareil électrique, afin de donner à cette station et aux passages à niveau intermédiaires l'avis que le train va être expédié.

Les trains sont annoncés au moyen d'une ou de deux séries de coups de cloche, suivant le sens de leur marche.

Des signaux d'alarme peuvent être donnés, à l'aide des cloches, dans le cas d'une dérive de wagons : on lance alors le signal d'alarme dans la direction prise par les wagons échappés, puis on fait suivre ce signal de celui employé pour annoncer le départ d'un train dans cette direction, afin de faire connaître aux agents de la voie de quel côté viennent les wagons.

Sur le chemin de fer de l'État, les cloches peuvent être employées, en outre, pour donner le signal d'arrêt général sur toute la ligne.

Si, avant le passage d'un train attendu, un agent de la voie entend l'annonce d'un train en sens contraire, il peut dès lors prendre des mesures pour éviter une collision entre ces deux trains lancés par erreur sur la même voie. Ces cloches ont permis d'éviter plusieurs accidents graves.

CHAPITRE V

CONCENTRATION DES LEVIERS
ET ENCLENCHEMENTS

CONCENTRATION DES LEVIERS. — La surface des gares est, comme chacun le sait, hérissée de signaux et couverte d'appareils de changement, de croisement et de traversée de voies. Nous avons vu qu'il en est de même aux bifurcations en pleine voie.

Si chacun de ces appareils doit être manœuvré isolément, l'aiguilleur est obligé de courir à chacun d'eux pour mettre les aiguilles sur lesquelles un train va passer, et les signaux qui s'adressent à ce train, dans la position convenable pour le recevoir ; il doit, en outre, disposer les autres aiguilles et signaux de telle sorte qu'aucun autre train ne puisse venir rejoindre le premier, ni le prendre en écharpe ou le rencontrer.

La sécurité repose donc uniquement sur l'attention de l'aiguilleur. Si cet agent oublie une partie de sa consigne, ou s'il y a défaut d'entente entre les divers aiguilleurs, un accident peut se produire.

La *concentration des leviers* et les *enclenchements* sont venus apporter une grande amélioration à cet état de choses.

La concentration des leviers de manœuvre des aiguilles et des signaux a évité l'inconvénient du déplacement des aiguilleurs à travers les voies : ces agents n'ont plus, dès lors, qu'à se préoccuper de la manœuvre des leviers qui se trouvent tous réunis devant leur poste et qui actionnent les aiguilles et les signaux à l'aide de transmissions.

Pour les signaux, la manœuvre à distance se fait par fils ; pour les aiguilles, on emploie soit des tringles rigides en fer creux avec genouillères et équerres pour les inflexions et les changements de direction, soit des transmissions à double fil.

Lorsque la distance qui sépare les aiguilles du poste de concentration dépasse 40 mètres, il devient difficile à l'agent de vérifier la position de l'aiguille et notamment de s'assurer qu'elle n'est pas entre-bâillée. Cette dernière constatation est très importante, parce que l'entre-bâillement rend un déraillement inévitable.

APPAREIL DE CONTROLE. — Pour permettre à l'aiguilleur de connaître l'état des aiguilles, on les munit d'appareils de contrôle qui font tinter une sonnerie électrique dans la guérite de l'aiguilleur dès que les lames ne sont pas en contact parfait avec les rails.

Il existe plusieurs appareils électriques destinés à assurer ce contrôle.

Le contrôleur Lartigue (fig. 32) se compose d'une
[bo]îte en ébonite renfermant du mercure et qui peut
[osc]iller autour d'un axe horizontal.

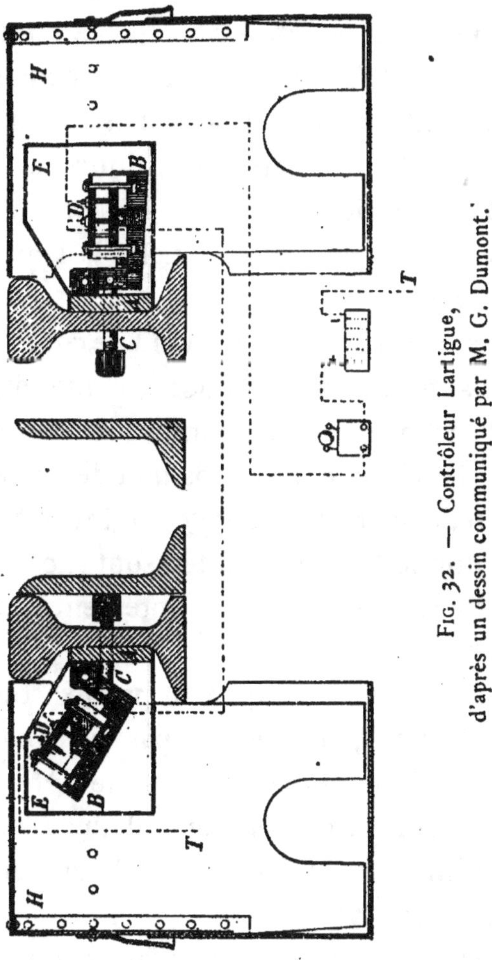

Fig. 32. — Contrôleur Lartigue,
d'après un dessin communiqué par M. G. Dumont.

La boîte est divisée en deux compartiments commu-
[ni]quant par un petit orifice. Dans l'un des comparti-
[me]nts descendent deux fils de platine qui terminent un

circuit renfermant une sonnerie au poste de l'aiguilleur, lorsque la boîte est horizontale, les fils de platine baignent dans le mercure et la sonnerie tinte. Si la boîte s'incline, le mercure se déverse en partie dans le second compartiment par le petit orifice percé dans la cloison, l'un des fils de platine ne plonge plus dans le mercure, le circuit est interrompu et la sonnerie cesse de tinter.

On dispose deux appareils identiques de chaque côté de la voie à l'extérieur des rails. La boîte d'ébonite est poussée par une tige contre laquelle la lame de l'aiguille vient appuyer.

Lorsque l'aiguille est bien à fond de course, dans l'une ou dans l'autre de ses positions, l'une ou l'autre des boîtes est inclinée et la sonnerie ne tinte pas.

Si l'on vient à changer la position de l'aiguille, la boîte inclinée redevient horizontale, et inversement ; à un moment donné les deux boîtes sont horizontales et la sonnerie avertit alors par son tintement que le changement est bien fait.

Si les lames ne s'appliquaient pas exactement contre les rails, elles ne pousseraient pas les boîtes qui resteraient toutes deux horizontales, et le tintement continu de la sonnerie préviendrait l'aiguilleur.

Le Chemin de fer du Nord emploie un contrôleur d'un autre type (fig. 33).

La lame d'aiguille, en appuyant contre la butée N, imprime un mouvement de rotation au secteur excentré A, qui établit alors un contact par l'intermédiaire du ressort R.

La Compagnie de l'Ouest fait usage d'un autre genre
contrôleur appliqué, non pas directement aux lames
l'aiguille, mais à la tringle de manœuvre.

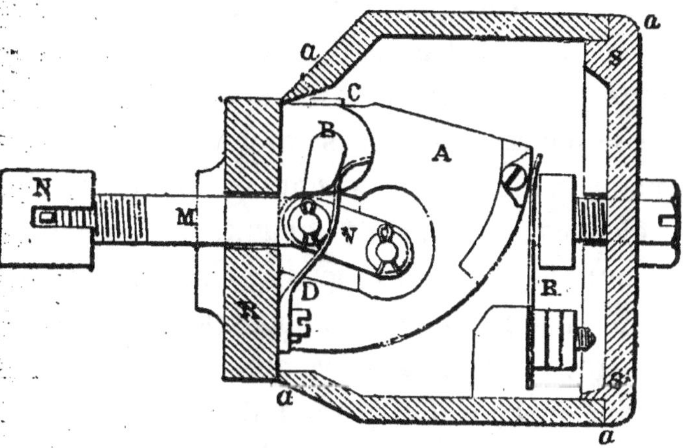

FIG. 33. — Contrôleur d'aiguilles du Chemin de fer du Nord.

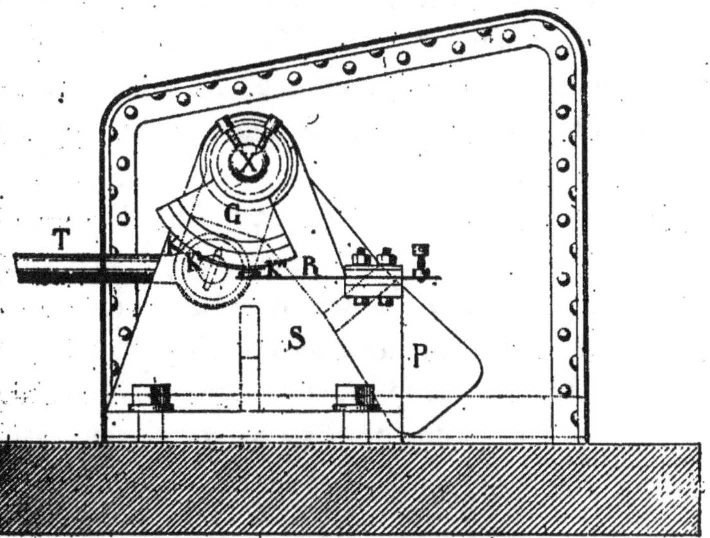

FIG. 34. — Contrôleur Chaperon,
d'après un dessin communiqué par M. G. Dumont.

Le contrôleur Chaperon (fig. 34) se compose comme celui du Nord, d'un secteur G. Ce secteur est muni sur une fraction de sa circonférence d'une partie métallique KK''. Lorsque cette partie métallique vient frotter contre les deux ressorts R placés l'un à côté de l'autre et formant les deux extrémités d'un circuit, le circuit se trouve fermé et la sonnerie se met à tinter.

Quand un même poste d'aiguilleur renferme plusieurs contrôleurs d'aiguilles et de signaux, on n'emploie qu'une seule sonnerie commune à tous les circuits; mais on place alors sur chaque circuit une boussole : la déviation produite par le courant dans la boussole indique à l'aiguilleur pour quel appareil la sonnerie a tinté.

Il faut encore empêcher qu'une aiguille, bien faite pour le passage d'un train qui l'aborde par la pointe, ne puisse s'entr'ouvrir par suite de la trépidation ou même être manœuvrée par erreur sous les roues du train.

On fait usage à cet effet de deux sortes d'appareils de calage.

1° Les *verrous d'aiguilles*, qui sont à simple ou à double action, et qui, actionnés du poste à l'aide de tringles, pénètrent dans une ouverture ménagée dans la tringle de connexion des lames de l'aiguille.

Les verrous à simple action immobilisent l'aiguille seulement dans l'une de ses positions; ceux à double action la verrouillent dans ses deux positions.

ENCLENCHEMENTS. — La concentration des leviers facilite le travail des aiguilleurs et leur donne, par suite, plus liberté d'esprit : elle a donc pour conséquence de réduire le nombre des chances d'accident.

Mais la sécurité absolue ne pourrait être obtenue que par un moyen de liaison réalisé entre les divers leviers de manœuvre, de telle sorte que pour chaque mouvement à effectuer, l'aiguilleur puisse actionner les leviers seulement dans l'ordre voulu et qu'il soit en outre dans l'impossibilité de toucher aux leviers commandant un mouvement incompatible avec celui à exécuter.

Ce moyen a été imaginé en 1853 par un Français, Vignier ; on a donné aux appareils qui empêchent ainsi matériellement les erreurs et les omissions, le nom d'appareils d'*enclenchements*.

L'appareil de M. Vignier était appliqué aux bifurcations et le principe en est très simple : soient deux leviers A et B dont l'un, A par exemple, ne doit pas pouvoir être manœuvré quand le levier B est dans une position déterminée, renversé, par exemple.

Le levier B porte alors une tige qui pénètre, lorsqu'on le renverse, dans une encoche pratiquée dans la tringle actionnée par le levier A : à ce moment, cette tringle est immobilisée, et l'aiguilleur est dans l'impossibilité d'imprimer un mouvement au levier A.

Les appareils Vignier sont encore employés aujourd'hui par toutes les Compagnies pour les postes où le nombre des leviers est faible, et ne dépasse pas six ou sept.

Les enclenchements ont reçu depuis leur invention, de si nombreuses et si importantes applications qu'il n'y a plus aujourd'hui d'administration de chemins de fer qui ne possède des installations de ce genre.

MM. Saxby et Farmer ont perfectionné le système de Vignier, de manière à permettre de concentrer dans un poste un nombre de leviers presque indéfini. Le principe théorique est resté le même, mais la réalisation pratique des enclenchements est obtenue par des procédés différents et très ingénieux, qui permettent de résoudre les problèmes d'enclenchements les plus compliqués.

Ainsi, il existe aujourd'hui des postes qui renferment un nombre de leviers considérable : le poste central de Waterloo Bridge, à Londres, contient 109 leviers, celui de la gare du Nord, à Paris 155 leviers, et celui de London Bridge, à Londres, 280 leviers.

Tous ces leviers sont réunis dans une cabine vitrée sur-élevée de 3 à 6 mètres au-dessus du sol, afin de permettre aux signaleurs (c'est ainsi que l'on désigne les agents de ces postes) de mieux dominer l'ensemble des appareils soumis à leur action.

Ces cabines sont généralement en bois; la Compagnie de l'Ouest les a modifiées heureusement en les construisant avec une ossature en fer et un remplissage léger en briques (fig. 35).

Si nous montons dans une de ces cabines par l'escalier en fer qui y donne accès, nous voyons que l'un des côtés du bâtiment est occupé par la série des leviers disposés presque verticalement au-dessus du plancher et espacés également les uns des autres. Sur le mur d'ar-

Fɪɢ. 35. — Cabine d'enclenchements de la Compagnie de l'Ouest.

rière sont suspendus de nombreux appareils de correspondance, et sur la façade d'avant, au-dessus des leviers, sont accrochées les boussoles et les sonneries des appareils de contrôle des signaux et des aiguilles.

Entre les leviers et le mur est réservé un passage sur lequel se tiennent les aiguilleurs, constamment et uniquement occupés à regarder à travers les parois vitrées de leur cabine et à manœuvrer les leviers placés devant eux.

Chaque levier est numéroté et en avant lui se trouve une plaque sur laquelle sont inscrits sa désignation et son usage.

Les leviers sont divisés en groupes peints de couleurs vives, différentes pour chaque groupe.

Ainsi, tous les leviers d'aiguilles sont noirs, ceux des verrous sont bleus, ceux des signaux d'arrêt absolu, rouges, ceux des disques à distance, verts.

En examinant les leviers d'un peu plus près, on s'aperçoit que la plupart portent, en outre, une petite plaque sur laquelle sont inscrits divers numéros.

C'est là que réside tout le secret de la sécurité, car ces numéros indiquent les leviers qu'il *faut* manœuvrer avant de pouvoir toucher au levier considéré, par suite des combinaisons mécaniques réalisées dans la *table d'enclenchement* placée derrière les leviers.

Le principal perfectionnement du système Saxby et Farmer consiste dans l'adoption d'un levier avec une poignée à ressort. C'est la poignée à ressort qui commande les enclenchements, et une simple pression sur ette poignée suffit pour paralyser tous les leviers qui doivent être enclenchés par celui à manœuvrer ; le levier sert à effectuer la manœuvre, et ce n'est qu'au moment où il est bien à fond de course, que se produit le déclenchement des leviers devant être rendus libres.

En un mot, tous les mouvements antagonistes de celui que l'on doit effectuer sont rendus impossibles avant la manœuvre même du levier, et tous les mouvements compatibles avec lui ne deviennent possibles qu'après la manœuvre.

L'enclenchement est obtenu de la manière suivante : chaque levier, avec sa poignée à ressort, est relié à une pièce horizontale appelée *gril*, à laquelle il peut imprimer un mouvement de rotation d'une amplitude de 60 degrés. Au-dessus des grils de tous les leviers sont placées des tringles horizontales, dans le sens perpendiculaire aux axes de rotation des grils.

Les tringles sont reliées à certains grils qui peuvent leur transmettre un mouvement de translation longitudinal : elles portent des taquets en des points déterminés par le programme des enclenchements à réaliser. Quant aux grils, ils sont percés d'ouvertures ou munis de butées, suivant le cas.

On conçoit dès lors que, selon que les taquets des tringles se trouvent placés devant un vide ou un plein du gril, celui-ci pourra ou non effectuer son mouvement de rotation, c'est-à-dire qu'il sera possible ou non de manœuvrer le levier correspondant au gril.

D'autre part, suivant que le taquet d'une tringle rencontrera ou non une butée d'un gril, cette tringle pourra ou non prendre le mouvement de translation que l'on cherchera à lui transmettre en manœuvrant le levier dont le gril actionne la tringle.

L'enclenchement est donc réalisé par la butée de pièces absolument rigides les unes contre les autres, ce qui constitue une grande garantie au point de vue de la sécurité.

Un avantage appréciable des appareils Saxby résulte encore de la simplicité et du petit nombre des éléments qui les composent : on peut, à l'aide de quelques types déterminés, réaliser toutes les combinaisons des tables d'enclenchements les plus compliquées.

Appareils divers. — L'aiguilleur placé dans un poste Saxby reçoit, en général, les ordres du chef de gare ou des agents préposés aux manœuvres, soit par téléphone, soit au moyen d'appareils de correspondance : mais il peut y avoir, dans certains cas, un intérêt majeur à mettre l'aiguilleur dans l'impossibilité de manœuvrer certains leviers sans l'autorisation expresse de la gare ou d'un autre poste qui a, par exemple, permis un mouvement qui ne serait plus protégé : on fait alors usage d'appareils mécaniques ou électriques d'enclenchement à distance, connus sous le nom de *désengageurs*.

Il peut encore se faire que l'on ait besoin d'enclencher une aiguille située à une distance trop grande du poste pour qu'elle puisse y être reliée par une transmission : ce cas peut se présenter pour un garage en pleine voie ou pour une jonction de secours.

On fait alors usage de *serrures électriques*. Il y a
deux appareils, l'un commandant l'appareil de manœuvre de l'aiguille de garage, l'autre placé dans la
cabine : chacun d'eux contient un électro-aimant capable
d'agir sur une armature qui constitue la serrure et qui
est en relation avec les barres d'enclenchements dans la
cabine.

Dans l'état normal un courant traverse continuellement les électro-aimants, maintenant la voie de garage
fermée et les appareils de la cabine libres.

Si un train doit être garé, le signaleur introduit une
clef dans la serrure de la cabine et coupe le courant : il
ne peut d'ailleurs placer la clef dans la serrure que s'il a
mis les signaux à l'arrêt. Dès ce moment, les signaux de
la cabine sont bloqués, tandis que le levier de l'aiguille
de garage est rendu libre.

Lorsque le train est garé, le conducteur en avise le
signaleur par une sonnerie et tourne un bouton de
l'appareil situé au garage, pour immobiliser le levier
de l'aiguille et débloquer les signaux de la cabine.

Ce dispositif est employé en Angleterre. En France,
on fait surtout usage de la *serrure Annett :* sur l'aiguille
de garage ou de la jonction de secours, est placée une
serrure disposée de telle sorte que la manœuvre de
l'aiguille est impossible, tant que la serrure n'est pas
ouverte ; cette serrure ne peut être ouverte que par une
clef spéciale qui est fixée dans une serrure semblable
placée au poste d'enclenchements, et qui ne peut en être
retirée que lorsque les enclenchements le permettent.

Quand les voies principales passent sur des plaques tournantes — et il est important de ne donner la voie libre, que si la plaque est convenablement disposée et assure la continuité de la voie — on atteint ce but à l'aide d'un verrou manœuvré ou enclenché à distance par le poste qui commande les signaux de la gare.

Conditions d'emploi des enclenchements. — Les conditions dans lesquelles il convient d'employer les enclenchements ont été précisées, en France, par une circulaire ministérielle de 1883.

En cas de dédoublement des voies principales dans les gares, si l'un des rameaux vient rejoindre ou croiser une autre voie principale, on enclenche l'aiguille avec un signal placé sur cette dernière voie, pour couvrir la jonction ou la traversée, de telle sorte que l'accès de cette jonction ou de cette traversée n'est permis que d'un seul côté à la fois, étant interdit de l'autre côté, par le signal ou par la position de l'aiguille.

Si l'aiguille, prise en pointe, conduit à une voie de garage, elle est enclenchée avec le disque à distance, de façon à interdire aux trains l'approche de l'aiguille toutes les fois que celle-ci ne sera pas disposée de manière à assurer la continuité de la circulation sur la voie principale. En outre, on place sur la voie de garage, soit un signal, soit un taquet d'arrêt compris dans l'enclenchement. Ces enclenchements présentent principalement de l'intérêt dans les gares où tous les trains ne s'arrêtent pas.

Dans une gare où la voie principale se dédouble, s'il

des trains qui passent sans arrêt, la voie que ces
trains empruntent est seule considérée comme voie
principale.

Lorsque des aiguilles, formant jonction de plusieurs
voies principales, sont prises en talon, on place sur les
diverses voies, des signaux enclenchés entre eux, de
manière à ne pas permettre la sortie simultanée de plusieurs trains.

Si des trains franchissent la station sans s'y arrêter,
les signaux des voies principales non parcourues par ces
trains, peuvent être enclenchés avec les disques à distance qui couvrent la gare.

Si les aiguilles, prises en talon, donnent accès à des
voies de garage qui ne rencontrent nulle part ailleurs
les voies principales, on place sur les voies de garage
soit un signal, soit un taquet, soit une aiguille de sécurité conduisant à une voie en impasse, ces divers appareils étant enclenchés avec le disque à distance de la
voie principale. On empêche ainsi des véhicules arrivant
des voies de garage d'engager la voie principale avant
que celle-ci ait été préalablement couverte.

Dans presque toutes les gares, il arrive que des
aiguilles en talon donnent accès à des voies de garage
qui vont traverser ou rejoindre une autre voie principale :
très souvent, en effet, la voie du service local des marchandises se raccorde aux deux voies principales par
des aiguilles en talon et traverse obliquement l'une de
ces voies. Un cas analogue et plus simple, est celui
des liaisons de voies, qui sont toujours disposées de

manière à être prises en talon sur chacune des voies principales. L'aiguille est alors enclenchée, non seulement avec le disque à distance de la voie principale sur laquelle elle est située, mais surtout avec celui de l'autre voie, afin d'empêcher qu'un train refoulé sur l'aiguille ne vienne obstruer l'autre voie principale au moment où un train y passe sans arrêt.

Pour protéger les voies principales contre les manœuvres effectuées sur une traversée, on emploie une voie de sécurité enclenchée avec les signaux des voies principales. S'il s'agit d'une traversée d'équerre, à laquelle on acccède généralement à l'aide de plaques tournantes, on protège la voie principale en plaçant sur la voie accessoire des blocs d'arrêt, souvent enclenchés avec les signaux.

Les traversées à niveau de lignes en pleine voie sont protégées par des signaux enclenchés entre eux, au même titre que les bifurcations. Sur les lignes à voie unique, on observe les même règles que sur les lignes à double voie, tout en tenant compte du fait que les aiguilles de dédoublement des voies principales sont prises à la fois en pointe et en talon.

Dans les gares où l'importance des manœuvres n'est pas suffisante pour motiver l'emploi d'agents affectés exclusivement et d'une manière permanente au service des aiguilles, on n'emploie pas les enclenchements : on garantit les trains en marche contre les fausses directions ou contre l'arrivée intempestive de véhicules prenant des voies de garage, en adaptant aux aiguilles,

t des contrepoids fixes qui obligent l'aiguille à
rendre sa position normale lorsqu'on l'abandonne
lle-même, soit des contrepoids mobiles chevillés et
enassés, de façon à assurer la continuité de la voie
ncipale. Ces dispositions sont appliquées lorsque
iguille est prise en pointe par des trains ou lorsque
voie accessoire rencontre quelque part une autre voie
ncipale.

CHAPITRE VI

TÉLÉGRAPHE ET TÉLÉPHONE

L'électricité est l'auxiliaire le plus précieux de l'exploitation des voies ferrées et l'on peut dire que sans elle les chemins de fer auraient acquis difficilement l'importance considérable qu'ils possèdent aujourd'hui.

Nous avons déjà vu comment l'électricité est utilisée pour actionner les appareils de manutention, pour éclairer les gares, pour contrôler et même transmettre les signaux; mais avant de remplir ces divers rôles, elle avait déjà doté le chemin de fer d'un de ses organes les plus indispensables sous la forme du télégraphe, aujourd'hui complété par le téléphone.

TÉLÉGRAPHE. — Le télégraphe sert à la transmission des communications urgentes, telles que les dépêches concernant la sécurité de l'exploitation, la sûreté des voyageurs, la marche et la composition des trains, le service de la voie et du personnel, le mouvement du matériel et des marchandises, le service télégraphique,

Ainsi que les réclamations relatives aux marchandises de grande et de petite vitesse.

Les gares sont, à cet effet, reliées entre elles par des lignes télégraphiques, généralement aériennes, quelquefois souterraines, et composées ordinairement de plusieurs fils.

En France, les fils du télégraphe de l'État ont droit aux places les plus élevées sur les poteaux. Immédiatement au-dessous, sont placés les *fils à grande distance ou directs* reliant les gares de premier ordre entre elles, les *fils semi-directs* réunissant les gares principales du parcours, et les *fils omnibus* reliant les gares intermédiaires entre elles et aux gares principales. Les fils omnibus desservent aussi les postes de secours dont nous parlerons plus loin.

Dans les gares sont installés des *postes télégraphiques.*

Ces postes peuvent être *permanents de jour et de nuit*, c'est-à-dire être à même de recevoir et de transmettre des dépêches à toute heure, ou seulement *permanents de jour*. Les *postes facultatifs* sont des postes qui ne rentrent dans le circuit que pour transmettre des dépêches : ils peuvent appeler les autres postes, mais non être attaqués par eux.

Dans certaines gares, les postes télégraphiques sont ouverts à la *correspondance privée* pour recevoir les dépêches du public ou des voyageurs.

Les dépêches relatives à la sécurité de l'exploitation ont, bien entendu, la priorité sur toutes les autres.

Pour accélérer la transmission des dépêches, les postes

extrêmes peuvent demander la *communication dire[cte]*
aux postes intermédiaires : toutefois, il est interdit [de]
donner la communication directe sur les lignes à v[oie]
unique, où toutes les gares doivent avoir connaissan[ce]
des dépêches concernant la circulation des trains.

Appareils télégraphiques. — Les appareils employ[és]
dans les postes télégraphiques des chemins de fer so[nt]
de deux sortes, l'appareil Bréguet et l'appareil Morse[1].

Le télégraphe Morse est usité de préférence par[ce]
que la transmission des dépêches est plus rapide a[u]
moyen de cet appareil, mais il exige une instructio[n]
spéciale que toutes les Compagnies n'ont pas cru po[u]-
voir demander à leurs agents dans les petites stations,
où l'on ne peut consacrer un personnel spécial au servi[ce]
télégraphique. L'expérience a cependant démontré qu[e]
les agents apprennent assez rapidement le maniement
de cet appareil, qui a encore sur l'appareil Bréguet
l'avantage de laisser une trace écrite des dépêches et de
faciliter ainsi la recherche des responsabilités en cas
d'erreur.

Quoi qu'il en soit, l'appareil Bréguet à cadran est
encore généralement utilisé sur les fils omnibus, pour
faciliter le service des agents des petites gares, et l'appareil Morse sur les fils directs et semi-directs.

L'appareil Morse, comme l'appareil Bréguet, comporte
un manipulateur et un récepteur.

[1] Voy. L. Montillot, *La Télégraphie actuelle en France et à*
l'Étranger (Bibliothèque scientifique contemporaine).

Appareil Bréguet. — Dans l'appareil Bréguet, le manipulateur à cadran (fig. 36) se compose d'un cadran divisé en vingt-six parties égales portant les vingt-cinq lettres de l'alphabet, la série des nombres et une croix. Au centre du cadran, est articulée une manivelle que l'on peut placer en regard de chacune des divisions.

Le récepteur (fig. 37) se compose d'un cadran semblable, mais pourvu d'une aiguille.

Les mouvements de la manivelle du manipulateur et de l'aiguille du récepteur se correspondent exactement : l'expédition d'une dépêche est donc d'une extrême simplicité, puisqu'il suffit, pour passer la dépêche, de placer la manivelle successivement devant chacune des lettres composant le mot à transmettre, et devant la croix à la fin de chaque mot ; et pour la recevoir, de noter les lettres indiquées l'une après l'autre par l'aiguille, sur le cadran du récepteur.

La transmission est nécessairement assez lente, puisqu'il faut faire, pour chaque lettre, une fraction plus ou moins grande du tour du cadran.

Appareil Morse. — Le manipulateur Morse (fig. 38) se compose simplement d'un levier oscillant autour d'une poignée et soutenu par un ressort. En exerçant une légère pression sur la poignée, on établit un contact qui ferme le circuit. Suivant la durée des contacts établis de cette façon, on envoie sur la ligne, et, par suite, dans le récepteur du poste correspondant, des courants plus ou moins prolongés qui produisent les signaux de la manière que nous indiquerons plus loin.

Fɪɢ. 36. — Manipulateur Bréguet.

Fɪɢ. 37. — Récepteur Bréguet.

Fig. 38. — Manipulateur Morse.

Fig. 39 — Récepteur Morse

Le récepteur (fig. 39) se compose d'un mécanisme d'horlogerie entraînant une bande de papier sans fin au-dessus de laquelle est un levier, à molette imprégnée d'encre, que chaque passage de courant vient faire appuyer contre le papier.

Suivant la durée du courant envoyé par le manipulateur, la molette appuie plus ou moins longuement et produit un point ou un trait sur la bande qui se déroule continuellement.

La transmission des signaux de l'appareil Morse se fait donc à l'aide d'une série de points et de traits.

Diverses combinaisons de points et de traits forment l'alphabet, les chiffres et les signes conventionnels.

Ces signaux sont les suivants :

ALPHABET

LETTRES	SIGNAUX	LETTRES	SIGNAUX
a	·—	n	—·
á	·—·—	ñ	——·——
b	—···	o	———
c	—·—·	ö	———·
ch	————	p	·——·
d	—··	q	——·—
e	·	r	·—·
é	··—··	s	···
f	··—·	t	—
g	——·	u	··—
h	····	ü	··——
i	··	v	···—
j	·———	w	·——
k	—·—	x	—··—
l	·—··	y	—·——
m	——	z	——··

CHIFFRES

CHIFFRES	SIGNAUX	CHIFFRES	SIGNAUX
1		7	
2		8	
3		9	
4		0	
5		/	
6			

SIGNES DE PONCTUATION ET INDICATIONS DE SERVICE

INDICATIONS	SIGNAUX
Appel.	
Attente.	
Réception ou compris.	
Erreur.	
Signe séparant le préambule et l'adresse, l'adresse et le texte, le texte et la signature.	
Final.	

PONCTUATION		SIGNAUX
Point.	(.)	
Point et virgule.	(;)	
Virgule.	(,)	
Deux points.	(:)	
Point d'interrogation.	(?)	
Point à la ligne.	(.)	
Point d'exclamation.	(!)	
Trait d'union.	(-)	
Apostrophe.	(')	
Guillemets, se rép. av. et ap. le mot	(»)	
Parenthèse.	(...)	
Souligné.		

Les espacements entre chacun des signaux composant
une lettre, un mot, sont plus ou moins grands : ainsi,
un trait est égal à trois points, l'espace entre deux
signaux d'une même lettre est égal à un point, l'espace

entre deux lettres est égal à un trait, et celui entre deux mots est égal à quatre points.

Les appareils de transmission sont installés sur des tables montées pour deux, trois, quatre ou six directions, munies de communications métalliques et de bornes pour attacher les fils de raccord avec les appareils.

Postes de secours. — Des postes télégraphiques de secours sont le plus souvent installés sur les lignes, dans un certain nombre de maisons de garde entre les stations. Ils sont destinés principalement à servir pour les demandes de secours et sont répartis de façon que, dans le cas où un train reste en détresse, le conducteur n'ait pas à faire un trajet trop long pour trouver un télégraphe. Sur le chemin de fer du Nord, par exemple, ce trajet est toujours inférieur à 2 kilomètres.

Le sens dans lequel il faut marcher pour trouver le poste le plus voisin, est indiqué par des flèches placées de distance en distance, généralement sur les poteaux télégraphiques.

Les postes sont reconnaissables à l'inscription « TÉLÉGRAPHE » et l'appareil est toujours placé dans la première pièce de la maison.

Les postes de secours sont, en général, munis d'appareils Bréguet dont la manipulation peut être faite par des agents peu expérimentés. Ils sont reliés à une sonnerie spéciale dans les gares, dite *sonnerie d'urgence*. Dès qu'un employé entend tinter cette sonnerie, c'est qu'il est attaqué par un poste de secours, et il doit répondre immédiatement à cet appel, tout affaire cessante.

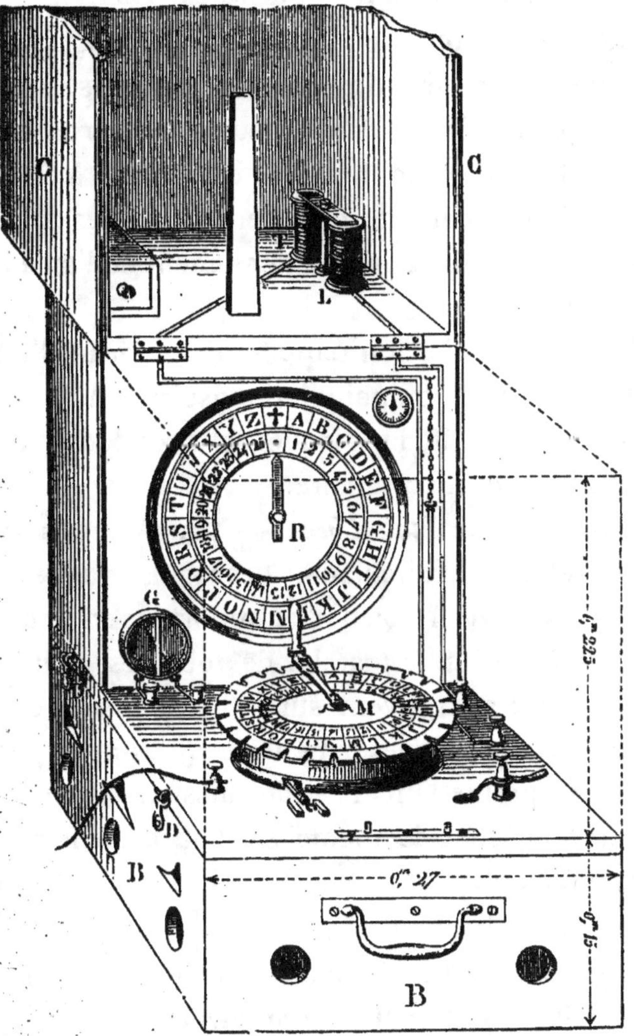

Fig. 40. — Poste portatif Bréguet.

Sur quelques lignes, en petit nombre, on fait usage de postes mobiles à cadran portés par les trains, et que l'on rattache par une tige métallique à la ligne télégraphique quand on veut demander du secours.

Cet appareil (fig. 40) est peu usité parce que, se trouvant dans le train même, il est exposé à être détérioré ou détruit dans les déraillements ou les collisions, c'est-à-dire mis hors d'usage au moment où l'on a besoin de s'en servir.

Pour une organisation temporaire, exigeant l'installation d'un poste télégraphique provisoire, on emploie un poste Morse portatif dans lequel sont condensés tous les appareils d'un poste ordinaire.

Télégraphie aux États-Unis. — Nous verrons, dans le chapitre relatif à la circulation des trains, que le rôle du télégraphe est encore bien plus important en Amérique, où il sert à régler la marche de tous les trains, sans exception, qui se trouvent sur la ligne. Aussi emploiet-on sur certaines lignes américaines des appareils plus complexes, permettant la transmission simultanée de plusieurs dépêches de même sens ou de sens contraire sur un même fil.

TÉLÉPHONE. — Le téléphone, imaginé en 1876 par Graham Bell, est devenu un auxiliaire précieux dans le service des chemins de fer.

---

[1] Voy. Julien Lefèvre, *Dictionnaire d'Électricité*, Paris, 1891, p. 824.

Il a d'abord été employé dans le périmètre des gares, où il rend de très grands services pour la communication entre les bureaux, les cabines des aiguilleurs, les postes de manœuvres.

Puis il a été utilisé, en place du télégraphe, sur les lignes secondaires : depuis 1888, il sert en Allemagne comme moyen presque exclusif de communication sur les lignes de deuxième ordre ; sur les lignes plus importantes, il sert concurremment avec le télégraphe.

Le téléphone a, sur le télégraphe, l'avantage de la simplicité et de la rapidité de transmission, mais il présente en l'état actuel, comme le télégraphe Bréguet, l'inconvénient de ne pas laisser de trace des communications échangées.

En pleine voie, le téléphone est encore employé dans les postes de secours.

Communication électrique entre les gares et les trains en marche. — Pendant longtemps, le télégraphe et le téléphone n'ont servi qu'à la communication entre les postes échelonnés le long de la voie : c'est aux Américains que devait venir l'idée d'établir une correspondance électrique entre les gares et les trains en marche.

La communication électrique entre les gares et les trains fonctionne régulièrement sur le chemin de fer de Lehigh Valley : trois trains, dans chaque sens, sont pourvus des appareils nécessaires qui sont utilisés non seulement par les agents du chemin de fer, mais encore par les voyageurs, qui y trouvent un moyen de communication très commode.

Une ligne télégraphique spéciale longe la voie; les voitures du train sont pourvues d'un toit métallique, ou simplement d'un tuyau métallique installé sur le toit ou au-dessous.

Ce toit ou le tuyau, suivant le cas, sert de condensateur électrique.

Des appareils télégraphiques ou téléphoniques étant installés, d'une part dans le train, d'autre part dans les gares, le courant se transmet, par induction, du toit des voitures au fil de la ligne, ou inversement.

Il s'est déjà produit qu'un télégramme a été ainsi expédié d'un train en marche aux États-Unis jusqu'à Londres.

Communication téléphonique entre deux trains en marche. — La communication téléphonique entre deux trains en marche a été essayée en 1890 sur le chemin de fer de Baltimore et Ohio. Cet essai a, paraît-il, eté couronné de succès et les mécaniciens de deux trains circulant sur la même voie sont arrivés à se comprendre.

La communication était établie par un rail isolé, situé dans l'axe de la voie. Les locomotives étaient munies chacune d'une batterie, d'un téléphone, d'une sonnerie et d'une brosse métallique sous la machine pour établir le contact avec le rail conducteur.

On se comprend naturellement mieux lorsque les trains sont arrêtés que lorsqu'ils sont en marche.

CHAPITRE VII

CLASSIFICATION DES TRAINS

Les trains se classent, d'après leur emploi, leur vitesse et leur composition, de la manière suivante :

Trains de voyageurs,
Trains mixtes,
Trains de marchandises.

TRAINS DE VOYAGEURS. — Les *trains de voyageurs* sont, nous avons à peine besoin de le dire, ceux qui transportent seulement les voyageurs, leurs bagages et, dans certains cas, les chevaux. les équipages et les colis de messagerie.

Ils comprennent plusieurs catégories :

Les *trains express, rapides* ou *éclairs* qui marchent à une très grande vitesse et n'ont qu'un petit nombre d'arrêts très espacés.

Les exigences toujours croissantes des voyageurs au point de vue du confortable, notamment pour les longs voyages, ont fait intercaler dans ces trains des voitures avec coupés-lits, des sleeping-cars, puis des wagons-salons et des voitures-restaurants ; peu à peu, on a été conduit à composer des trains complets avec ces voitures spéciales et à mettre en marche des *trains de luxe.*

L'origine des trains de luxe doit être cherchée aux États-Unis d'Amérique, où les exigences de l'égalité ne permettaient d'avoir qu'une seule classe de voyageurs : la difficulté a été tournée en offrant aux voyageurs des classes riches, les voitures-salons, lits ou restaurant, connues sous le nom de *Pullmann-cars,* dans lesquelles le public est toujours censé voyager dans la classe unique, en payant un supplément pour le surcroît de confortable qui lui est accordé !

En Europe, les trains de luxe sont de plus en plus répandus ; les plus connus sont les suivants :

Le Club-Train.	entre Paris et Londres
L'Orient-Express.	entre Paris et Constantinople.
Le Sud-Express.	entre Paris, Madrid et Lisbonne.
Le Pyrénées-Express. . . .	entre Paris et les stations thermales des Pyrénées.
Le Suisse-Express.	entre Londres et Lucerne.
Le Nice-Express.	entre Paris et Nice.
L'Aix-les-Bains-Express. . .	entre Paris et Aix-les-Bains.
Le Méditerranée-Express. . .	entre Paris, Marseille et Vintimille.
Le Rome-Express.	entre Paris et Rome.
Le Peninsular-Express . . .	entre Londres et Brindisi pour les voyageurs de la malle de l'Inde.

La carte ci-contre (fig. 41) indique le parcours de ces trains, ainsi que les lignes desservies par des trains dans la composition desquels entrent des voitures de luxe de la Compagnie internationale des wagons-lits.

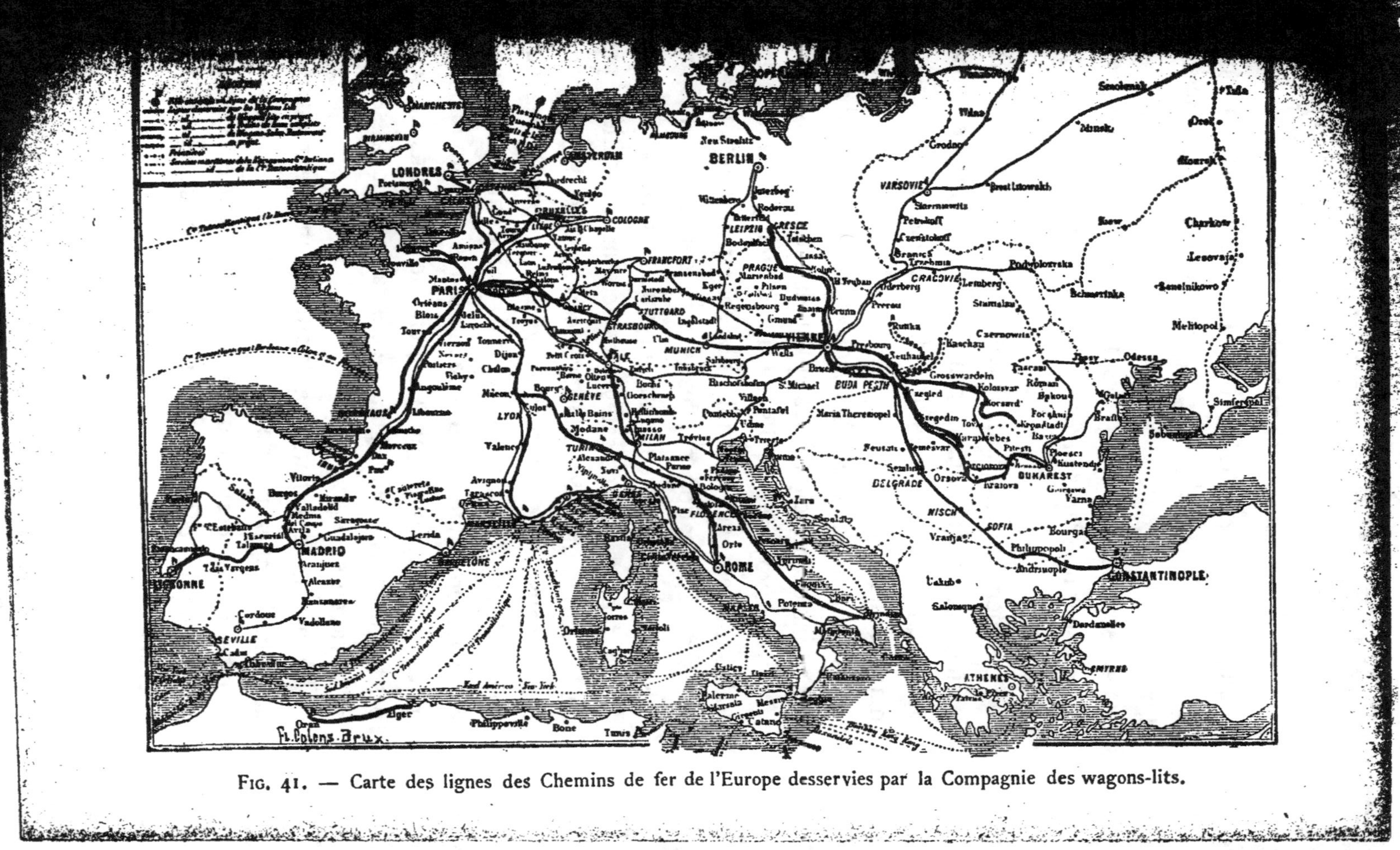

Fig. 41. — Carte des lignes des Chemins de fer de l'Europe desservies par la Compagnie des wagons-lits.

Plusieurs de ces trains n'ont lieu qu'à certains jours déterminés, et n'offrent qu'un nombre de places limité.

La seconde catégorie des trains de voyageurs est formée par les *trains directs* et *poste*, à arrêts plus rapprochés.

Puis viennent les trains *omnibus* desservant toutes les stations, les trains *mixtes* qui sont des trains de voyageurs en tête desquels on place quelques wagons à marchandises.

Les trains de *marchandises-voyageurs* sont, au contraire, des trains de marchandises auxquels on ajoute quelques voitures à voyageurs; ils se distinguent, en outre, des trains mixtes par ce qu'ils ne sont pas attendus aux gares de bifurcation par les trains correspondants, en raison des retards fréquents auxquels ils sont exposés.

Ces deux dernières catégories de trains, justifiées par les besoins d'une exploitation économique, sont, pour des raisons faciles à comprendre, fort peu en faveur auprès des voyageurs, auxquels ils imposent des stationnements prolongés et des manœuvres sans fin dans les gares, sans compter que la marche de ces trains ne peut pas toujours avoir la régularité désirable pour un service de voyageurs.

Aussi l'un des faits marquants, dans l'exploitation actuelle des chemins de fer, a-t-il été l'introduction en France et le perfectionnement d'un autre système d'exploitation économique qui avait été essayé en Autriche.

Nous voulons parler des *trains légers* et des *trains-tramways* dont M. Sartiaux, ingénieur en chef de la Compagnie du Nord, a été le promoteur en France.

Ce sont des trains à composition réduite, le nombre maximum des essieux étant limité à seize, non compris ceux de la machine et du tender. Sauf en ce qui concerne la limitation du nombre des places affectées au public, les trains légers sont astreints, pour le transport des voyageurs, des bagages et des marchandises à grande vitesse, aux mêmes obligations que les trains ordinaires portant des voyageurs, à moins d'exceptions dûment autorisées par l'Administration supérieure.

Ces trains peuvent d'ailleurs, transporter des marchandises en petite vitesse, lorsque leur composition le permet.

Les *trains-tramways* constituent une catégorie spéciale de trains légers qui, en vertu d'autorisations spéciales, ne sont pas astreints aux mêmes obligations que les trains ordinaires transportant des voyageurs, c'est-à-dire qu'ils sont dispensés de transporter les bagages, les chiens, les articles de messagerie, les animaux, les cercueils, la poste, les aliénés, les prisonniers, etc..., de contenir des compartiments de dames seules ; ils peuvent ne comporter que des voitures de deuxième et de troisième classes ; en outre la composition peut être limitée à deux voitures.

Enfin, conformément à l'article 3 d'un décret du 9 mars 1889, la première voiture contenant des voyageurs, peut être attelée à la machine sans interposition de fourgon.

Lorsque tous les véhicules à voyageurs entrant dans la composition d'un train léger, sont munis de freins continus, le personnel de la machine peut être réduit à un mécanicien, sans chauffeur, à la condition que le conducteur-chef de train se tienne habituellement, soit sur la machine, soit dans la première voiture du train ; qu'il puisse, dans tous les cas, accéder facilement à la machine et qu'il soit en état de l'arrêter au besoin.

Lorsque tous les véhicules à voyageurs et à marchandises sont munis de freins continus, les trains légers sont affranchis de l'obligation d'avoir un frein gardé sur l'une des dernières ou sur la dernière voiture du train.

En raison de leur composition réduite, ces trains peuvent s'arrêter en des points pourvus de quais très courts : aussi la conséquence de la création des trains légers a-t-elle été l'établissement d'arrêts pour prendre et laisser des voyageurs sans bagages et sans chiens, à des points intermédiaires entre deux stations, tels que passages à niveau, passages supérieurs ou inférieurs.

Ces points d'arrêt se composent simplement de quais en terre ; ils sont d'ailleurs autorisés sans personnel, soit pour le gardiennage, soit pour la distribution ou la réception des billets, et sans installations spéciales de bâtiments, quais, signaux, éclairage, etc.

Le conducteur-chef est seul chargé du service des trains pendant ces arrêts ; il donne au mécanicien le signal du départ.

On conçoit les avantages qu'un tel système de trains présente pour le public ; en raison de leur légèreté, ces trains marchent couramment à une vitesse de 55 à 65 kilomètres à l'heure; la durée des arrêts n'est que de 30 secondes.

Aussi l'emploi des trains légers s'est-il généralisé avec une grande rapidité, non seulement sur les lignes à faible trafic où ces trains se sont substitués aux trains de marchandises-voyageurs, mais encore sur les lignes de banlieue où ils ont été intercalés entre les trains ordinaires et où ils favorisent le séjour à la campagne, en donnant des relations fréquentes et rapides avec la ville.

Les intéressés se sont d'ailleurs rapidement aperçus des avantages qui leur sont offerts par le système des trains légers, et il n'est pas de commune, du nord de la France notamment, qui n'ait désiré avoir *son point d'arrêt*, dût-elle en payer tous les frais.

Sur le réseau du Nord, le régime des trains légers est appliqué actuellement sur la plupart des lignes du réseau. Il n'a pas été créé moins de 262 points d'arrêt intermédiaires depuis 1882.

Les autres réseaux français ont suivi, non sans succès, l'exemple donné par la Compagnie du Nord.

Ces trains présentent le grand avantage de permettre de multiplier les services dans la banlieue des grandes villes et de remplir efficacement, en ayant en plus le bénéfice de la vitesse, le rôle des omnibus et des tramways.

Sur les autres lignes, ils remplacent avec avantage et économie les trains de marchandises-voyageurs, ainsi que nous l'avons déjà indiqué.

Les *trains de plaisir* sont des trains spéciaux organisés

à l'occasion des fêtes ou pour permettre des excursions en mer, etc.

Un grand perfectionnement dans le service des voyageurs a été la substitution des trains à marche rapide aux trains de plaisir classiques, à marche lente, se garant partout pendant des heures entières, et donnant de tout au voyageur, sauf du *plaisir*.

Ces trains, à prix très réduits, effectuent aujourd'hui les trajets aller et retour dans la même journée, et permettent ainsi aux populations ouvrières des grandes villes ou des régions industrielles de passer un dimanche au bord de la mer, sans autres dépenses que le coût très minime du chemin de fer.

TRAINS DE MARCHANDISES. — Les *trains de marchandises* se divisent en *trains directs, omnibus* et *de détail*.

Les *trains directs* ont, en général, leur chargement complet au départ et ne desservent que les stations les plus importantes. Ce sont, par exemple, les trains de houille, auxquels on tend, depuis quelque temps, à donner des marches très rapides.

Les *trains omnibus* font le service de gare à gare et prennent et déposent tous les wagons chargés avant leur arrivée ou à décharger après leur départ : il n'y a donc pas de manutention de colis pendant le stationnement du train.

Les *trains de détail* recueillent, de gare en gare, les marchandises qui ne nécessitent pas l'emploi d'un wagon complet et qui sont, par suite, manutentionnées au passage du train : chaque wagon de ces trains est ordinairement affecté à un certain nombre de destinations déterminées, et les wagons sont groupés par direction, de manière à faciliter la manutention des colis et à simplifier les manœuvres de décomposition aux bifurcations.

Les *trains de ballast* ou *de matériaux* transportent à pied d'œuvre les rails, les traverses, le ballast, etc., nécessaires à l'entretien de la voie.

DIVERSES NATURES DE TRAINS. — Les trains, quelle que soit leur affectation, peuvent être :

Réguliers, facultatifs, supplémentaires, spéciaux.

Les trains *réguliers* sont ceux qui sont mis en marche tous les jours ou aux jours prévus sur les livrets de marche ; les trains *facultatifs* ont, comme les trains réguliers, leur itinéraire prévu dans les livrets et les graphiques, mais ils ne sont mis en marche que lorsque les besoins du service l'exigent.

Les trains *supplémentaires* sont de deux espèces : d'abord ceux prévus à l'avance et mis en marche à certains jours déterminés, notamment les dimanches et fêtes ; puis ceux non prévus et ayant lieu par suite d'une affluence extraordinaire de voyageurs ; ils *dédoublent* alors un train régulier et le suivent à un intervalle qui est de dix minutes, en desservant les mêmes stations que lui.

Les trains *spéciaux* sont des trains non prévus, mis en marche pour des excursions (trains de plaisir), ou sur la demande de particuliers ou de l'autorité militaire, etc.

L'itinéraire de ces trains spéciaux est d'abord étudié

sur le graphique, puis, autant que possible, annoncé aux gares par une circulaire ou par une dépêche télégraphique.

Les trains de voyageurs sont, en général, réguliers et à heures fixes. Dans quelques cas cependant, leur départ a lieu à heures variables ; il en est ainsi de certains trains de marée et des trains destinés à la malle de l'Inde, dont le départ est subordonné à l'arrivée des paquebots correspondants ; on prévoit alors pour ces trains un certain nombre de marches facultatives, et à chaque fois la marche utilisée est notifiée au personnel par le télégraphe.

Les trains de marchandises sont *réguliers* ou *facultatifs* et, suivant les variations du trafic, on rend réguliers des trains facultatifs, et inversement.

Les trains de ballast, qui sont exposés à effectuer des allées et venues successives et à subir des arrêts prolongés entre deux gares, suivant les besoins des travaux, sont soumis à des règles spéciales pour leur circulation.

CHAPITRE VIII

COMPOSITION DES TRAINS

Chacun sait que les machines sont généralement attelées en tête des trains et tournées la cheminée en avant. Il est fait exception à cette règle dans les cas de manœuvres, de secours, de renvoi en double, ou lorsqu'il s'agit de trains de ballast et de matériaux.

Sauf le cas où l'emploi d'une machine de renfort devient nécessaire, soit pour la montée d'une rampe, soit par suite d'une affluence extraordinaire de voyageurs, de l'état de l'atmosphère, d'un accident ou d'un retard, les trains de voyageurs ne doivent être remorqués que par une seule machine.

L'adjonction d'une seconde machine est également autorisée pour le renvoi des machines de renfort et de secours à leur dépôt, pour leur répartition entre les divers dépôts de la ligne, ou pour l'envoi de machines destinées à remorquer les trains.

L'attelage d'une troisième machine est même autorisé en cas de secours.

Les machines de renfort ne peuvent être attelées en queue des trains que pour franchir des rampes ou en cas de secours.

Sauf dans les trains légers, il doit y avoir une voiture ne portant pas de voyageurs, intercalée entre la locomotive et la première voiture contenant des voyageurs.

Conformément à l'ordonnance de 1846, les trains de voyageurs ne doivent pas être composés, en France, de plus de 24 voitures : toutefois les trains de troupes peuvent comprendre 50 voitures, à la condition de ne pas dépasser une vitesse de 30 kilomètres à l'heure.

Pour les trains de marchandises, il n'y a d'autre limite à la composition, que le nombre des wagons et la charge que les machines qui y sont attelées sont capables de remorquer. En général, le nombre de véhicules ne dépasse pas 60 en France ; en Allemagne, notamment, il n'est pas rare de voir des trains de 100 wagons et plus.

Les charges que chaque machine peut remorquer, suivant le profil de la ligne, sont déterminées d'avance par le calcul.

Les trains de marchandises-voyageurs conservent, au double point de vue de la composition et de la charge, leur caractère spécial de train de marchandises.

En ce qui concerne l'ordre des wagons qui composent un train, il n'est déterminé par aucune règle, qu'il s'agisse de trains de voyageurs ou de trains de marchandises. Pour ces derniers, il y a toutefois une importance capitale, en vue de réduire les stationnements et les manœuvres dans les gares, à placer les différents véhicules dans l'ordre des stations à desservir. Le grand travail de classement se fait alors aux têtes de lignes et aux bifurcations, dans les gares de triage dont nous avons parlé précédemment.

Le nombre de véhicules composant un train, une fois déterminé, il faut y mettre le nombre de freins nécessaires, suivant sa vitesse et les déclivités des lignes qu'il doit parcourir.

Dans la plupart des pays, comme en France, les trains de voyageurs sont tous munis du frein continu, à la seule exception des trains mixtes : néanmoins, ils doivent contenir un certain nombre de freins ordinaires manœuvrables à la main, pour le cas où le fonctionnement du frein continu serait suspendu.

En général, l'un de ces freins doit être vers la tête du train et l'autre sur la dernière voiture renfermant des voyageurs ou à l'arrière de cette voiture.

Certains petits trains de raccordement entre des gares de rebroussement et les gares de bifurcation voisines, peuvent ne comporter qu'un frein monté.

Le nombre des freins à placer dans les wagons de marchandises est très variable suivant la composition du train et les déclivités des lignes sur lesquelles ce train doit circuler. On choisit les wagons les plus chargés pour y mettre des garde-freins, l'action d'un frein étant proportionnelle au poids du véhicule sur lequel il agit : deux wagons à frein vides (soit montés par deux agents, s'ils sont séparés, soit montés par un seul agent, s'ils sont juxtaposés de manière qu'il lui soit possible de les manœuvrer simultanément) équivalent à un wagon à frein lesté ou chargé.

Deux wagons à frein lestés ou chargés, soit montés par deux agents, s'ils sont séparés, soit montés par un seul agent, s'ils sont juxtaposés, peuvent être remplacés par un seul véhicule à frein, lesté ou chargé d'un poids total enrayable de 20 tonnes.

Outre le personnel de la machine, un train est accompagné par des conducteurs et des garde-freins. L'un des conducteurs a la qualité de chef de train ; il a autorité sur tous les agents du train, y compris le mécanicien et le chauffeur.

Certaines Compagnies, celle du Nord entre autres, attachent des interprètes à leurs principaux trains internationaux.

CHAPITRE IX

VITESSE DES TRAINS

Quand il est question de la vitesse d'un train, il faut tout d'abord se mettre d'accord sur la nature de la vitesse dont on veut parler. Il faut, en effet, distinguer :

1° La *vitesse commerciale,* obtenue en divisant le nombre total de kilomètres parcourus d'un point à un autre par le nombre d'heures employées à faire le trajet total, sans déduire le temps des arrêts aux stations intermédiaires, ni les arrêts prévus en marche. Cette vitesse est celle qui intéresse le plus le voyageur ou le commerçant, et c'est elle que l'on doit s'efforcer à augmenter le plus possible.

Il y a pour cela deux moyens : augmenter la vitesse réelle de marche dont nous parlerons ci-après, et diminuer le nombre et la durée des arrêts.

2° La *vitesse moyenne de marche* est obtenue en divisant la distance entre les stations extrêmes par le temps réellement employé pendant la marche à parcourir cette distance. Il faut donc déduire du temps total employé, la durée des arrêts aux stations.

Ainsi que le dit M. Bandérali, cette vitesse dépend de plusieurs circonstances qui doivent être analysées dans chaque cas particulier, et parmi lesquelles il faut citer la puissance de la machine, le nombre des ralentissements prévus, le nombre des bifurcations ou des embranchements que le train rencontre, le profil de la ligne, le nombre des courbes, le nombre des points, sinon dangereux, du moins exigeant impérieusement une marche prudente, tels que l'approche des ponts tournants, des parties de voie en courbe, etc.

Ces pertes de temps pour démarrages, ralentissements, etc., sont impossibles à éviter ; elles doivent donc être prises en considération quand on évalue la vitesse moyenne d'un train et que l'on compare entre elles les vitesses des express : elles sont de l'essence même de l'exploitation, mais elles varient suivant les règles propres à chaque pays, et c'est ce qui explique, bien plus que la différence de puissance des locomotives, les différences que l'on remarque entre les vitesses moyennes dans les diverses contrées.

3° La *vitesse réelle de marche* est celle que le train possède effectivement à chaque instant.

Ce n'est plus une moyenne ; on ne peut la déterminer qu'à l'aide d'appareils spéciaux. C'est cette vitesse qui donne vraiment l'idée exacte du degré de puissance et de perfection d'une locomotive, de la voie sur laquelle elle roule, et du système d'exploitation qui lui permet d'atteindre sans danger cette vitesse.

La vitesse réelle de marche des machines actuelles

eut atteindre 130 kilomètres à l'heure : ce résultat a
été obtenu dans des essais faits sur le chemin de fer de
Bristol à Exeter, où une machine-tender a *réalisé* la
vitesse de 129 kilomètres à l'heure.

La vitesse des trains a considérablement augmenté,
surtout en ces dernières années, et la vitesse de
60 kilomètres à l'heure qui était, il n'y a pas longtemps
encore, le *nec plus ultra* de la vitesse, est maintenant
reléguée au rang de vitesse de train omnibus.

L'impulsion paraît avoir été surtout donnée par la
lutte de vitesse que se sont livrées, au mois d'août 1888,
les deux lignes les plus importantes de l'Angleterre,
entre Londres et Édimbourg.

Avant cette date, la ligne occidentale, exploitée par
les Compagnies du London and North Western et du
Caledonian Railway, permettait d'accomplir en dix
heures, la distance de 645 kilomètres ; l'autre ligne suivait la côte orientale, empruntant le réseau du Great
Northern, du North Eastern et du North British Railway,
et franchissait en dix heures le parcours de 632 kilomètres.

Mais en 1888, les Compagnies de la ligne occidentale
ayant ouvert la lutte, une véritable course de vitesse fut
organisée ; on finit par effectuer des deux côtés le trajet
en 8 heures, les deux trains partant à 10 heures du matin
et arrivant à 6 heures du soir. Les vitesses moyennes
de marche variaient de 90 à 99 kilomètres à l'heure.

Non encore satisfaits de ce résultat, les mécaniciens
cherchèrent à gagner encore de vitesse sur l'horaire

prescrit ; ils parvinrent à effectuer le trajet en $7^h,27$ su
la ligne orientale, le 31 août 1888, dans les condition
suivantes :

	km	h
De Londres (King's Cross) à Grantham.	169,4 en	1,50
De Grantham à York.	133,1	1,33
De York à Newcastle.	130,5	1,25
De Newcastle à Édimbourg..	199,0	2,10

La vitesse commerciale a été de 85 kilomètres à
l'heure, et la vitesse moyenne de marche de 92 kilomètres à l'heure.

Le profil de la ligne orientale est assez facile, présentant d'abord une succession de rampes et de pentes
de moins de 5 millimètres par mètre, dont certaines de
21 kilomètres de longueur ; accidentellement, il y a des
rampes de 9 et de 13 millimètres.

Sur la ligne occidentale, le profil est plus accidenté
entre Crewe et Édimbourg ; de Wigan à Preston, on
trouve 10 millimètres de rampe, de Preston à Carlisle,
sur 32 kilomètres, une succession de rampes de 6, 8 et
10 millimètres, et enfin jusqu'à 13 millimètres, sur
6 kilomètres, près de Tebay. Enfin de Carlisle à Édimbourg, on trouve 15 kilomètres de rampes de 11, 12 et
13 millimètres.

Sur cette ligne, le trajet a été effectué le 6 août 1888
en $7^h,52$, dans les conditions ci-après :

	km	h
De Londres (Euston) à Crewe.. . . .	255,0 en	2,56
De Crewe à Preston.	81,5	0,51
De Preston à Carlisle.	145,0	1,38
De Carlisle à Édimbourg.	164,0	1,45

La vitesse moyenne commerciale a été de 81ᵏ,5 à l'heure, et la vitesse moyenne de marche de plus de 8 kilomètres.

Il va sans dire que la vitesse réelle de marche était très variable, s'abaissant jusqu'à 49 kilomètres à l'heure sur les rampes, s'élevant sur les parties faciles, à 115 kilomètres et dans certains parcours exceptionnels 120 kilomètres à l'heure.

Pour effectuer des courses aussi effrénées, il fallait que les mécaniciens fussent certains de trouver la route libre devant eux : les trains omnibus et de marchandises étaient obligés à des garages prolongés pour laisser passer le train attendu et les troubles ainsi apportés dans la régularité du service général, finirent par émouvoir l'opinion publique à un tel point, que les Compagnies rivales durent renoncer à la lutte et réduire la durée du trajet total à 8 heures et demie.

En France, au mois de juin 1890, la Compagnie du Nord a fait d'intéressants essais de marche rapide avec un train très lourd (quinze voitures) représentant une charge de tonnes 282,38 remorqué par une machine Compound. Ce train a effectué le trajet de Paris à Calais, soit 297ᵏᵐ,2 en 3ʰ,51, y compris un arrêt de 5 minutes à Amiens.

La vitesse commerciale a été de 77ᵏᵐ,2 à l'heure, la vitesse moyenne de marche, de 79 kilomètres à l'heure, et la vitesse maxima effective réalisée a été de 117 kilomètres à l'heure.

Le 16 octobre 1891, la même Compagnie a fait un nouvel essai avec un train composé de douze véhicules représentant une charge de tonnes 222,76 (machine et tender compris).

Ce train a effectué le trajet de Paris à Calais, en 3^h43, y compris 18 minutes pour arrêts en route.

La vitesse commerciale a donc été de 80 kilomètres à l'heure, la vitesse moyenne de marche de 87 kilomètres à l'heure, la vitesse maxima que l'on s'était proposé de ne pas dépasser ayant été de 108 kilomètres à l'heure.

Voici quelles sont actuellement les vitesses pratiquement en usage pour les trains express dans les divers pays.

	Vitesse moyenne	Vitesse maxima
France.	65 à 80 km. à l'h.	120 km. à l'h.
Angleterre.	74 à 85 —	125 —
Belgique..	78 —	100 —
Hollande.	72 —	90 —
Allemagne.	65 —	85 —
Autriche-Hongrie et Russie	60 —	66 —
Italie..	70 —	80 —
Amérique.	66 —	illimitée

Le tableau ci-dessous donne la vitesse commerciale du train le plus rapide de chacune des grandes Compagnies et du chemin de fer de l'État, en France.

Chemins de fer français.

ADMINISTRATION	TRAJET	LONGUEUR du TRAJET	DURÉE du TRAJET	VITESSE commerciale
		km	h.	km
Nord.	Paris-Calais. . .	295	4,01	73,3
Orléans. . .	Paris-Bordeaux. .	585	8,33	68,4
Est.	Paris-Belfort. .	443	6,45	65,6
Midi. . . .	Cette-Bordeaux..	476	7,25	64,2
P.-L.-M. . .	Paris-Marseille..	863	14,36	59,1
Ouest. . . .	Paris-Le Havre..	228	3,59	57,1
État.	Paris-Bordeaux..	619	13,05	47,3

Voici maintenant quelles sont les vitesses commerciales obtenues dans les divers pays :

Comparaison entre les chemins de fer étrangers
et les chemins de fer français.

PAYS	TRAJETS	LONGUEUR du TRAJET	DURÉE du TRAJET	VITESSE commerciale
		km.	h.	km,
Angleterre.	Liverpool-Manchester	54,7	0,40	82
Allemagne.	Berlin-Hambourg. .	286,1	3,38	80,6
France.. .	Paris-Calais. . . .	295	4,01	73,3
Belgique. .	Bruxelles-Ostende. .	123,8	1,42	72,8
États-Unis.	New-York-Philadelph.	145,5	2,05	69,8
Pays-Bas. .	Amsterdam-Rotterdam	85,6	1,15	68,5
Autriche. .	Vienne-Bodenbach. .	528	9,09	57,7
Hongrie. .	Pesth-Belgrade. . .	359	6,26	55,8
Italie. . .	Bologne-Brindisi.. .	761	14	54,3
Suisse. . .	Zurich-Lucerne. . .	68	1,25	48
Russie.. .	Pétersbourg-Moscou..	609	14	43,5
Espagne. .	Madrid-Irun. . . .	631	15,05	41,8

On voit que la France tient un rang des plus honorables, au point de vue de la vitesse des trains rapides.

En Amérique, par contre, la vitesse commerciale des
trains est, en général, moins élevée qu'en Europe, contrairement à une opinion assez répandue.

Ce n'est que dans l'est des États-Unis où l'on trouve
des trains vraiment rapides ; la vitesse commerciale des
meilleurs trains, est dans cette partie de l'Amérique, d'environ 64 kilomètres à l'heure ; la vitesse réelle atteint
100 et 110 kilomètres. M. Bandérali a même noté sur
un express du Philadelphia et Reading Railway, pendant
quinze minutes, une vitesse de 126 kilomètres à l'heure.

A l'ouest de Chicago les trains prennent une allure
beaucoup plus modérée et les vitesses commerciales sont
inférieures à 51 kilomètres à l'heure, la vitesse maxima
de marche ne dépassant pas 60 kilomètres à l'heure.

C'est aux États-Unis que l'on trouve les trains express
ayant le plus long parcours : ainsi il existe un service
de voitures directes entre les villes de San-Francisco et
de la Nouvelle-Orléans, distantes de 3992 kilomètres
l'une de l'autre.

Grands parcours sans arrêts. — Nous avons vu que le
second moyen d'augmenter la vitesse commerciale est
de réduire le nombre des arrêts.

Les plus longues étapes parcourues sans arrêts, en
France, sont les suivantes :

Nord.	Amiens à Calais. . . .	167 kilomètres
—	Paris à Saint-Quentin. .	154 —
P.-L.-M.,	Paris à Laroche. . . .	155 —

Orléans,	Paris aux Aubrais. . . .	119	kilomètres.
Est,	Chaumont à Vesoul. . .	119	—
Ouest,	Paris à Vernon. . . .	80	—
Midi,	Bordeaux à Marmande. .	79	—

Pour réaliser des parcours aussi longs que ceux effectués sans arrêt sur le réseau P.-L.-M. et sur le Nord, il faut des machines munies de tenders d'une capacité très grande et, par suite, très lourds.

En Angleterre et aux États-Unis, on emploie, pour franchir sans arrêt de grandes distances, des machines munies du tender Ramsbottom, dont nous parlerons plus loin, et qui permet l'alimentation d'eau en marche.

En Amérique le plus long parcours sans arrêt est celui de Fort-Wayne à Chicago : il est de 254 kilomètres et se fait en 4 heures 10 minutes.

En Autriche, l'Orient-Express effectue un trajet de 190 kilomètres, sans arrêts, entre Pesth et Szegedin.

En Angleterre, les 170 kilomètres qui séparent Londres de Grantham sont franchis sans arrêt.

En Allemagne, la plus longue étape est celle de Wittenberge à Hambourg, soit 159 kilomètres.

Les causes les plus diverses peuvent tendre à mettre un train en retard : arrêts prolongés aux gares par suite d'affluence de voyageurs, attente de trains correspondants, ralentissements sur des sections de voie en réparation, intempéries, pluie, neige ou brouillard rendant les rails gras et faisant patiner les roues de la machine, vent s'opposant à la marche, et mille autres causes encore.

Il est donc indispensable de permettre aux mécaniciens de dépasser la vitesse prescrite par les itinéraires pour regagner le temps perdu ; mais il serait, d'autre part, imprudent de les laisser se lancer à une vitesse plus grande que celle compatible avec les conditions d'établissement de la voie et du matériel roulant : aussi les réglements défendent-ils aux mécaniciens de dépasser de plus de moitié (d'un tiers, sur la Compagnie d'Orléans) la vitesse réglementaire.

Par contre les mécaniciens sont tenus de réduire la vitesse à certains points déterminés, à l'approche des bifurcations non enclenchées, ou des ponts tournants, et à certaines courbes de faible rayon.

Il est donc intéressant de pouvoir se rendre compte de la vitesse des trains à un moment donné ; le moyen le plus simple consiste à vérifier sur un chronomètre le nombre de secondes que le train met pour parcourir l'espace compris entre deux poteaux kilométriques consécutifs : mais ce procédé manque de précision, surtout lorsque le train marche à grande vitesse.

On a imaginé des appareils très divers destinés à enregistrer la vitesse des trains pendant la marche :

Contrôleurs de vitesse. — Les *tachymètres* reçoivent le mouvement de l'un des essieux et fournissent un diagramme soit sur une bande de papier, soit sur un disque mus par un mouvement d'horlogerie et sur lesquels un crayon trace la courbe des vitesses.

Le *contrôleur Brunot* est mis en mouvement par les trépidations du train.

Le *dromoscope* Le Boulengé est basé sur un autre principe. Un levier relié par un fil de fer à une pédale placée à 150 mètres en avant de l'appareil, empêche la rotation d'un disque sollicité par un poids.

En touchant la pédale, la première roue du train fait déclencher le levier et le disque se met à tourner, lorsque cette même roue, après un parcours de 150 mètres, touche une seconde pédale placée en face du dromoscope, le disque s'arrête.

L'arc parcouru par le disque, que l'on relève à l'aide d'un index, donne la vitesse du train.

Le *dromo-pétard* est basé sur un principe analogue, mais fournit en même temps une indication au mécanicien.

Un pendule battant la seconde est retenu par un levier formant pédale : lorsque la roue de la machine appuie sur la pédale, le pendule est rendu libre ; il oscille, et, arrivé à l'autre extrémité de sa course, c'est-à-dire au bout d'une seconde, frappe un arrêt qui retenait un pétard sur le rail par l'intermédiaire d'une petite transmission.

La distance entre le pétard et la pédale est calculée de manière que le train mette un peu plus d'une seconde à la franchir. Si le train marche à une vitesse supérieure à l'allure prescrite, il atteint le pétard avant qu'il ait été retiré et l'écrase.

Sur certaines lignes très accidentées, il peut y avoir intérêt à connaître non seulement la vitesse du train à chaque instant, mais sa position sur la ligne. Un tel système de contrôle a été appliqué en grand sur la ligne du Gothard.

Les trains rencontrent à chaque kilomètre une pédale qui s'abaisse sous l'action des roues : un contact électrique s'établit et le courant est transmis à la station en avant et à la station en arrière, où des appareils enregistreurs renseignent constamment le chef de gare, et lui permettent de prendre immédiatement les mesures utiles en cas d'accident ou de dérive.

Une telle installation, qui est fort coûteuse et exige beaucoup d'entretien, est justifiée dans certains cas particuliers, mais n'aurait pas de raison d'être sur des lignes à profil facile et à grand trafic où elle se détériorerait rapidement et où le block-système remplit un but analogue.

CHAPITRE X

CIRCULATION DES TRAINS

Les lignes peu importantes sont construites à *une seule voie* sur laquelle doivent circuler tous les trains, qu'ils se dirigent dans un sens ou dans l'autre. Lorsque le nombre des trains dépasse une certaine limite qui varie suivant les circonstances et les méthodes d'exploitation, la voie unique devient insuffisante, et la circulation se fait alors à *double voie*, chacune des voies étant affectée aux trains marchant dans un sens déterminé.

Sens de la circulation. — En Angleterre, en France, en Belgique et en Amérique, les trains circulent toujours sur la voie de gauche, dans le sens de la marche, ainsi que l'indique la figure ci-dessous :

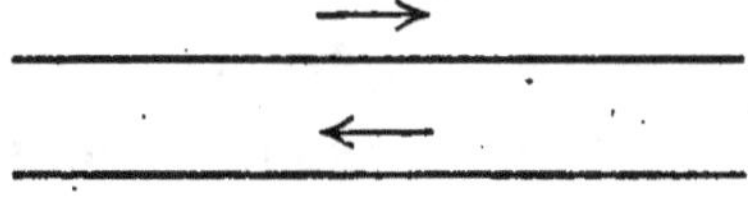

En Allemagne, au contraire, les trains suivent la voie située à droite par rapport au sens de la marche du train.

Ces usages différents proviennent de ce qu'en Angleterre on a, lors de la création des chemins de fer, adopté les errements en usage pour les voitures sur les routes ordinaires qui, dans ce pays, circulent à gauche. La France a adopté la pratique anglaise, tandis que l'Allemagne s'est conformée à l'usage de la circulation à droite, générale sur le continent, aussi bien pour les voitures que pour les piétons. C'est la méthode suivie en Allemagne qui, théoriquement, peut paraître préférable pour les raisons suivantes : le régulateur et le levier de changement de marche devant se trouver à droite de la machine pour permettre au mécanicien de les actionner de la main droite, cet agent se tient nécessairement sur le côté droit de la machine. Les signaux se trouvant sur l'accotement extérieur des voies, ils sont du côté où est placé le mécanicien lorsque la circulation a lieu sur la voie droite ; il peut donc les apercevoir plus facilement. Mais l'inconvénient n'existe pas, en pratique, parce que, d'une part, le chauffeur qui se tient toujours du côté opposé au mécanicien sur la plate-forme de la machine, surveille les signaux de son côté, et que, d'autre part, les signaux sont toujours visibles à une assez grande distance pour être aperçus aussi bien de la droite que de la gauche de la machine.

La circulation à *trois voies* ne se rencontre guère qu'aux États-Unis.

Dans ce cas, la circulation normale se fait sur les voies extérieures, la voie du milieu n'étant utilisée que pour les trains à marche lente qui doivent être dépassés par un autre train plus rapide.

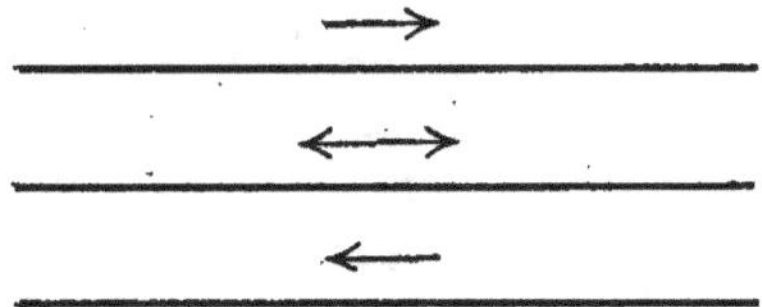

Afin d'éviter les collisions qui pourraient se produire sur la voie du milieu, dans le cas où deux trains de sens inverse s'y engageraient simultanément, cette voie est affectée à la circulation dans un sens, pendant une partie de la journée, et à la circulation dans l'autre sens, pendant le reste du temps.

En général, lorsque le service est tellement chargé que deux voies deviennent insuffisantes, on établit *quatre voies*.

Dans ce cas, le service se fait ordinairement comme s'il s'agissait de deux lignes à double voie accolées :

En Angleterre, l'une des doubles voies est alors réservée aux trains rapides *(fast trains)* et l'autre aux trains lents *(slow trains)*, c'est-à-dire aux trains omnibus et aux trains de marchandises.

Aux États-Unis, le service à quatre voies présente parfois cette particularité que, sur la double voie réservée aux trains de marchandises, la circulation a lieu au rebours du sens normal, ainsi que l'indique la figure ci-après :

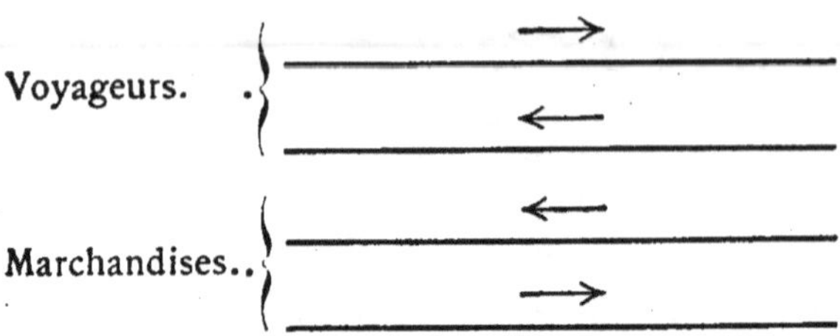

Cette anomalie apparente se justifie par cette considération que, si le garde-frein d'un train circulant sur l'une des voies du milieu doit se porter en arrière pour protéger son train, il n'a pas à redouter qu'un train vienne le surprendre par derrière lorsqu'il marche dans l'entrevoie du milieu. Les agents des trains circulant sur les voies latérales doivent, bien entendu, se porter en arrière, en suivant l'accotement extérieur de la ligne.

Quel que soit le nombre des voies qui composent une ligne, on n'a jamais à considérer que le cas de la circulation à voie unique et celui de la circulation à double voie.

Les *règles de la circulation* sont différentes dans chacun de ces deux cas.

Il faut, en effet, *régler* la circulation, car il est évident que la marche des trains de chemins de fer ne peut être abandonnée à elle-même, comme s'il s'agissait de voitures sur les routes ordinaires, ni même à l'initiative d'agents locaux.

Ce n'est pas la seule commodité du public qui exige les heures d'arrivée et de départ bien déterminées; les *horaires* sont également indispensables pour la sécurité impossible à garantir, en raison de la vitesse des trains, si tout n'était réglé par avance d'une façon mathémaique.

L'étude de la marche des différents trains qui circulent sur une même ligne, avec des vitesses très inégales et dans les deux sens, est certainement l'un des problèmes dont la solution paraît des plus compliquées au profane, — à juste titre, d'ailleurs.

L'établissement du service, sur une ligne donnée, est soumis tout d'abord à une foule de conditions extérieures qu'il n'est pas toujours facile de concilier : il faut se rendre compte avec soin des habitudes et des besoins des populations à desservir, peser l'importance relative de vœux souvent contradictoires, se soumettre aux exigences du service postal, réaliser dans les meilleures conditions possibles les correspondances aux points de jonction et de bifurcation.

Abstraction faite de toutes ces difficultés, l'étude serait encore très ardue, sans l'emploi d'un procédé graphique qui permet de représenter très commodément et de saisir d'un coup d'œil l'ensemble de la marche de tous les trains d'une ligne. On forme, à cet effet, un tableau appelé *graphique de la marche des trains*.

Horaires et graphiques. — On trace tout d'abord un canevas, dont les lignes verticales équidistantes représentent les heures et les minutes, tandis que les lignes horizontales, dont l'écartement variable donne les distances kilométriques à une échelle déterminée, correspondent aux stations de la ligne.

On conçoit que, sur un tel canevas, la marche d'un train pourra être représentée par une ligne oblique, et que la position du train sur la ligne à chaque instant sera donnée, comme lieu, par l'intersection de l'oblique et des lignes horizontales, et comme temps, par l'intersection de l'oblique avec les lignes verticales.

Les trains dont les obliques sont les moins inclinées sont évidemment ceux qui marchent le plus vite.

On a l'habitude de tracer sur un même tableau les trains marchant dans les deux sens, et représentés par des obliques d'inclinaison opposée. Pour les lignes à deux voies, où les trains de chaque sens ont leur voie spéciale, cette disposition n'a d'autre but que de réunir sur un même document tout ce qui concerne le mouvement des trains de la section considérée; mais pour une ligne à voie unique, cette mesure est indispensable parce que, dans ce cas, les trains de sens contraire ne peuvent se croiser que là où il y a des voies d'évitement : deux obliques de sens contraire ne doivent donc se couper que sur les horizontales correspondant aux stations.

Sur les graphiques des lignes à double voie, aussi bien que sur ceux des lignes à simple voie, une oblique ne doit jamais couper une autre oblique de même sens, moins inclinée, en dehors d'une station. Cette inter-

...ction indique, en effet, que le train représenté par ...oblique la plus rapprochée de la verticale, marchant ...lus vite que le premier, le rejoindrait en ce point : ...intersection doit avoir lieu à une station, afin que le ...ain le moins rapide puisse se garer pour laisser passer ...autre.

Le service, ainsi arrêté sur un graphique, est ensuite ...raduit en chiffres, suivant la forme habituelle aux ...oyageurs, dans les livrets indicateurs de la marche des ...rains.

Sur les côtés des tableaux graphiques, on ajoute ...ordinairement toutes les indications qui peuvent être ...utiles au personnel des trains en marche : profil en long ...de la ligne avec l'indication des pentes, des rampes et ...des tunnels, jonctions en pleine voie, postes sémapho-...riques, postes télégraphiques de secours, stations où se ...trouvent des machines de réserve, des plaques tour-...nantes pour machines, nombre, capacité et position des ...voies de garage.

On distingue les trains de marchandises des trains ...de voyageurs, à l'aide de traits pointillés ou de traits de ...couleurs différentes.

Il est très curieux de noter qu'en Angleterre le sys-...tème des graphiques, pourtant si commode, est à peu ...près complètement inconnu.

Dans la plupart des pays, notamment en France, les ...tableaux de la marche des trains doivent être soumis à ...l'approbation ministérielle, et l'État a le pouvoir d'im-...poser les modifications qui lui paraissent nécessaires dans l'intérêt du public ou pour la sécurité de la circulation.

Exploitation en navette. — Le cas le plus simple de la circulation, habituel pour de petits embranchements, est celui où le service est assuré par une seule machine. L'exploitation est alors faite *en navette* : il n'y a aucune collision à redouter, et l'on peut se passer de signaux autres que ceux destinés à protéger les gares.

RÈGLES GÉNÉRALES DE LA CIRCULATION DES TRAINS. — En France, la circulation des trains a lieu *à voie ouverte*, c'est-à-dire que la voie est libre : le mécanicien peut s'avancer en toute assurance tant qu'aucun signal ne lui commande l'arrêt ou l'attention.

Dans d'autres pays, en Angleterre par exemple, la circulation a lieu *à voie fermée ;* le mécanicien n'a l'assurance de pouvoir marcher librement que si un signal lui donne l'indication que la voie est libre jusqu'au signal suivant.

En marche normale, le mécanicien et les agents du train n'ont donc d'autres règles à suivre que d'observer l'horaire prescrit et d'être attentifs aux signaux.

Mais nous avons vu que bien des causes peuvent provoquer une situation anormale, et infliger au train un retard ou encore le mettre en détresse.

Aucun train ne doit franchir une gare, s'il n'a pas, sur le train qui le suit et qui doit le dépasser, une avance suffisante pour atteindre le premier garage dix minutes au moins avant l'heure réglementaire de l'arrivée à ce garage du train plus rapide.

Les conducteurs et les chefs de gare ont donc à examiner si, en cas de retard, ils ne doivent pas retenir un train au lieu de le laisser continuer jusqu'à son point de garage régulier.

Si c'est un ralentissement qui empêche le train de suivre son itinéraire normal, il y a lieu de se préoccuper également des trains qui pourraient survenir à l'arrière, et dans ce cas, le conducteur ou le garde-frein d'arrière descend et pose des pétards sur la voie, de distance en distance, tant que la vitesse du train lui permet de le faire.

Si le train vient à s'arrêter complètement, en pleine voie, et s'il n'est pas déjà protégé par des signaux, ce même agent doit se porter en arrière pour assurer la protection du train.

Règles spéciales à la circulation des trains sur les lignes à double voie. — Les retards sont annoncés télégraphiquement par les gares toutes les fois qu'ils excèdent dix minutes pour les trains de voyageurs, et vingt-cinq minutes pour les trains de marchandises.

Lorsqu'un train est annoncé à l'heure et qu'il n'est pas arrivé, les machines de secours partent au-devant des trains de voyageurs quinze minutes après l'heure fixée, et au-devant des trains de marchandises, vingt-cinq minutes après cette heure. Si un retard a été annoncé, ces délais sont, bien entendu, augmentés de l'importance du retard.

Outre les retards, il peut se produire des *détresses*, soit pour insuffisance de pression ou pour avarie à la machine, soit par suite de déraillement.

Dans ce cas, le premier devoir des agents est de protéger leur train en arrière, et, si le déraillement obstrue les deux voies, de se porter également en avant pour arrêter les trains sur l'autre voie. Puis le conducteur-chef envoie télégraphiquement par un poste de secours, ou par tout autre moyen, une demande de secours à la gare la plus voisine, soit en avant, soit en arrière, suivant la nature de la détresse. La machine de secours, si elle n'a pas été déjà envoyée d'office, conformément aux prescriptions que nous avons indiquées plus haut, vient alors avec le wagon de secours et les ouvriers nécessaires, et ramène le train en gare.

Nous pensons que le lecteur nous permettra, à cette occasion, de lui donner un conseil, bien que nous lui souhaitions de n'avoir jamais à l'appliquer : si le hasard voulait qu'il se trouve dans une détresse, c'est de prendre patience et de s'abstenir de descendre du train sans y être invité et de ne pas questionner les agents; il s'expose en descendant intempestivement, soit à être laissé en route, ce qui est peu agréable déjà, soit à être renversé par un train survenant en sens inverse, ce qui l'est encore beaucoup moins ; d'autre part, les agents ont besoin à ce moment de toute leur présence d'esprit, et toute leur attention doit se porter à ne perdre aucune minute inutilement : en les laissant agir sans les importuner de questions, le voyageur n'aura qu'à gagner à tous les points de vue, et comme sécurité et comme temps.

Les règlements spécifient avec précision toutes les

règles à observer par les agents dans chaque cas particulier qui peut se produire. Le libellé des dépêches est arrêté à l'avance, de manière à éviter les longueurs et, surtout, à être certain que tous les renseignements utiles et toutes les garanties nécessaires pour la sécurité y soient contenus : en effet, il faut par exemple avoir la certitude, quand une machine de secours a été demandée à contre-voie, c'est-à-dire, quand elle doit se rendre vers le train en détresse sur la voie où il se trouve en le prenant par l'avant, que le train en détresse ne se remettra pas en marche ou ne sera pas poussé par un autre train.

Il en est de même, lorsqu'un mécanicien a abandonné tout ou partie de son train sur la voie, et qu'il retourne chercher la partie abandonnée. Lorsque, par suite d'une rupture d'attelage, un train arrive incomplet à une gare, le mécanicien ne peut revenir chercher la queue de son train que si elle est en vue et arrêtée. Dans le cas contraire, il doit retourner à la gare précédente en prenant la voie normale, s'assurer au passage de la position de la partie restée en détresse, et venir la reprendre par l'arrière.

Il peut arriver que, sur la double voie, l'une des voies se trouve momentanément obstruée ; le service doit alors se faire dans les deux sens, sur la voie restée libre qui devient voie unique temporaire. On a, dans ce cas, recours à un *pilote*.

Le pilote avait originairement pour mission d'accompagner tous les trains circulant sur la voie unique, et il faisait constamment la navette entre les deux stations formant les extrémités du service de pilotage.

Aucun train ne pouvant être expédié sans le pilote, il n'y avait pas de collision à craindre, mais l'obligation de la présence du pilote sur la machine, entraînait des difficultés dans le service, et des retards considérables, parce que l'on ne pouvait faire passer les trains qu'alternativement dans un sens, puis dans l'autre. Si deux trains marchant dans le même sens se présentaient à peu d'intervalle l'un de l'autre, à une extrémité de la ligne, le pilote était obligé, après avoir accompagné le premier train, de revenir à pied, en voiture, ou sur une machine spéciale, chercher le second train.

Une grande amélioration a été, par suite, apportée au fonctionnement du service de pilotage, en n'exigeant plus la circulation du pilote sur la machine, mais simplement sa présence à l'entrée de la voie unique pour autoriser les trains à s'y engager.

Le pilote ne pouvant se trouver simultanément aux deux bouts de la voie unique, et aucun train ne pouvant y pénétrer sans son ordre, cette méthode présente absolument les mêmes garanties de sécurité que la précédente, sans en avoir les inconvénients. En effet, lorsque plusieurs trains doivent passer successivement dans le même sens, le pilote les autorise, l'un après l'autre, à partir sur la voie unique, et n'accompagne que le dernier d'entre eux pour se rendre à l'extrémité opposée et faire passer les trains en sens inverse.

Il peut se faire que les deux voies se trouvent obstruées

simultanément ; on organise alors un *double pilotage*, de chaque côté de la partie obstruée : les trains sont pilotés de chaque côté jusqu'en ce point, où s'effectue le *transbordement* des voyageurs et des bagages d'un train à l'autre. Sitôt que l'une des deux voies redevient praticable, on l'utilise en organisant un service de pilotage ordinaire dans les conditions que nous avons indiquées plus haut.

Règles spéciales à la circulation des trains sur la voie unique. — Lorsqu'il n'y a qu'une seule voie pour assurer la circulation dans les deux sens, les trains doivent être protégés non seulement contre ceux qui pourraient les rejoindre, mais encore contre ceux venant en sens inverse. Aussi les règlements de chemins de fer prévoient-ils les mesures de précaution les plus minutieuses pour empêcher que deux trains de sens inverse ne soient engagés simultanément entre deux stations et pour prévenir les collisions.

Sur chaque section de voie unique, la circulation est confiée à un *agent spécial* chargé de prendre toutes les mesures que la sûreté et la régularité du service nécessitent.

Lui seul peut apporter dans le service les modifications dont l'initiative n'appartient pas aux chefs de gare, autoriser la circulation extraordinaire d'un train, d'une machine ou de wagons, commander les trains facultatifs.

L'agent spécial annonce à chacune des gares intéressées toutes les modifications qu'il apporte dans le service et n'en autorise l'application qu'après avoir acquis la

certitude que toutes les gares ont bien reçu ses instructions ; les gares annoncent à leur tour les changements,
les trains extraordinaires, aux mécaniciens et aux con-
ducteurs-chefs des trains par des bulletins qu'ils leur re-
mettent contre émargement.

En un mot, tous les agents de la voie unique sont
prévenus de toute modification de service ou de toute
circulation extraordinaire ; mais, pour accroître encore
la sécurité, aucun train facultatif ou spécial ne peut
quitter une station sans qu'il ait été signalé par le télégraphe à la station suivante et que celle-ci ait répondu
que la voie est libre. C'est ce qu'on appelle « demander
la voie ».

Certains règlements exigent même que tous les trains,
sans exception, soient ainsi annoncés par le télégraphe,
et ce système, paraît, *a priori*, offrir plus de garanties. Il
n'en est rien pourtant, parce que les agents surchar-
gés d'un travail inutile pour demander la voie à chaque
train régulier, finissent fatalement par passer ces dépêches d'une façon tout automatique, sans prêter attention à leur contenu : il est donc à redouter qu'en cas de
circulation extraordinaire, ils n'agissent de même.

Des dispositions spéciales sont prévues pour le cas où
les communications télégraphiques sont interrompues.

Les points de croisement des trains sont prévus par
les tableaux de service pour les trains réguliers et facultatifs, et par des avis spéciaux pour les trains extraordinaires.

Lorsque deux trains, marchant en sens contraire,

doivent se croiser à une gare, les disques à distance, à droite et à gauche, sont tournés à l'arrêt dix minutes avant l'heure réglementaire d'arrivée du premier train, afin d'être assuré qu'aucun train ne franchira la gare.

En outre, le chef de la gare à laquelle les deux trains se croisent, ne doit laisser partir aucun des deux trains sans avoir communiqué avec les deux chefs de trains.

Sur la plupart des lignes à voie unique, on multiplie encore plus les précautions pour empêcher l'expédition de deux trains marchant en sens inverse l'un au devant de l'autre, on installe dans toutes les gares et aux principaux passages à niveau, les cloches électriques dont nous avons parlé dans le chapitre des signaux.

Avant d'expédier un train, le chef de gare manœuvre l'appareil électrique de la cloche afin de donner à la station suivante et aux passages à niveau intermédiaires l'avis que le train va partir.

Les trains sont annoncés par une ou deux séries de coups de cloche, suivant le sens de leur marche.

Si donc, avant le passage d'un train annoncé, un garde-barrière reçoit l'annonce d'un train en sens contraire, il pose immédiatement des pétards sur la voie pour arrêter le train le plus rapproché, et se porte ensuite dans la direction du train qu'il juge le plus éloigné pour l'arrêter également.

Ces cloches électriques rendent les plus grands services et ont déjà évité des collisions à diverses reprises.

L'annonce des retards de trains sur la voie unique a

une très grande importance ; aussi tout retard de plus de cinq minutes est signalé de gare en gare.

En cas de retard d'un train qui doit en croiser un autre, le chef de gare peut, pour ne pas retarder ce dernier, opérer ce qu'on appelle un changement de croisement.

Il se concerte alors avec le chef de la première gare du côté du train en retard, et après avoir reçu l'assurance que le dernier train n'est pas arrivé à cette gare et qu'il y sera arrêté et retenu jusqu'à l'arrivée du train marchant en sens contraire, il donne à ce train l'ordre de continuer jusqu'à cette gare.

Les diverses mesures à prendre, dans ce cas, par les deux chefs de gare sont prévues avec le plus grand soin, en vue d'éviter tout malentendu.

En cas de détresse d'un train, les demandes de secours sont faites d'une manière analogue à celle usitée sur les lignes à double voie, mais il est formellement interdit d'adresser la demande à la fois en avant et en arrière ; en outre, les dépêches doivent être transmises de gare en gare, afin que tous les agents de la ligne soient informés qu'une machine de secours est demandée.

La machine de secours se dirige vers le train en s'arrêtant à chaque gare et s'avance de station en station après que la voie a été demandée pour elle par le moyen du télégraphe.

Bien entendu, lorsqu'une demande de secours est adressée en avant, le train en détresse doit rester à l'arrêt jusqu'à l'arrivée du secours.

Si la demande a été faite par l'arrière, le train peut se

laisser pousser par un train ou une machine qui surviendrait par l'arrière.

CIRCULATION DES TRAINS AUX ÉTATS-UNIS. — Aux Etats-Unis, la circulation des trains est réglée d'une manière toute différente, peu connue en Europe jusqu'au moment où M. Rœderer, sous-chef de l'exploitation de la Compagnie du P.-L.-M., a appelé sur elle l'attention des ingénieurs par une note publiée en 1887[1].

Les lignes sont divisées en sections de 100 à 200 kilomètres, comprenant 15 à 30 gares, et à la tête de chaque section est placé un *train despatcher*.

C'est à cet agent unique, assisté d'un employé du télégraphe, qu'incombe la responsabilité de la circulation de tous les trains dans sa section : les chefs de gare sont dessaisis de toute intervention dans le mouvement des trains, et leur rôle se borne à renseigner le *train despatcher* et à recevoir ses ordres par le télégraphe.

Les chefs de gare adressent régulièrement au *despatcher* le nom de tout train qui traverse leur gare ainsi que l'heure de passage : grâce à ces indications, le *train despatcher* se rend compte, à chaque instant, de ce qu'il convient d'ordonner aux trains partants et quelles modifications il y a lieu d'apporter aux ordres déjà donnés.

Le *train despatcher* seul lance donc les trains, leur donne leur nom, leur indique leur vitesse et leur marche; c'est lui seul qui les arrête, les fait croiser, garer, envoie la machine de secours.

---

[1] *Revue générale des Chemins de fer.*

Cet agent ne doit donc être soumis à aucune distraction : il lui est défendu de fumer, de boire, de lire, de recevoir une visite.

Un tel système exige nécessairement l'échange d'un nombre considérable de dépêches : c'est pourquoi les Américains font usage des appareils perfectionnés dont nous avons fait mention au chapitre VI.

Les précautions les plus minutieuses sont prises pour que le *despatcher* soit absolument certain que ses instructions ont été bien comprises et exécutées par les agents des gares et des trains ; les dépêches sont collationnées, puis, quand le train est arrivé, elles sont communiquées au mécanicien et au conducteur qui doivent expliquer comment ils comprennent les instructions reçues : ces explications sont transmises au *train despatcher* et ce n'est que lorsque ce dernier à répondu « correct » que le train peut partir.

Avec l'organisation américaine, on pourrait, à la rigueur, se passer de toute marche de trains tracée à l'avance, si l'on n'était obligé de le faire pour les besoins du public : et, en effet, tous les trains autres que les trains de voyageurs, de messageries et de marchandises dont il est indispensable de connaître les heures de passage aux gares, n'ont pas de marche fixée à l'avance.

Ces trains, les *wild-trains* (trains sauvages ou trains fantômes), partent comme le décide le *despatcher* et marchent à la vitesse que ce dernier autorise. A l'aide de livrets, le mécanicien et le conducteur se rendent compte du temps qu'il leur faut pour passer d'une gare la suivante ; ils reçoivent en outre la consigne de faire attention aux trains à marche tracée d'avance.

L'organisation américaine est complétée par le système du *droit à la voie*. Dans ce système, les trains sont divisés en plusieurs classes, et tout train d'une classe déterminée doit céder le pas aux trains de classes supérieures.

Un train de classe supérieure n'a donc pas à se préoccuper des trains de classe inférieure qui le précèdent ou qui doivent le croiser ; ceux-ci ont à se garer d'office pour le laisser passer.

On se rend compte des redoutables conséquences auxquelles une erreur peut donner lieu dans une pareille organisation ; l'intensité plus grande de la circulation qu'elle rend possible est évidemment un avantage acheté aux dépens de la sécurité.

MESURES CONTRE LES OBSTRUCTIONS PAR LES NEIGES. — Les neiges constituent une des plus sérieuses entraves à la circulation : aussi se préoccupe-t-on partout des moyens de prévenir les obstructions par la neige ou de les supprimer le plus rapidement possible.

Sans compter que les besoins du trafic ne permettent pas d'attendre que les neiges fondent d'elles-mêmes, il est à redouter qu'en ne les enlevant pas de suite, il ne se produise un dégel partiel suivi d'une nouvelle gelée, dont la conséquence est la transformation de la neige en blocs de glace qu'il faut attaquer au pic.

Tant qu'il est possible d'enlever la neige au fur et à

mesure qu'elle tombe, l'enlèvement est fait à la pelle et au balai par les cantonniers et les agents supplémentaires qui se répartissent le long de la ligne aussitôt que les premiers flocons commencent à apparaître.

Lorsque ces mesures deviennent insuffisantes, on recourt à l'emploi de machines munies de *chasse-neige*, sorte d'éperon que l'on boulonne sur la traverse d'avant de la locomotive.

On fait précéder les trains par deux machines isolées, accouplées par leurs tenders et présentant un chasse-neige à l'avant et à l'arrière ; la machine d'arrière sert à pousser celle d'avant, la retire au besoin si elle s'enferre dans un banc de neige et sert à son tour, comme machine d'avant pour débarrasser la voie en arrière, si la neige y est revenue.

Si la neige est fine et si la hauteur des bancs ne dépasse pas 40 à 50 centimètres, le passage des machines chasse-neige suffit pour frayer la voie devant les trains.

Au delà de cette hauteur, on arrête momentanément les trains et on fait accompagner les machines chasse-neige par des agents armés de pelles et de pioches. Les machines se lancent en vitesse dans les bancs et reviennent en arrière pour ne pas se laisser bloquer ou pour reprendre de l'élan.

Si les bancs dépassent un mètre, on prépare le travail des machines chasse-neige en faisant des tranchées transversales de 4 à 5 mètres de longueur, séparées par une vingtaine de mètres, et les machines frayent ensuite la bié en attaquant successivement chacune des tranches ainsi formées.

Machines chasse-neige américaines. — Aux Etats-Unis, où les chutes de neige et les tourmentes atteignent des proportions inconnues en Europe, on fait usage de moyens encore plus puissants.

FIG. 42. — Chasse-neige américain.

Les *charrues à neige* (fig. 42) se composent d'un wagon renfermant une puissante machine à vapeur qui actionne un arbre horizontal sur lequel est montée une charrue rotative placée à l'avant du véhicule.

Cette charrue peut faire deux cents tours à la minute;

la neige entamée est enlevée par les couteaux, est aspirée
par un ventilateur dont on aperçoit la cheminée inclinée
derrière la grande lanterne, et rejetée sur les côtés de la
voie.

Le chariot est poussé par deux ou trois locomotives
ordinaires, et marche à une vitesse de 30 à 35 kilomètres
à l'heure.

Dans ces conditions, la charrue traverse des bancs de
neige de 1^m,60 de hauteur, envoyant la neige jusqu'à 60
et 90 mètres sur les côtés de la voie, par un jet qui
s'élève jusqu'à 22 mètres de hauteur.

Certaines parties de voie sont plus exposées à être
obstruées par la neige, en raison de leur situation particulière : on se défend alors contre les avalanches ou
les amas de neige poussés par le vent, en établissant, le
long de la voie, une ou plusieurs rangées de fortes palis-
sades.

Souvent même, on recouvre complètement la voie
avec des tunnels artificiels en bois ou en pierres sèches.

CHAPITRE XI

LE BLOCK-SYSTÈME

Nous avons vu précédemment que les règlements prévoient l'espacement des trains par l'observation d'un intervalle de temps, variable suivant les cas, à maintenir entre deux trains ou machines qui se suivent sur une même voie. A cet effet, les agents des gares et de la voie doivent présenter le signal d'arrêt, puis celui du ralentissement, pendant un temps déterminé après le passage du premier train, à tout autre train survenant avant que l'intervalle règlementaire soit écoulé.

Avec ce mode d'exploitation, basé sur l'*espacement par le temps*, le nombre de trains que l'on peut expédier dans une période donnée est forcément limité; il faut donc avoir recours à un autre système lorsque l'accroissement du trafic oblige à dépasser cette limite.

On substitue alors l'*intervalle de distance* à l'intervalle de temps ; autrement dit, on réalise le *block-système*, imaginé, en 1843, par Edwin Clarke.

Le block-système consiste à diviser la ligne en sections de longueur convenable, et à ne jamais permettre que deux trains se suivant sur la même voie, se trouvent simultanément dans une de ces sections, aucun train ne devant pénétrer dans une section avant que celui qui le précède en soit sorti.

A cet effet, l'entrée de chaque section est gardée par un poste pourvu de signaux.

On conçoit qu'avec un tel système, la capacité d'une ligne peut devenir pour ainsi dire indéfinie, avec un nombre de postes suffisamment rapprochés, tout en ayant une garantie plus efficace qu'avec la protection par l'intervalle de temps.

Le block-système, tel que nous venons de le définir, rend toute collision impossible tant que les signaux sont rigoureusement faits et strictement observés.

Mais il peut se produire des cas où il devient absolument indispensable de laisser entrer un train ou une machine dans une section déjà occupée par un autre train, en cas de secours, par exemple. Plus fréquemment encore, il est désirable de pouvoir faire pénétrer un train dans une section encore bloquée, afin de ne pas lui imposer, par une attente inutile, un retard de nature à jeter la perturbation dans tout le service de la ligne, et, par suite, susceptible de créer des causes de danger pouvant avoir plus de gravité que celles résultant de la pénétration, avec certaines précautions, dans la section bloquée.

Il a donc fallu apporter au système certains tempéraments, mais ces tempéraments ont été entourés de

...écautions telles, qu'elles ne compromettent en rien la ...curité donnée par le block-système.

...Suivant la nature des tempéraments apportés, le ...lock-système est dit *absolu* ou *permissif*.

...Dans le block-système absolu, aucun train ou machine ...e peut franchir ou quitter un poste que si la voie est ...bre, à moins de circonstances déterminées, dans les-...uelles le mécanicien peut être autorisé à pénétrer dans ...a section bloquée après un délai fixé, et sous la condition ...e prendre des précautions spéciales. Ces précautions ...onsistent habituellement en un échange de renseigne-...ments, verbaux ou écrits, entre le garde du poste et les ...agents du train : en outre, le mécanicien doit marcher ...dans la section bloquée avec la plus grande prudence, et ...être maître de sa vitesse de manière à pouvoir s'arrêter ...dans la partie de voie en vue.

...Dans le block-système permissif, les signaux proté-...geant l'entrée d'une section ne commandent pas l'arrêt, ...et le mécanicien qui pénètre dans une section bloquée ...doit seulement se rendre maître de sa vitesse et traverser ...la section avec prudence.

...Les appareils qui servent à réaliser le block-système ...peuvent se rapporter à deux types. Dans le premier ...type, auquel appartiennent les systèmes les plus an-...ciens, les signaux électriques échangés entre les station-...naires des postes, ne sont pas solidaires des signaux ...optiques donnés par les stationnaires aux agents des ...trains.

...Dans le type le plus récent, au contraire, les deux caté-

gories de signaux sont rendues électriquement ou mécaniquement dépendantes l'une de l'autre.

Block-système de Clarke. — Edwin Clarke a introduit
le *block telegraph system*, en Angleterre, en 1853, sur le
London and North Western Railway. L'appareil de Clarke
est connu sous le nom d'appareil à trois fils, un fil reliant les appareils de deux postes consécutifs se rapportant à la voie montante, un autre fil les appareils se
rapportant à la voie descendante, et le troisième fil pour
la sonnerie destinée à prévenir les stationnaires avant
d'effectuer l'échange des signaux électriques. L'appareil
se compose d'un cadran et d'une manette; sur le cadran
tourne une aiguille mue par un électro-aimant, et qui,
dans sa position verticale, indique le repos ou « ligne
fermée »; l'inclinaison à droite signifie « voie libre », et
l'inclinaison à gauche veut dire « train sur la ligne ».

Quant à la sonnerie, elle est employée non seulement
pour appeler l'attention, mais encore pour donner des
signaux conventionnels faisant connaître la nature des
trains, les obstructions de la voie, etc.

Voici maintenant comment fonctionne le block-
système à l'aide de ces appareils :

Le signaleur du poste A appelle l'attention de son col-
lègue du poste B au moyen du timbre, puis donne le
signal « Soyez prêt » consistant en un certain nombre de
coups de timbre consécutifs, dont le nombre indique en
même temps la nature du train annoncé.

Si le signaleur du poste B a la certitude que la voie
est libre dans la section A B, il accuse réception en

pétant le signal. Le train est alors expédié du poste A
le signaleur de ce poste donne avec sa manette, le
signal « train sur la ligne » qui se traduit sur les cadrans
par l'inclinaison de l'aiguille vers la gauche.

Le signaleur du poste B accuse réception en repétant
le même signal, et envoie le signal d'avertissement au
poste suivant C. Aussitôt que le train a dépassé le poste
B l'agent de ce poste manœuvre sa manette pour donner, sur son appareil et sur celui du poste A, le signal
« voie libre ». Après que le poste A a annoncé qu'il a
compris, l'aiguille reste au repos pour indiquer que la
ligne est fermée, jusqu'au moment où, un nouveau train
se présentant en A, l'échange des signaux soit repris à
nouveau.

Le stationnaire met, bien entendu, les signaux qui
s'adressent au mécanicien, à voie libre ou à l'arrêt, suivant les correspondances électriques échangées.

Cet appareil est également appliqué à la circulation sur
voie unique, mais comme il faut éviter, en outre, que
deux trains puissent être expédiés en sens inverse au devant l'un de l'autre, l'un des commutateurs à chaque
extrémité de la section est enclenché par la station vers
laquelle le train se dirige, de manière à maintenir les deux
aiguilles dans la position correspondant au signal « train
sur la ligne », jusqu'au moment de l'arrivée du train.

Appareil Tyer. — L'appareil Tyer, qui est employé
sur le chemin de fer de Paris à Lyon et à la Méditer-
ranée, est analogue à celui que nous venons de décrire,
mais il rentre dans la catégorie des appareils à un seul

fil : l'aiguille ne peut prendre que deux positions sur le cadran, correspondant à voie occupée ou voie libre; après le passage du courant électrique, l'aiguille reste dans la position où elle a été amenée.

L'installation de chaque poste de block-système est complétée par des avertisseurs Jousselin, composés d'un cadran divisé en douze cases, renfermant chacune une phrase déterminée. Une aiguille, actionnée par un courant électrique, peut venir se placer devant une quelconque de ces cases, et l'échange de correspondances est ainsi rendu possible entre les deux postes voisins.

Les signaux optiques, indépendants des signaux électriques, sont faits par des sémaphores et des disques à distance. Depuis quelque temps la Compagnie de Lyon a, sur certaines sections, réalisé un enclenchement électro-mécanique rendant les deux sortes de signaux solidaires, de manière à parer à tout oubli du garde-sémaphore.

Cantonnement électrique de l'Ouest. — La Compagnie de l'Ouest applique deux systèmes de cantonnement sur ses lignes à double voie, le cantonnement électrique et le cantonnement mécanique.

Dans le cantonnement électrique, chaque section est fermée par un signal de cantonnement présentant : le jour, un damier rouge et blanc, ou la nuit, deux feux rouges, pour commander l'arrêt absolu, un voyant portant le mot *attention* pour commander aux mécaniciens de marcher avec précaution ; enfin un écran blanc masquant les voyants quand la voie est libre. Ce signal est précédé d'un disque à distance.

La communication de poste à poste est établie au moyen d'appareils Regnault (fig. 43) analogues à ceux des systèmes Clarke et Tyer que nous avons décrits.

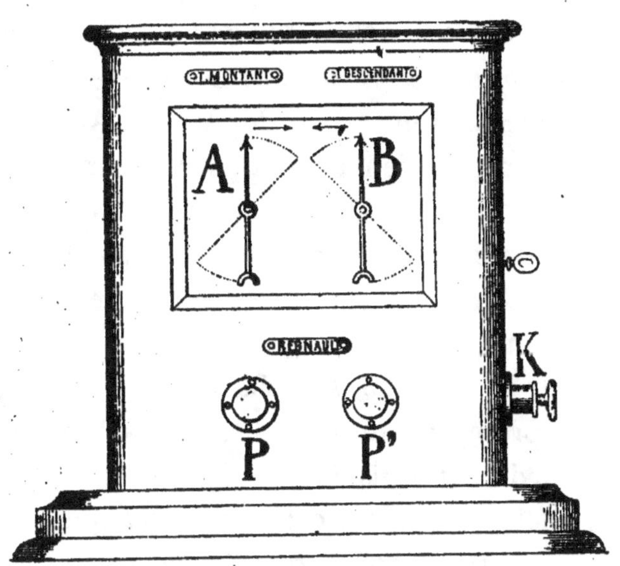

FIG. 43. — Appareil Regnault.

Lorsqu'un train pénètre dans un canton A, le garde ferme successivement le disque à distance et son signal de cantonnement, et avertit le stationnaire du poste suivant B, vers lequel le train se dirige, que la voie est engagée ; ce n'est qu'au moment où celui-ci répond que le train est passé à son poste B, qu'il rend la voie libre : toutefois s'il ne reçoit pas cet avis au bout d'un temps déterminé, il efface le signal d'arrêt et y substitue le signal d'attention.

Des dispositions spéciales empêchent un poste : d'annoncer au suivant l'approche d'un train sans avoir, au préalable, mis ses signaux à l'arrêt ; d'effacer ses signaux tant que le canton engagé n'a pas été débloqué électriquement ; et de recevoir du poste suivant la voie libre avant que ce dernier ait fermé ses signaux optiques.

Cantonnement mécanique de l'Ouest. — Sur les lignes très chargées, comme celle de Paris à Auteuil, où, les trains se succèdent pendant une grande partie de la journée à intervalles de trois minutes seulement, et où, par suite, les postes de cantonnement doivent être très rapprochés, la Compagnie de l'Ouest fait usage du cantonnement mécanique.

Un poste manœuvre, sur chacune des voies qu'il est chargé de protéger, un signal d'arrêt absolu muni de pétards et un disque à distance.

Le principe du cantonnement mécanique est le suivant : le signal carré qui ferme l'entrée d'une section est manœuvré par le poste auprès duquel il se trouve, et qui le ferme pour couvrir le train ausssitôt après son passage, mais ne peut l'ouvrir ; le poste suivant qui le manœuvre aussi, peut seul l'ouvrir.

Chaque poste renferme, par suite, trois leviers pour chaque direction : le premier, pour son disque à distance, le deuxième pour fermer son signal carré et le troisième pour ouvrir le signal carré du poste précédent. Ces leviers sont enclenchés entre eux, de sorte qu'il faut mettre le disque à distance à l'arrêt pour pouvoir fermer le signal carré et que l'on ne peut ouvrir le signal carré du poste précédent qu'après avoir mis son signal carré à l'arrêt. Enfin, le disque à distance et le signal carré sont enclenchés de manière qu'on ne puisse ouvrir le premier tant que le second est fermé.

La manœuvre des appareils est dès lors facile à concevoir, si l'on considère trois postes successifs A, B, C, et que l'on suppose un train arrivant au poste B. Dès que le train a dépassé le disque à distance de ce poste, le disque est mis à l'arrêt à l'aide du seul levier qu'il soit possible de mouvoir à ce moment; lorsque le train franchit le poste B, le signaleur met le signal carré à l'arrêt pour le couvrir, et il peut alors débloquer le poste A; et à partir de ce moment, il ne pourra plus agir sur aucun de ses leviers jusqu'à ce que le train ait dépassé le poste C.

Comme on le voit, il ne peut se trouver qu'un train à la fois dans chaque section : mais ce block-système absolu comporte nécessairement certains tempéraments en cas de dérangements d'appareils.

En raison du faible intervalle de temps et de distance qui sépare les trains consécutifs, la Compagnie de l'Ouest a cherché à assurer la manœuvre immédiate des disques à distance derrière les trains aussitôt après leur passage, et elle leur a appliqué à cet effet l'appareil Aubine, qui, par l'intermédiaire d'une pédale, met automatiquement le disque à l'arrêt au moment du passage du train.

Sur la ligne de Paris à Auteuil, le cantonnement est disposé un peu différemment, en ce sens qu'il n'y a pas de signaux avancés à tous les postes. Par suite d'une disposition particulière, les postes des gares sont *infran-*

chissables, c'est-à-dire qu'aucun train ne doit les fran-chir sans s'y arrêter ; les signaux de ces postes ont été supprimés.

Le cantonnement mécanique appliqué par la Compagnie de l'Ouest constitue, comme on le voit, un type particulier de block-système, puisque l'électricité n'intervient pas dans son fonctionnement.

Électro-sémaphores pour lignes à double voie. — Les chemins de fer du Nord, de l'Est et de Paris à Orléans réalisent le block-système à l'aide des électro-sémaphores, dans lesquels les signaux à vue sont non seulement solidarisés avec les signaux électriques, mais font corps avec eux sur le même appareil.

Un électro-sémaphore (voir fig. 44) porte, pour chaque direction, une grande aile placée à la partie supérieure d'un mât assez élevé, et qui s'adresse aux mécaniciens qui circulent respectivement sur chacune des deux voies principales : cette aile se développant horizontalement à la gauche du mât, dans le sens de la marche du train, et présentant, le jour, sa face rouge, et la nuit un feu vert et un feu rouge, commande l'arrêt aux mécaniciens. Pour chaque voie, un petit bras, peint en jaune, et placé à mi-hauteur du mât, se développe à droite et sert à annoncer l'entrée et la sortie des trains dans les deux sections situées de part et d'autre du poste.

Les signaux optiques et électriques sont solidarisés de telle manière, que l'agent d'un poste peut seulement mettre son signal à l'arrêt et le caler mécaniquement ;

l'effacement du signal ne
peut être fait que par le
poste suivant qui le dé-
clenche électriquement.

A chaque aile et à cha-
que petit bras, correspond une
boîte renfermant les appareils
électro-mécaniques qui produisent l'enclenchement ou le
déclenchement, suivant le cas.
Chaque poste sémaphorique
est protégé par des disques à
distance.

Un exemple va faire com-
prendre le fonctionnement du
système (voir fig. 45).

Lorsque les sections entre
lesquelles est placé un poste
sémaphorique sont dégagées
de tout train ou machine, les
grandes ailes sont effacées ainsi
que les petits bras; les boîtes
correspondantes ont un petit
voyant qui est tourné au blanc.

Lorsqu'un train ou une machine s'approche d'un poste

¹ Figure communiquée par M. Dumont, de la Compagnie des Chemins de fer de l'Est.

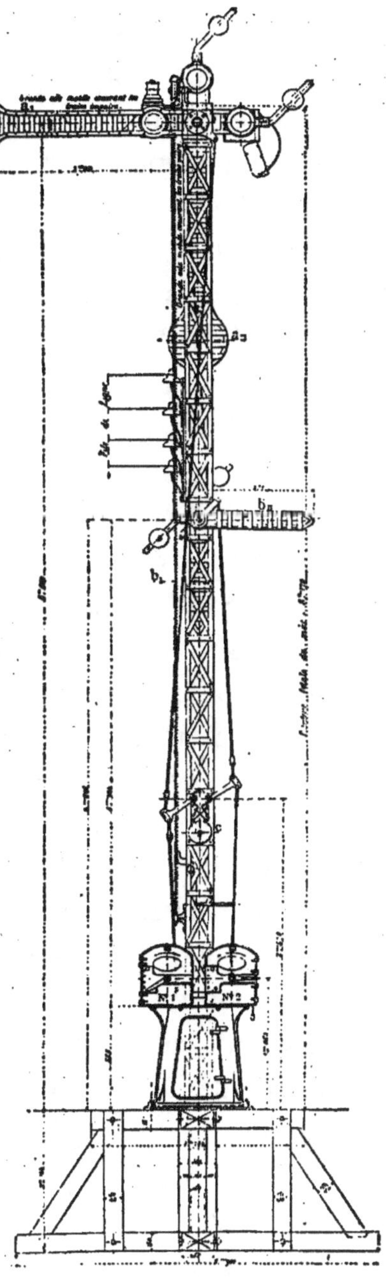

FIG. 44. — Electrosémaphore
Tesse et Lartigue ¹.

sémaphorique, l'agent de ce poste le couvre au moyen du disque à distance ; dès que le train ou la machine a dépassé son poste, il tourne la manivelle de la boîte n° 1 correspondant à la grande aile, pour mettre cette grande aile à l'arrêt. Par suite de cette manœuvre, un courant électrique est dirigé vers le poste en avant, où le petit bras jaune se développe horizontalement pendant qu'un coup de timbre éveille l'attention du garde-sémaphore et que le voyant de la boîte n° 2 reliée au petit bras passe au rouge.

Un courant en retour donne au poste expéditeur l'accusé de réception du signal qu'il a envoyé en avant, par le passage au jaune du voyant de la boîte n° 1, accompagné d'un coup de timbre.

Aussitôt que le garde-sémaphore a constaté par l'inspection des signaux d'arrière du train, que ce train est entier, il manœuvre la manivelle de la boîte n° 2 pour effacer le petit bras de son poste et en même temps la grande aile du poste en arrière.

La figure 45 indique schématiquement les différents cas qui peuvent se présenter dans la circulation des trains sur une ligne munie d'électro-sémaphores.

Aucun train ne se trouvant dans la première section, la grande aile r_1 du poste 1 est à voie libre ; au poste 2, la grande aile r_2 est levée horizontalement pour protéger le train engagé dans la section 2-3, qui est annoncé au poste 3 par le petit bras jaune j_3 développé horizontalement.

De même, le train précédent est couvert dans la

section 3-4 par la grande aile r_3 du poste 3 et annoncé au poste 4 par le développement du petit bras j_4.

Si le second train arrive au poste 3 avant que le premier ait dépassé le poste 4, il sera arrêté par le signal r^3 et il ne pourra s'engager dans la section 3-4 que quand cette aile r_3 sera tombée.

Toutefois, si après avoir attendu pendant un délai qui varie suivant les règlements des compagnies et qui est par exemple, sur le Nord, de cinq minutes après le passage du train précédent, la grande aile n'est pas encore tombée, le mécanicien peut être autorisé à pénétrer dans la section bloquée, en prenant toutes les précautions spéciales déjà énumérées au commencement de ce chapitre.

Lorsque le train s'engage, dans les conditions ci-dessus, dans une section déjà occupée par un train précédent, en franchissant, par conséquent, un sémaphore donnant encore le signal d'arrêt, l'agent de ce poste attend que l'aile se mette en voie libre, ce qui signifie que le premier des trains engagés dans la section suivante en est sorti.

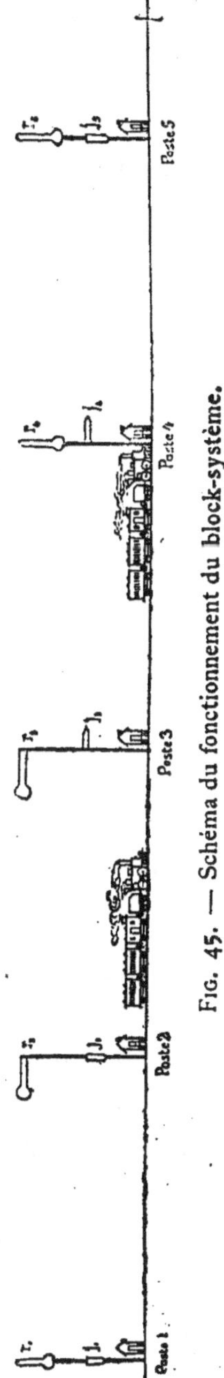

Fig. 45. — Schéma du fonctionnement du block-système.

Il manœuvre alors immédiatement l'appareil n° 1 pour mettre à l'arrêt la grande aile et signaler en avant le second des trains engagés ; puis il manœuvre l'appareil n° 2, afin de débloquer la section que le second train a quittée.

Cette manœuvre s'exécute autant de fois qu'il passe

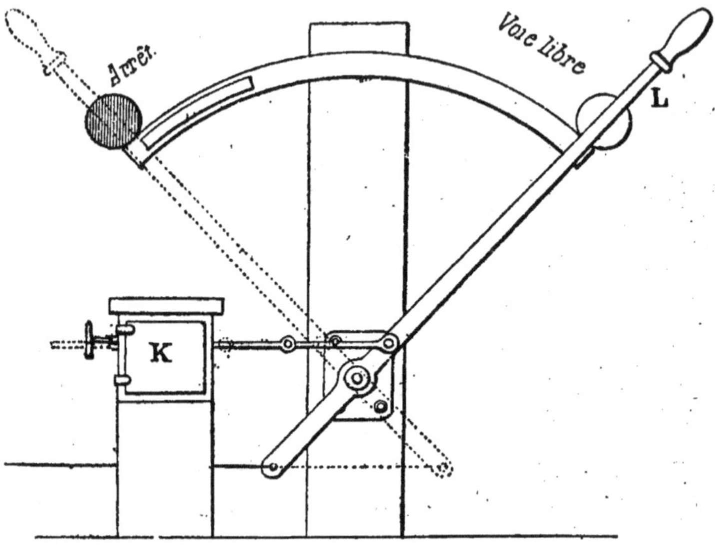

FIG. 46. — Enclenchement des boîtes des électro-sémaphores entre elles et avec les disques à distance.

de trains ou de machines devant l'appareil pendant qu'il est à l'arrêt.

Pour empêcher qu'un garde ne puisse débloquer une section que vient de quitter un train, et oublier de bloquer celle où il vient d'entrer, un enclenchement a été réalisé entre les électro-sémaphores, de manière que le garde du poste 2 ne puisse débloquer la section 1-2 en

rrière avant d'avoir, au préalable, bloqué la section 2-3
n avant, lorsque le train passe au poste 2 ; en outre, le

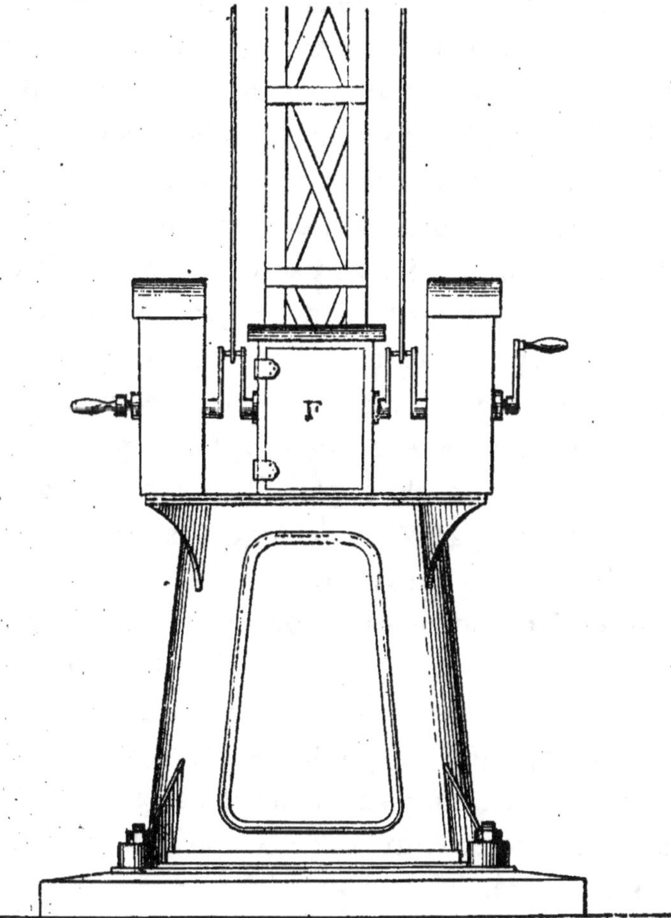

Fig. 47. — Enclenchement des boîtes des électro-sémaphores
entre elles et disques à distance.

garde du poste 2, quand la section est bloquée pour un
premier train et qu'on lui annonce un deuxième train
venant du poste 1, ne peut supprimer cette annonce et

débloquer la section 1-2, sans avoir rebloqué la section 2-3 après le débloquage donné par le poste 3 à la sortie du premier train de la section 2-3.

Le garde ne peut débloquer, en arrière, la section 1-2 qu'après avoir mis sa grande aile à l'arrêt autant de fois qu'il a été introduit de trains dans la section 2-3.

Toutefois, cet appareil permet aux stations où des trains doivent se dépasser, de supprimer la dépendance entre les deux sections adjacentes lorsque l'on a garé un train : si un train doit se garer sans dépasser le poste, la dépendance entre les deux sections est supprimée, après que le garage a été effectué, par l'agent qui commande cette opération. Cet agent manœuvre un commutateur placé près du point de garage, ce qui permet au garde de débloquer la section en arrière sans bloquer celle en avant.

Un enclenchement, a en outre, été réalisé par M. Eugène Sartiaux entre la grande aile du sémaphore, le petit bras et le disque à distance, par une serrure électrique K (fig. 46 et 47) reliée au levier L du disque et par un appareil supplémentaire dans la boîte d'enclenchement F située entre les deux appareils de manœuvre du sémaphore.

Électro-sémaphores pour lignes à voie unique. — Sur les lignes à voie unique, les électro-sémaphores sont destinés, non seulement à maintenir l'espacement des trains circulant dans le même sens, mais encore à éviter l'expédition de deux trains circulant en sens contraire sur la voie unique entre deux points de croise-

...ent, et à prévenir la collision qui en serait la conséquence inévitable.

Les sémaphores, placés à chaque extrémité de la voie unique, n'ont qu'une seule grande aile s'adressant aux mécaniciens qui vont s'engager sur la voie unique, et un seul petit bras : la grande aile donne normalement le signal d'arrêt et ferme ainsi la voie unique.

Les électro-sémaphores intermédiaires sont semblables à ceux des lignes à double voie, en ce sens qu'ils sont pourvus d'une grande aile et d'un petit bras pour chaque direction.

Les appareils des divers postes sont enclenchés entre eux de telle manière, que la grande aile d'un poste extrême ne peut être abaissée pour laisser pénétrer un train sur la voie unique que si aucun train n'est engagé sur la ligne en sens contraire; aux postes intermédiaires, les ailes correspondant à la direction opposée à celle suivie par le train sont enclenchées à l'arrêt.

Des électro-sémaphores de ce type sont installés sur certaines sections à voie unique du réseau du Nord, sur lesquelles la circulation est très active.

Block-système de Siemens et Halske. — En Allemagne, on emploie le block-système de Siemens et Halske, fait à l'aide de sémaphores analogues à ceux que nous venons de décrire, mais pour lesquels le bloquage en avant et le débloquage en arrière sont simultanés, ce qui est un inconvénient, ces deux manœuvres devant pouvoir être effectuées indépendamment l'une de l'autre dans certains cas.

Le block-système de Siemens et Halske étant employé pour l'exploitation d'après le principe allemand, dans lequel l'entrée des gares est normalement fermée, il existe trois catégories d'appareils : les appareils de station, placés sur les quais de la gare, les appareils terminus de station, placés aux deux extrémités de la gare, et enfin les appareils de ligne, situés en pleine voie.

Les appareils de station ne sont pas pourvus de sémaphores ; les autres comportent des électro-sémaphores portant, pour chaque direction, une grande aile : placée horizontalement, cette grande aile commande l'arrêt ; pour indiquer la voie libre, l'aile est dirigée à 45° vers le haut. Pendant la nuit, les signaux correspondants sont donnés par la couleur, rouge ou blanche, du feu du sémaphore.

Suivons le fonctionnement des appareils sur la figure 48, représentant une ligne pourvue du block-système Siemens et Halske. Nous supposons que la ligne comporte deux appareils de station, deux appareils terminus de gare et deux appareils de ligne. Un train part de l'une des stations : le garde appuie sur la *touche de sonnerie* et tourne en même temps la manivelle de l'inducteur placée au bas de la boîte. Il envoie ainsi un courant électrique dans le sens de la marche du train : ce courant fait tinter la sonnerie du poste suivant et prévient le garde de ce poste de l'arrivée d'un train. Ce dernier garde transmet immédiatement ce signal, et ainsi de suite, en sorte que tous les postes jusqu'à la station suivante sont prévenus.

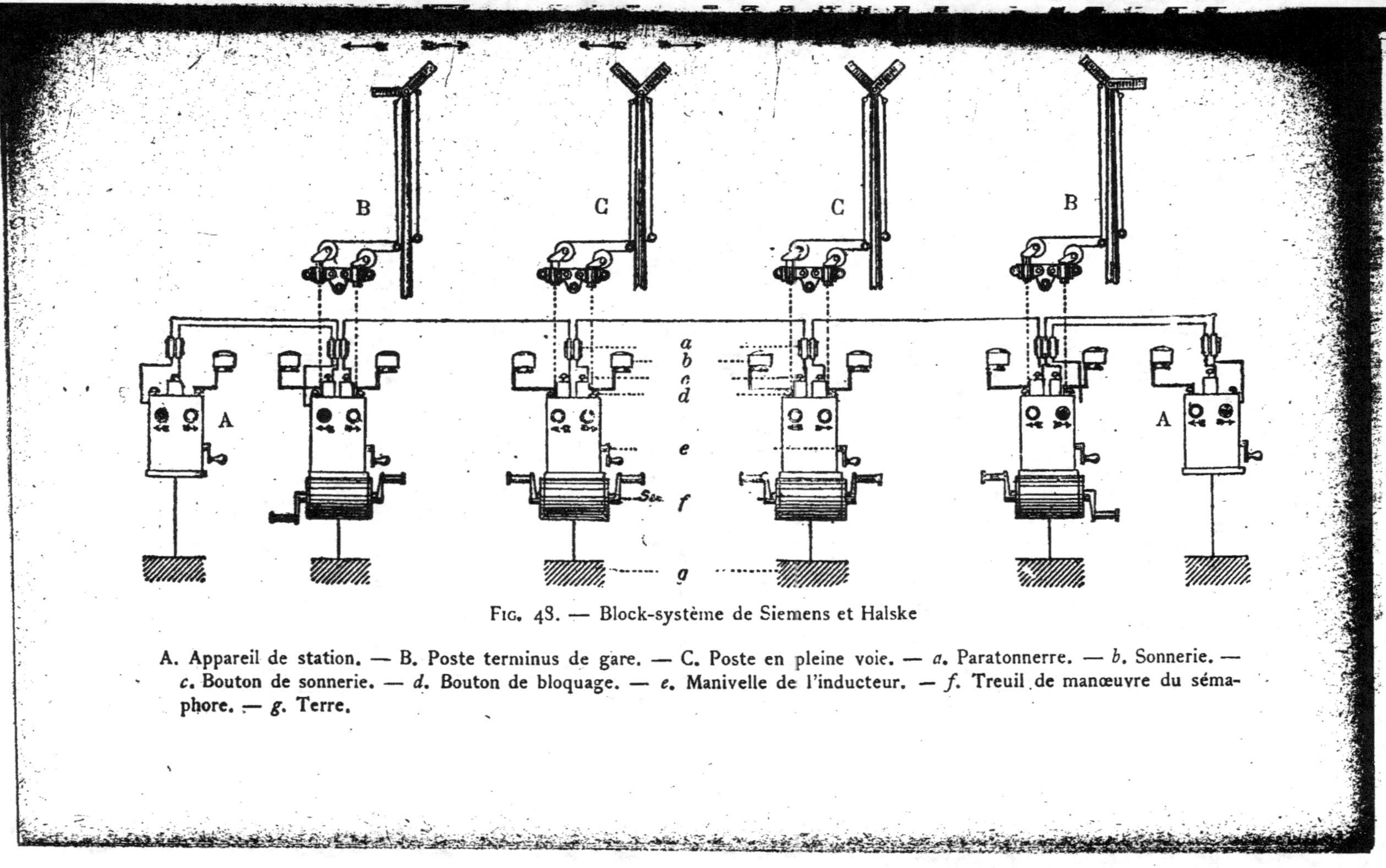

Fig. 48. — Block-système de Siemens et Halske

A. Appareil de station. — B. Poste terminus de gare. — C. Poste en pleine voie. — *a*. Paratonnerre. — *b*. Sonnerie. — *c*. Bouton de sonnerie. — *d*. Bouton de bloquage. — *e*. Manivelle de l'inducteur. — *f*. Treuil de manœuvre du séma-phore. — *g*. Terre.

A ce moment, la position des sémaphores est celle indiquée sur la figure ; c'est la position normale : toutes les grandes ailes sont à voie libre, sauf celles qui protègent l'entrée des stations.

Le train, ainsi annoncé, peut continuer librement sa marche jusqu'au poste terminus de la gare suivante, puisque les sémaphores sont à voie libre. Aussitôt après le passage du train devant chaque poste, le sémaphore est mis à l'arrêt et enclenché électriquement. Aussitôt que le garde du premier poste devant lequel passe le train, a réalisé cet enclenchement, le petit voyant de l'appareil de station, qui était passé au rouge lorsqu'on avait donné l'avis d'expédition du train, passe de nouveau au blanc : un second train peut, dès lors, être expédié de la station. Les mêmes effets se produisent au passage du train devant chacun des postes de la ligne.

Le train arrive alors devant le poste terminus de la gare suivante, dont le signal est enclenché à l'arrêt.

Ce signal protège l'entrée de la station et ne doit pouvoir être mis à voie libre qu'avec l'autorisation de la gare. Cette autorisation est demandée à la station à l'aide de la sonnerie. Si le train peut être reçu, la gare répond en faisant passer au blanc le voyant de l'appareil terminus, et le garde de ce poste peut alors mettre son sémaphore à voie libre. Dès que le train a franchi ce signal, le garde le remet à l'arrêt et l'enclenche ; par suite de cette manœuvre, le voyant de son appareil et celui de l'appareil de la station d'arrivée repassent au

...uge, tandis que le voyant du poste de ligne précédent devient blanc.

Nous venons de voir que la mise à voie libre des sémaphores qui couvrent les gares est subordonnée à l'autorisation des agents chargés du service de la gare. Mais il peut se produire que cette autorisation ait été donnée sur la demande faite par la sonnerie du block, et qu'à l'instant d'après il devienne impossible de recevoir le train. Il faut alors retirer l'autorisation donnée au garde du poste d'entrée de la gare : ce retrait ne serait pas possible avec les appareils, tels que nous venons de les décrire, parce qu'au moment où le garde du poste d'entrée remet son sémaphore à l'arrêt, pour fermer l'accès de la gare, le voyant de son appareil et celui de l'appareil de station passent bien au rouge, mais celui du poste de ligne précédent passe au blanc, et y indique à tort que la voie est libre. Si un second train se présentait à ce moment, il ne serait pas arrêté et viendrait tamponner par l'arrière le premier train stationnant devant l'entrée de la gare.

Pour écarter ce danger, le poste terminus de gare est pourvu d'une troisième touche, appelée *touche de danger ou de secours*. Cette touche se distingue des autres par sa position oblique, afin d'éviter toute confusion.

La marche adoptée est, dès lors, la suivante : s'il devient nécessaire de bloquer le signal qui avait été mis à voie libre, la station invite le garde, par un signal conventionnel, à remettre immédiatement le sémaphore à l'arrêt et à se bloquer à l'aide de la touche de secours.

Lorsque l'agent appuie sur cette touche, il fait passer au rouge le voyant de son poste et celui du poste de la station, mais, comme il intercepte, en même temps, le circuit vers le poste de ligne précédent, le voyant de ce dernier poste reste au rouge.

Block-système aux États-Unis. — Aux Etats-Unis on fait usage, sur certaines lignes, d'appareils de block-système automatiques, mûs par l'air comprimé.

Sur d'autres lignes, on fait l'essai du block-système électrique qui consiste à diviser la ligne en sections de voie isolées, d'un à deux milles de longueur, et formant un circuit électrique.

Quand un train pénètre dans une section, il établit, par l'intermédiaire des roues et des essieux, une connexion entre les deux rails et coupe le circuit.

Cette interruption de courant est utilisée tantôt pour prévenir le garde chargé de la manœuvre des sémaphores, tantôt pour actionner automatiquement des signaux placés le long de la voie ou sur les machines des trains.

En résumé, le block-système ne paraît pas encore être sorti, aux Etats-Unis, de la période des essais.

CHAPITRE XII

LOCOMOTIVES

Pour répondre aux exigences des temps actuels et pour arriver à remorquer les trains longs et lourds aux vitesses réclamées aujourd'hui par le public, les ingénieurs ont naturellement été conduits à développer de plus en plus les machines, et rien n'est plus saisissant que le contraste entre les machines primitives, regardées autrefois comme le triomphe de l'art mécanique, et les puissants moteurs aujourd'hui en usage.

Aperçu historique. — Nos lecteurs connaissent certainement les phases successives par lesquelles a passé l'invention de la locomotive jusqu'en 1825, époque à laquelle Stephenson lui donna la forme réellement pratique, et la dota des organes essentiels qui constituent la locomotive actuelle.

La France a eu une grande part dans l'invention et dans le perfectionnement de la locomotive : Marc Séguin l'avait dotée de la chaudière tubulaire, sans laquelle elle ne restait qu'un moteur lent et impuissant.

En 1857, Henri Giffard, imaginait l'injecteur pour l'alimentation des chaudières, et permettait ainsi l'alimentation d'eau de la machine à tout instant.

Avant cette invention, les locomotives étaient obligées, pour faire de l'eau, de se détacher de leur train, et d'effectuer un va-et-vient sur une voie spéciale afin de faire fonctionner la pompe d'alimentation.

A ces deux grands noms viennent s'ajouter ceux de beaucoup d'ingénieurs qui apportèrent chacun des perfectionnements : Perdonnet, Petiet, Polonceau, Mathias, Flachat, Kochlin, Pauwels, Buddicom, Cavé, et qui ne tardèrent pas à substituer aux premières machines importées d'Angleterre, des types originaux construits en France (1838) ; dès 1845, l'industrie nationale fournissait exclusivement le matériel roulant nécessaire aux lignes françaises.

Il en était de même dans les autres pays : Cockerill et Saint-Léonard en Belgique, Borsig en Allemagne, Haswell en Autriche, affranchissaient leurs patries respectives des productions anglaises.

La locomotive. — Il convient, maintenant, de décrire sommairement la locomotive et de donner la nomenclature des pièces essentielles qui la composent.

La locomotive peut être définie comme étant une machine à vapeur à haute pression, à détente variable, sans condenseur, de dimensions réduites, capable de se mouvoir sur une voie ferrée et de remorquer une charge sur cette voie.

La locomotive est formée de trois parties distinctes : la *chaudière* qui sert à produire la vapeur, le *mécanisme* constitué par l'ensemble des appareils destinés à transformer la puissance de la vapeur en un mouvement de rotation des roues, et enfin le *véhicule* qui supporte les deux autres parties.

La locomotive comporte en outre un *tender* lié avec elle ou séparé, et destiné à transporter l'approvisionnement d'eau et de combustible.

La chaudière est divisée en trois parties principales : la *boîte à feu* à l'arrière, renfermant le *foyer*, le *corps cylindrique*, contenant le *faisceau tubulaire*, et enfin la *boîte à fumée* à l'avant, surmontée de la *cheminée*.

Le *foyer* est une caisse métallique, généralement rectangulaire, qui présente à l'arrière une porte pour le chargement du combustible, à l'avant, une plaque tubulaire percée de trous destinés à recevoir les tubes du corps cylindrique.

A la partie inférieure, se trouve la *grille*, au-dessus du *cendrier*.

Le foyer est entouré par la boîte à feu, à laquelle il est relié par des armatures, et il se trouve ainsi constamment entouré d'eau.

On brûle généralement de la houille dans les foyers de locomotives, soit directement, soit sous forme de briquettes. Dans quelques pays, en Russie et en Amérique, les foyers sont disposés pour brûler du bois et du pétrole.

Afin de supprimer la fumée produite par la houille, les

machines sont munies d'un souffleur qui permet de lancer dans la cheminée un jet de vapeur produisant un tirage suffisant pour provoquer une combustion énergique : c'est l'*échappement*.

En outre, des foyers spéciaux ont été imaginés ; tels sont les foyers fumivores de Tenbrinck et Thierry, employés par plusieurs Compagnies françaises.

Le *corps cylindrique* se compose d'une enveloppe métallique, renfermant l'eau et traversée par des tubes livrant passage à la flamme et à la fumée.

Le nombre des tubes varie de 100 à 200 et même plus ; la surface de contact entre les gaz de la combustion et l'eau à vaporiser est ainsi très considérable et dépasse parfois 200 mètres carrés.

Rappelons que c'est à Marc Séguin, qu'est due l'invention de la chaudière tubulaire, le seul vaporisateur assez énergique pour les services exigés des locomotives.

La chaudière est, le plus souvent, construite en tôle de fer, mais l'emploi des hautes pressions, 14 et 15 kilogrammes, n'a été possible que depuis l'adoption de la tôle d'acier.

A la partie supérieure du corps cylindrique est placé un *dôme* dans lequel se fait la prise de vapeur, commandée par le mécanicien au moyen du régulateur.

Parfois le dôme est supprimé, et la prise de vapeur se fait par un tube horizontal crépiné (percé de trous), placé à la partie supérieure du corps cylindrique.

La boîte à fumée supporte la cheminée et renferme l'échappement ; elle est fermée à sa partie postérieure par une plaque tubulaire supportant l'avant des tubes, et close à sa partie antérieure par une porte pour le nettoyage.

Comme appareils accessoires, la chaudière comporte : des soupapes de sûreté, des injecteurs Giffard et des pompes pour l'alimentation d'eau, une sablière pour projeter du sable devant les roues en cas de patinage, un manomètre, des niveaux d'eau, des bouchons fusibles pour éviter les coups de feu et par lesquels la vapeur se précipiterait dans le foyer pour éteindre le feu, si le ciel du foyer venait à être découvert par l'eau de la chaudière ; enfin un sifflet à vapeur pour donner des signaux.

Le *mécanisme* se compose essentiellement des *cylindres*, conjugués entre eux, dans lesquels la vapeur est introduite par les *tiroirs* qui la font passer alternativement de part et d'autre des *pistons* et la laissent échapper lorsqu'elle a effectué son travail.

Les pistons prennent ainsi un mouvement rectiligne alternatif qui se transforme, par l'intermédiaire des bielles et des manivelles (en cas de cylindres extérieurs) ou des essieux coudés (en cas de cylindres intérieurs), en un mouvement de rotation des roues motrices.

La boîte du tiroir, qui fait l'office de distributeur de vapeur, est mise en mouvement par des excentriques calés sur l'essieu moteur, et commandée par une coulisse reliée à l'appareil de changement de marche.

Ce dernier appareil consistait autrefois en un levier que manœuvrait le mécanicien ; aujourd'hui le changement de marche est généralement à vis et est actionné soit à la main, soit à la vapeur.

La *coulisse* a été imaginée par Stephenson ; un grand nombre d'autres systèmes sont en usage, tels que ceux de Gooch, d'Allan ou de Trick, de Walschaert, etc.

Le *véhicule* des locomotives comprend le *châssis* ou cadre, supporté par les *roues* et les *essieux* pour l'intermédiaire des appareils de suspension (ressorts et balanciers).

Le *châssis* est formé de longerons placés tantôt intérieurement, tantôt extérieurement aux roues, et reliés par les traverses d'avant et d'arrière munies des appareils d'attelage et des tampons de choc.

Les *roues* sont généralement en fer et construites par le procédé Arbel : ce procédé consiste à étamper une roue dont les pièces ont été assemblées à froid et qui a été ensuite fortement chauffée au four.

Les *essieux* sont en fer ou en acier ; on tient un contrôle très sévère du parcours des essieux de locomotives, aussi les ruptures d'essieux constituent-elles un accident assez rare.

Les *balanciers* ont pour but d'assurer une liaison entre les ressorts de suspension des divers essieux, afin de réaliser une répartition constante de la charge sur chacun des essieux.

Lorsqu'une locomotive est en marche, le mouvement des diverses pièces qui constituent le mécanisme, les variations de pression, les différences du niveau de l'eau dans la chaudière et plusieurs d'autres causes théoriques ou pratiques ont pour résultat de produire un certain nombre de perturbations. La machine a ainsi une tendance à prendre un mouvement de va-et-vient d'avant en arrière qui constitue le *recul*, un mouvement d'oscillation vers la droite et la gauche appelé mouvement de *lacet*, un mouvement alternatif de rotation autour de son axe longitudinal appelé *roulis*, et enfin un mouvement d'oscillation autour d'un axe horizontal transversal qui représente le *galop*.

Ces diverses perturbations sont combattues par des contrepoids convenablement placés.

Les locomotives étant, en général, très longues, il faut leur appliquer des dispositifs spéciaux pour faciliter leur passage dans les courbes.

A cet effet, on augmente la conicité des bandages des roues d'avant et d'arrière en même temps que l'on donne du jeu aux essieux, de manière à permettre un léger déplacement dans le sens de leur longueur, limité à l'aide de plans inclinés pour empêcher un déplacement intempestif en alignement droit.

D'autres fois, ce sont des boîtes renfermant les fusées des essieux qui peuvent prendre un mouvement de déplacement transversal, limité par des plans inclinés : telles sont les *boîtes radiales* de Webb, de Roy, etc.

Le dispositif le plus simple pour faciliter le passage dans les courbes est le *bogie*, petit chariot à quatre roues supportant l'avant de la machine par l'intermédiaire d'un pivot.

Le bogie a été longtemps l'une des caractéristiques des locomotives américaines (voir fig. 60), mais il est aujourd'hui très employé également en Europe pour les machines à grande vitesse, notamment en Angleterre (voir fig. 56) ; en France, il est appliqué sur le Nord (voir fig. 50) et sur l'Ouest.

Le bogie est quelquefois employé à l'arrière des machines, principalement pour les locomotives-tenders (voir fig. 80).

Un autre procédé est le *bissel* (ainsi appelé du nom de son inventeur), qui consiste également en un petit chariot à deux roues ou quatre roues, relié non pas directement à la machine par un pivot, mais par l'intermédiaire d'un balancier. Ce balancier forme une sorte de timon qui pousse le chariot du bissel.

Tender. — Le tender, lorsqu'il est séparé de la machine constitue un véhicule supportant une caisse à eau en fer à cheval, l'espace laissé libre au milieu étant destiné à recevoir l'approvisionnement de combustible.

La capacité des tenders a beaucoup augmenté depuis la création des chemins de fer ; les caisses à eau contiennent aujourd'hui jusqu'à 16 mètres cubes, et l'approvisionnement de combustible s'élève à 3 tonnes.

Principaux types de machines. — La discussion de l'équation de la locomotive démontre que les machines destinées à remorquer des trains de grande vitesse doivent avoir des roues motrices d'un grand diamètre et des cylindres d'un petit volume.

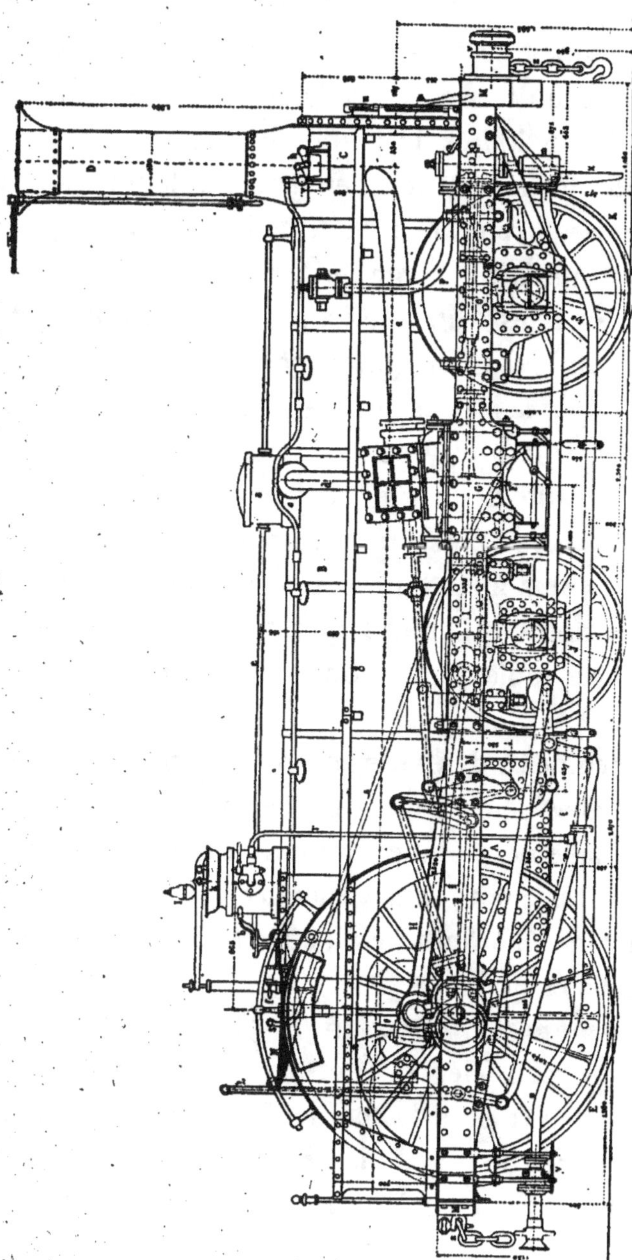

FIG. 49. — Locomotive Crampton [1].

1 Figure empruntée à une publication de M. Monrocq.

Les machines destinées à remorquer de lourdes charges doivent, au contraire, avoir des roues de faible diamètre et des cylindres de grand volume.

Les unes et les autres peuvent d'ailleurs, dans certaines limites, remorquer une faible charge à grande vitesse ou une forte charge à petite vitesse.

L'adhérence est une fonction du poids utile de la machine, ou poids supporté par les roues motrices, c'est-à-dire par les roues sur lesquelles agissent les pistons et par celles qui y sont accouplées au moyen des bielles : il résulte de là que plus on voudra remorquer de lourdes charges (plus on voudra que la machine soit puissante), plus il faudra accoupler d'essieux entre eux.

Les machines qui n'ont qu'un essieu moteur, sans bielles d'accouplement, sont dites *machines à roues libres*.

Les machines à deux essieux ne sont plus employées, parce qu'elles sont trop exposées au renversement en cas de déraillement ou de rupture d'essieu ; les machines à roues libres sont donc généralement à trois essieux, et la machine Crampton en a été pendant longtemps le type le plus estimé.

La *locomotive Crampton* (fig. 49) est un type remarquable par son élégance et son seul aspect montre qu'elle est taillée pour la course. Elle se distingue par ses roues motrices de grand diamètre ($2^m,10$), placés à l'arrière du foyer : la chaudière est disposée très bas et supportée par quatre roues porteuses. Ces machines sont, par suite, très stables et peuvent fournir de grandes

Fig. 50. — Locomotive pour trains express de la Compagnie du chemin de fer du Nord.

vitesses : elles font un excellent service sur des lignes faibles pentes avec des trains peu chargés ; malheureusement elles ne répondent plus aux exigences actuelles du trafic, qui réclament des trains lourds et à grande vitesse.

Nous verrons plus loin que les machines à roues indépendantes, d'un autre type, sont en très grande faveur en Angleterre ; mais en France, les machines mixtes se sont substituées aux Crampton, pour les grandes vitesses.

Les *machines mixtes* sont des machines à trois essieux, dont les deux essieux d'arrière sont couplés : elles sont excellentes pour le service des trains ordinaires de voyageurs, très chargés, ou pour les trains express à grande vitesse, moyennement chargés.

Dans les machines employées par la Compagnie du Nord pour le remorquage des trains rapides (fig. 50), l'essieu porteur de l'avant est remplacé par un bogie facilitant le passage dans les courbes.

La Compagnie d'Orléans emploie également pour ses trains rapides, marchant à 75 kilomètres à l'heure, des machines à deux essieux couplés, mais avec essieu porteur à l'avant et à l'arrière (fig. 51). Les roues motrices ont $2^m,15$ de diamètre ; le timbre de la chaudière est de 13 kilogrammes ; les dimensions du tender, $14^{m3},500$, permettent d'accomplir, sans arrêt, de longues étapes.

La Compagnie de l'Ouest a récemment construit, de son côté, une machine à huit roues, très puissante, pouvant remorquer des trains de vingt-quatre voitures, à une vitesse de 75 kilomètres à l'heure, et effectuant le trajet

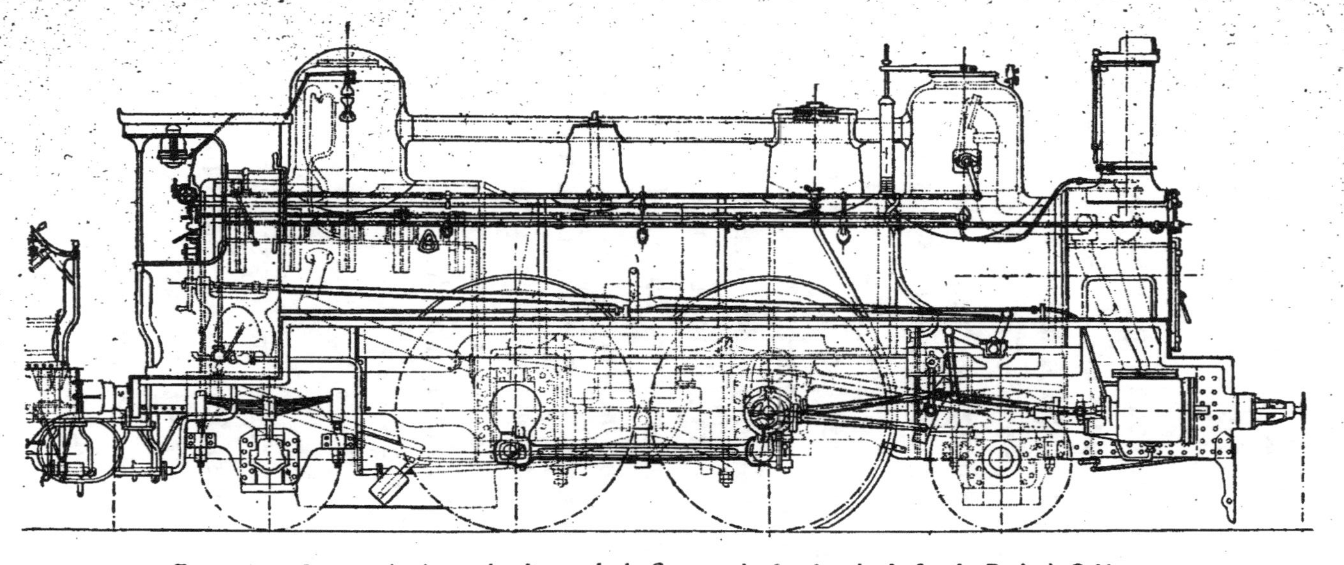

Fig. 51. — Locomotive à grande vitesse de la Compagnie du chemin de fer de Paris à Orléans.

de Chartres au Mans (122 kilomètres) sans prendre d'eau. Les roues motrices de cette machine ont 2ᵐ,20 de diamètre.

Elle emploie, en outre, pour ses express, des machines mixtes à quatre roues couplées, de 2ᵐ,04 de diamètre, avec ou sans bogie à l'avant.

Les Chemins de fer de l'Etat, les Compagnies du Midi et de l'Est (voir fig. 52) remorquent également leurs trains de vitesse avec des machines mixtes à deux essieux couplés et avec essieu porteur à l'avant.

La Compagnie de l'Est essaie, en outre, de mettre les anciennes machines Crampton à la hauteur des exigences actuelles, en augmentant la puissance de la chaudière, surmontée, à cet effet, d'un second corps cylindrique.

Quant aux Compagnies du Nord et de Paris-Lyon-Méditerranée, elles ont cherché la solution des machines puissantes à grande vitesse dans l'application du principe Compound, dont nous parlerons plus loin.

Il existe aussi des machines mixtes dont les roues couplées sont à l'avant, afin de rendre la machine plus lourde ; la vitesse de ces machines est plus réduite au passage des courbes que les grandes roues attaquent moins facilement

Le type des machines mixtes est très répandu pour les machines-tenders, destinées à remorquer les trains de banlieue : la figure 53 représente le type des machines employées par la Compagnie des chemins de fer de l'Ouest pour les lignes de banlieue à profil facile.

Les *machines à trois essieux couplés* sont utilisées

Fig. 52. — Locomotive à grande vitesse de la Compagnie des chemins de fer de l'Est.

au remorquage des trains de voyageurs sur les lignes plus accidentées, ou à celui des trains de marchandises sur des lignes à profil facile.

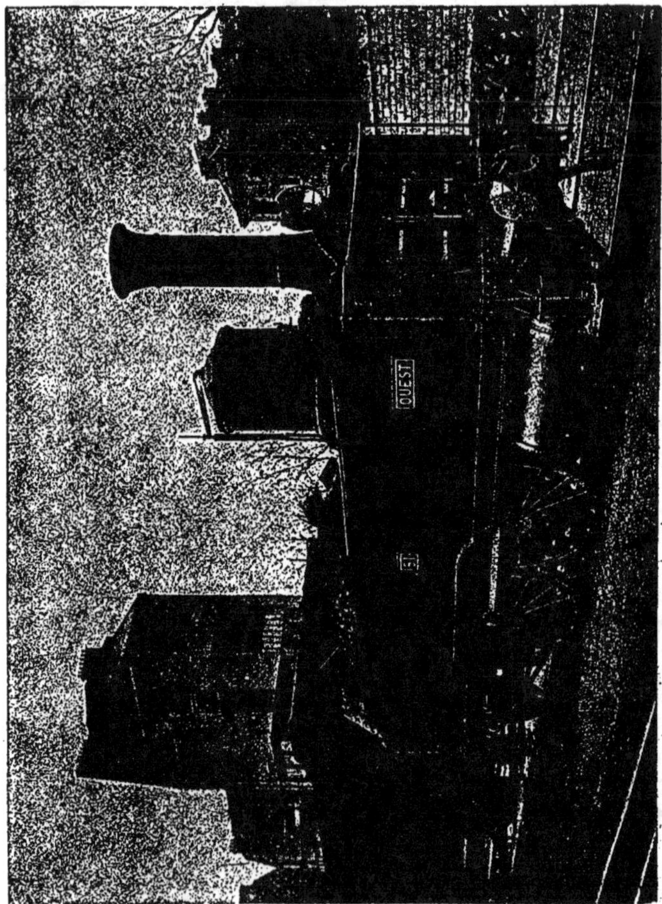

Fig. 53. — Locomotive-tender à voyageurs pour le service de la banlieue de la Compagnie des chemins de fer de l'Ouest.[1]

Pour le service des voyageurs, ces machines n'ont généralement que trois essieux ; la grande facilité avec laquelle elles démarrent, les fait employer également pour

[1] Figure empruntée au livre de MM. Pol et Cerbelaud.

les trains-tramways légers qui ont à s'arrêter fréquemment et à n'effectuer que de très courts trajets de station à station : il faut donc que la machine atteigne rapidement la vitesse de marche prescrite, pour se maintenir dans son itinéraire.

Pour le service des marchandises, les machines à trois essieux couplés ont, le plus souvent, des essieux porteurs supplémentaires à l'avant ou à l'arrière.

La Compagnie du Nord emploie des machines à trois essieux couplés, ayant à l'arrière un essieu porteur ou un bogie à deux essieux articulés sous la partie de la machine formant tender.

Enfin, les fortes machines à marchandises ou à rampes exceptionnelles sont à huit, dix et même douze roues couplées.

Les *machines Engerth* rentrent dans le type des machines à huit roues couplées ; le tender est supporté par quatre roues porteuses placées à l'arrière du foyer. Des machines à dix roues couplées sont employées par la Compagnie d'Orléans pour la traversée du Cantal.

Enfin, dans les machines à douze roues couplées, du système Petiet, les essieux sont partagés en deux groupes indépendants, commandés chacun par une paire de cylindres.

Ces dernières locomotives constituent des types tout à fait exceptionnels, et, en général, on ne dépasse pas quatre essieux accouplés pour les locomotives à marchandises.

Principe Compound. — Depuis l'origine des chemins

de fer, le service de l'exploitation n'a cessé de demander aux ingénieurs, tantôt de la puissance, tantôt de la vitesse, pour répondre au double problème de l'accroissement de la vitesse des express et de l'augmentation de la charge des trains de marchandises.

Ce problème présentait, en particulier, un grand intérêt à la montée des rampes : les trains rapides y perdent du temps et les trains de marchandises ne peuvent franchir qu'en subissant une perte de charge considérable, obligeant parfois à les couper en plusieurs tronçons auxquels on fait gravir la rampe successivement.

C'est pour faire face à ces exigences que la pression dans les chaudières des locomotives, qui était, à l'origine, de 4 kilogrammes, a été successivement élevée à 10, 12, et, dans ces derniers temps, à 15 kilogrammes.

Jusqu'à la pression de 10 kilogrammes, la distribution est facile à établir et à bien régler dans les machines ordinaires à deux cylindres, mais au delà, la détente est défectueuse.

On a donc été conduit à chercher une solution nouvelle : cette solution a été trouvée dans l'application du principe *Compound* pour lequel l'expérience, d'accord en cela avec la théorie, a en outre fait ressortir les avantages d'une économie notable dans la consommation du combustible et de l'eau, d'une plus grande puissance résultant d'une meilleure utilisation de la vapeur, d'une marche plus tranquille et plus régulière, d'une production moins grande d'escarbilles.

Le principe Compound consiste à faire travailler deux

is la vapeur : celle-ci entre par le régulateur dans le petit cylindre, y produit une partie de son travail, puis, au lieu d'être rejetée directement dans l'atmosphère, passe par un réservoir intermédiaire, puis dans le grand cylindre où elle restitue une autre partie de son travail : elle s'échappe ensuite dans la cheminée à une pression bien plus basse que dans les machines ordinaires.

L'application du principe Compound a conduit à la création de trois types principaux de machines, à deux, à trois, et à quatre cylindres.

Les locomotives Compound à deux cylindres sont actuellement les plus répandues. Les deux cylindres sont inégaux, et leurs volumes sont dans un rapport voisin de deux à trois, le réservoir intermédiaire ayant une capacité se rapprochant de celle du petit cylindre.

Pour le démarrage, où l'on utilise toute la puissance de la machine, on envoie la vapeur à haute pression dans les deux cylindres à la fois : MM. von Borries et Worsdell ont imaginé des appareils automatiques pour la remise en marche Compound après le démarrage.

Les premières applications de locomotives Compound à trois cylindres n'avaient pas été couronnées de succès, jusqu'au moment où M. Webb, ingénieur du London and North Western Railway, produisit sa machine de ce type, étudiée en vue d'obtenir une économie de combustible et de supprimer les bielles d'accouplement.

Dans la machine Webb, il y a deux cylindres extérieurs à haute pression, situés symétriquement, et un cylindre à basse pression placé dans l'axe de la machine.

Le cylindre à basse pression agit sur un essieu, les cylindres à haute pression sur un autre essieu, et les deux essieux moteurs ne sont pas reliés par des bielles d'accouplement. M. Webb voit dans ce dispositif l'avantage de n'avoir qu'un seul coude d'essieu et d'éviter les ruptures de bielles d'accouplement.

En France, dans une machine construite pour le chemin de fer du Nord, M. Sauvage a, au contraire, intercalé un cylindre à haute pression au milieu, et placé deux cylindres à basse pression de chaque côté : les trois cylindres agissent sur le même essieu et les bielles d'accouplement ont été conservées.

Ces machines sont capables d'un effort de traction considérable et ont une grande puissance de démarrage.

Les locomotives Compound à quatre cylindres ont été essayées pour la première fois en 1884. En 1886, la Compagnie du Nord a fait construire, sur les plans de M. de Glehn, une machine à grande vitesse de ce type. Deux cylindres à haute pression, placés intérieurement, attaquent l'essieu du milieu, les deux cylindres à basse pression agissent sur l'essieu d'arrière : les essieux ne sont pas accouplés.

En 1891, cette même Compagnie a fait établir de nouvelles machines à quatre cylindres d'après les avant-projets et le programme de M. du Bousquet, ingénieur en chef du matériel et de la traction.

Ces machines, timbrées à 14 kilogrammes, ont une surface de grille de $2^{m2},04$, une surface totale de chauffe de $112^{m2},55$. Les deux cylindres à haute pression ont un diamètre de 0^m,340 et les deux cylindres à basse pression un diamètre de 0^m,530, la course des pistons étant de 0^m,530. Les quatre roues accouplées ont un diamètre de 2^m,114, et la machine est pourvue d'un bogie à l'avant.

C'est avec une locomotive de ce type qu'ont été faites les remarquables expériences de vitesse dont nous avons parlé au chapitre VIII : les caractéristiques de ces nouvelles machines sont la rapidité de démarrage et la facilité avec laquelle elles gravissent les rampes.

Comme la Compagnie du Nord, la Compagnie de Paris-Lyon-Méditerranée construit ses machines les plus récentes d'après le principe Compound à quatre cylindres. Cette Compagnie emploie des machines Compound de divers types : des machines à quatre roues couplées pour trains rapides, des machines à huit roues couplées pour trains de marchandises sur les lignes à faibles rampes, et des machines à six roues couplées pour trains mixtes sur les lignes à fortes rampes. Les deux cylindres à haute pression actionnent le deuxième essieu, et les deux cylindres à basse pression attaquent le troisième essieu : l'accouplement entre les essieux a été conservé.

Les machines Mallet sont également des machines Compound à quatre cylindres : la chaudière est montée sur deux trucks ; les deux cylindres à haute pression actionnent le truck d'arrière, ceux à basse pression, le truck d'avant.

Pour le démarrage, l'admission se fait simultanément dans les quatre cylindres.

La figure 54 représente une petite locomotive du système Mallet pour chemin de fer à voie étroite.

Comme contraste, nous pouvons indiquer ici que la plus grande locomotive d'Europe est du système Compound Mallet; elle est employée sur le chemin de fer du

FIG. 54. — Machine Compound, système Mallet.

Gothard, ainsi que nous le verrons en parlant des locomotives suisses.

L'application du système Woolf aux machines locomotives a été essayée successivement en 1872, en 1883, et en 1886, mais sans succès.

Dans ce système, les cylindres sont appliqués deux à deux en tandem, c'est-à-dire l'un derrière l'autre.

La Compagnie du Nord a repris les essais en 1887 et M. du Bousquet, ingénieur en chef du matériel et de la

Fig. 55. — Locomotive Woolf à quatre cylindres de la Compagnie du chemin de fer du Nord.

traction de cette Compagnie, a construit des machines dans lesquelles les grands cylindres précèdent les cylindres à haute pression.

Ces machines à quatre essieux couplés (fig. 55), construites surtout en vue d'une grande augmentation de puissance, ont donné lieu, en outre, à une notable économie de combustible, et les excellents résultats ont conduit la Compagnie du Nord à étendre le nombre de ces nouvelles machines.

Locomotives étrangères. — Nous terminerons ce chapitre par un aperçu des types de machines propres à chacun des principaux pays étrangers.

Locomotives anglaises. — Les machines anglaises sont caractérisées par leurs chaudières à foyers profonds et pourvus de voûtes en brique réfractaire, leurs petits dômes (quand ils ne manquent pas complètement), leurs cheminées courtes, leurs longerons intérieurs ou doubles, leur mécanisme intérieur, leurs sablières latérales, leurs abris fermés pour le mécanicien et le chauffeur.

Elles se font, en outre, remarquer par leur simplicité de forme extérieure, la tuyauterie et le mécanisme étant dissimulés le plus possible sous une enveloppe généralement peinte de tons clairs et rehaussés de filets de couleur.

Deux types de locomotives sont très en faveur en Angleterre pour les trains à marche rapide : les locomotives à deux essieux couplés et les locomotives à roues libres.

Fig. 56. — Locomotive anglaise à deux essieux couplés pour trains express.

Les locomotives à deux essieux couplés (voir fig. 56) sont employées sur les lignes à rampes longues et très prononcées, sur le *Caledonian Railway*, par exemple.

Le foyer est placé entre les deux essieux d'arrière; les roues motrices ont généralement près de 2 mètres de diamètre; l'avant de la machine est supporté par un bogie.

Le mécanicien est abrité dans une cabine en forme de berceau ayant à l'avant deux lunettes rondes à charnières.

Un autre modèle de machine à deux essieux couplés, moins usité que le précédent, est le type *Gladstone* à six roues, dont les quatre d'avant sont accouplées.

Les machines à roues indépendantes sont très répandues en Angleterre, pour le remorquage des trains express : toutes les grandes Compagnies, telles que le *Great Northern*, le *Midland*, le *London and North Western*, en font usage.

Ces locomotives, très belles d'aspect, ont, à l'avant, un bogie à quatre roues, au milieu, l'essieu moteur avec des roues de $2^m,13$ à $2^m,25$ de diamètre, et un essieu porteur à l'arrière du foyer.

L'emploi de ces machines est facilité par la constitution de la voie qui permet d'appliquer des charges de 15 à 18 tonnes sur l'essieu moteur libre. Elles présentent sur les locomotives à essieux couplés, l'avantage de permettre une installation plus facile des grands foyers et d'avoir une allure plus douce.

On pare à la difficulté plus grande qu'elles éprouvent

à démarrer, en les munissant d'un dispositif permettant d'injecter sous les bandages des roues motrices, du sable lancé par un jet de vapeur : on obtient ainsi un accroissement d'adhérence et on évite le patinage. Cette sablière à vapeur, du système Gresham, est également employée par plusieurs Compagnies françaises, notamment par le Nord et l'Ouest.

Nous avons déjà parlé, dans le paragraphe relatif au principe Compound, de la machine express de Webb, employée sur le *London and North Western Railway*, dans laquelle la force motrice est répartie sur deux essieux, en sorte qu'une adhérence égale à celle d'une machine mixte est obtenue sans bielles d'accouplement.

L'absence de bielles permet, en outre, d'écarter davantage les essieux moteurs et d'y intercaler un foyer plus grand : enfin, elle donne lieu à moins de résistance dans le passage des courbes, les roues étant munies de boîtes radiales.

Ces machines, étant équilibrées, ont une marche très douce à grande vitesse, et on pourrait seulement leur reprocher de donner des secousses au moment du démarrage.

Sur le *North Eastern Railway*, on fait également usage de machines express Compound, du système Worsdell.

Pour les trains de marchandises à marche rapide, très fréquents en Angleterre, les locomotives à trois essieux couplés sont les plus usitées; pour les trains de marchandises ordinaires, on emploie des machines-tenders à trois essieux couplés (fig. 57).

FIG. 57. — Locomotive-tender anglaise à trois essieux couplés.

La Compagnie du *North Eastern* emploie également les dernières machines pour les trains de marchandises rapides, en leur appliquant le principe Compound et l'approvisionnement d'eau en marche, d'après le système Ramsbottom décrit plus loin.

Les tenders des machines anglaises sont longs, à six roues; la caisse à eau n'est pas disposée en fer à cheval,

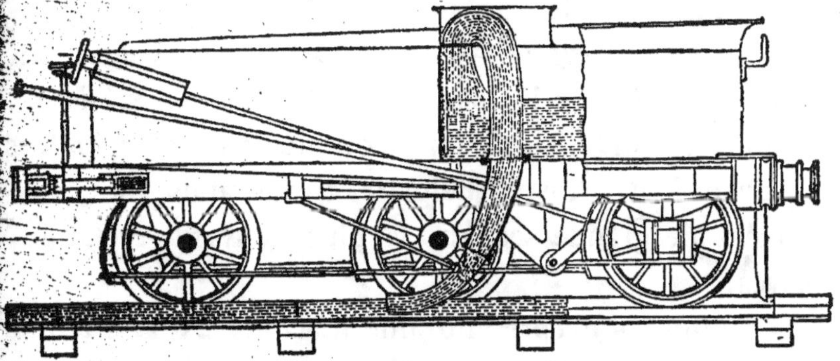

Fig. 58. — Tender pourvu du système Ramsbottom
pour l'approvisionnement d'eau en marche.

mais elle occupe toute la largeur du véhicule et présente, vers l'avant, un plan incliné, fermé par une cloison transversale avec porte : c'est sur ce plan incliné que se place le combustible.

Les tenders sont souvent pourvus de l'appareil Ramsbottom (fig. 58), pour l'approvisionnement automatique de l'eau, en marche, afin de faciliter le service des trains et d'éviter des arrêts pour l'alimentation.

Des baquets très longs, constamment tenus pleins d'eau, à l'aide d'un appareil automatique, sont placés entre les deux rails de la voie.

Les tenders sont munis d'une trompe terminée par une écuelle que le mécanicien peut abaisser au moment du passage au-dessus des baquets. Sous l'influence de la vitesse, l'eau s'élève alors par la trompe, et retombe dans la caisse à eau du tender.

Cet appareil, imaginé en 1857, permet de faire usage de tenders de faible capacité et de supprimer ainsi un poids mort inutile.

Locomotives belges. — Les locomotives belges ont pour caractères principaux des longerons extérieurs, et souvent un troisième longeron médian, des cylindres intérieurs, des foyers Belpaire très grands, des cheminées de grande section, le plus souvent rectangulaires.

La figure 59 représente une machine express à huit roues, dont quatre accouplées, destinée à remorquer les trains à grande vitesse sur les lignes peu accidentées de l'Administration des Chemins de fer de l'État Belge. Le mécanisme est intérieur; les cylindres horizontaux sont placés en avant de l'essieu porteur; le foyer, très long pour brûler du charbon menu de qualité inférieure, est indiqué en pointillé sur la figure.

Le dôme de prise de vapeur est placé vers la partie antérieure de la chaudière; la boîte à fumée se prolonge fortement en avant, suivant la mode américaine, pour présenter un volume plus grand, ce qui régularise le tirage.

La cheminée est à section carrée : elle présente ainsi une surface plus grande qu'une cheminée cylindrique

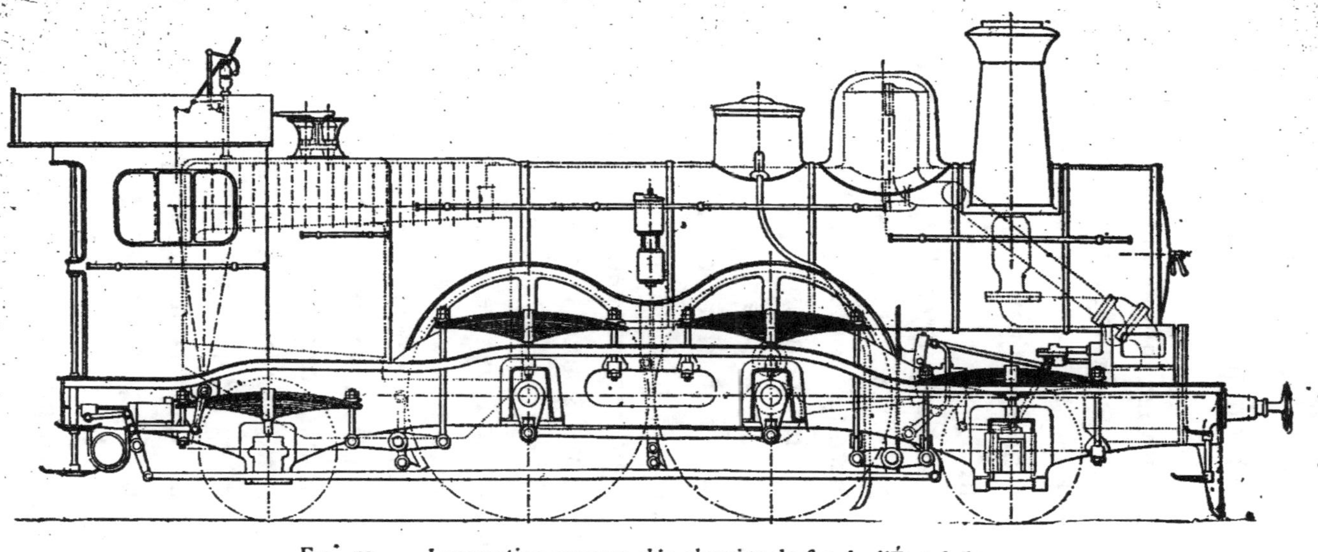

Fig. 59. — Locomotive express dés chemins de fer de l'État belge.

de même dimension transversale et le tirage se trouve, par suite, adouci.

L'essieu d'avant est muni de boîtes radiales ; enfin, la machine est pourvue d'une sablière à vapeur.

Les locomotives de ce type peuvent remorquer des trains de 180 tonnes, en palier, à une vitesse de 95 kilomètres à l'heure.

On emploie également en Belgique, pour les trains express, le type mixte à trois essieux, dont les deux d'arrière sont accouplés, et à cylindres intérieurs.

Pour franchir les rampes de la ligne accidentée du Luxembourg, l'État belge a fait construire des locomotives analogues à la machine à grande vitesse que nous venons de décrire, mais à quatre essieux, dont trois accouplés. Ces locomotives peuvent franchir des rampes de 16 millimètres à une vitesse de 65 kilomètres à l'heure, en remorquant un train de 100 tonnes ; elles sont pourvues d'un foyer très grand et très puissant.

Pour les trains lourds, on emploie, comme en Angleterre, des machines à trois et à quatre essieux couplés, et souvent des machines-tenders, les trajets étant généralement courts dans ce pays.

Locomotives allemandes. — Les Chemins de fer de l'État prussien, qui constituent la majeure partie du réseau allemand, et ceux des autres pays, tel que l'État saxon, appliquent le principe Compound sur une échelle assez étendue, et les essais faits par ces Administrations ont également permis de conclure à une augmentation de puissance et à une économie dans la consommation du combustible, par suite de l'emploi de la double expansion.

Pour les trains de grande vitesse, les locomotives, à deux cylindres inégaux, sont à trois essieux, les deux d'arrière couplés. Les machines à marchandises sont à trois essieux couplés.

Ce qui caractérise ces machines, c'est que le réservoir intermédiaire entre les deux cylindres est constitué par un conduit traversant la boîte à fumée. Des appareils spéciaux, du système Lindner ou von Borries, servent à ramener automatiquement la locomotive à la marche Compound, après que l'on a donné l'admission à haute pression dans les deux cylindres, pour produire le démarrage.

Locomotives italiennes. — En Italie, on fait usage, pour les trains rapides, de locomotives à bogie et à deux essieux couplés, rappelant les types français ; d'autres se rapprochent du type anglais et américain. Pour les trains lourds, les machines sont également à bogie et à trois essieux couplés. Les cylindres sont généralement extérieurs.

Locomotives suisses. — En Suisse, il faut relever comme type particulier les machines Compound à trois essieux couplés et un essieu avec bissel à l'avant, et avec cylindres extérieurs, en usage sur le Chemin de fer du Jura-Simplon.

Nous rappellerons encore ici que la plus grande machine d'Europe est actuellement employée en Suisse, sur la ligne du Gothard. C'est une locomotive-tender, à quatre cylindres du système Compound-Mallet : elle a une puissance **double** d'une locomotive à marchandises ordinaire, mais elle **n'a** que six essieux.

Cette machine a 14 mètres de longueur, elle pèse 84 tonnes, et remorque un chargement de 1000 tonnes, en palier, et de 200 tonnes (charge brute, non compris la machine), en rampe de 25 millimètres et en courbe de 180 mètres de rayon.

Locomotives américaines. — La disposition générale des locomotives aux États-Unis est absolument classique et nos lecteurs connaissent certainement ces machines à longue chaudière cylindrique raccordée par une virole tronconique, à la boîte à feu ; à l'avant, la boîte à fumée ne fait pas saillie sur le corps de la chaudière, elle est allongée, et les gaz de la combustion qui y arrivent sont repoussés vers le bas par un déflecteur, puis traversent un tamis à mailles serrées destiné à arrêter les escarbilles.

Les cylindres sont extérieurs, boulonnés entre eux ou sur une pièce de fonte intermédiaire reposant sur le pivot d'un bogie et supportant l'avant de la chaudière.

Le mouvement de distribution est intérieur et est transmis par un arbre de renvoi aux tiges des tiroirs placés au-dessus des cylindres. Les roues motrices, actionnées par des bielles très longues, sont entièrement apparentes. La plus importante des modifications récentes apportées aux locomotives américaines consiste dans la suppression de l'énorme cheminée qui contenait des chicanes pour arrêter les flammèches, et son remplacement par une cheminée ordinaire placée sur la boîte à fumée allongée.

Le personnel est abrité dans une cabine en bois avec châssis ouvrants, et en partie fermée à l'arrière par des panneaux vitrés et des rideaux en cuir : les mécaniciens ont, pour s'asseoir, des coffres recouverts d'un coussin et pourvus d'accoudoirs.

Enfin, il convient de citer l'emploi général de la tôle d'acier pour la confection des chaudières, et celui de la fonte pour la fabrication des roues.

Autrefois ces locomotives étaient richement peintes et décorées ; mais aujourd'hui l'ornementation est devenue plus sobre : l'enveloppe de la chaudière n'est pas mise en couleur, mais formée d'une tôle d'acier brunie. Le grand fanal devant la cheminée et le *cow-catcher* ou chasse-bœufs sont toujours en honneur en Amérique.

La figure 60 représente une machine américaine pour trains de voyageurs. Il paraît intéressant de citer à ce propos un tour de force tel que les Américains aiment à en exécuter : notre figure reproduit exactement le type d'une machine qui a été entièrement construite dans les ateliers d'Altoona, aux États-Unis, en 60 heures et 50 minutes ; au bout de ce laps de temps, la locomotive était en pression, prête à sortir des ateliers pour les essais.

La figure 61 reproduit le type des machines à marchandises, qui sont généralement à quatre essieux couplés. Le bogie d'avant est à un seul essieu ; en outre, le foyer pénètre fortement à l'intérieur de la cabine ; le mécanicien se tient sur le côté, et le chauffeur, placé plus en arrière, est protégé par un prolongement de la toiture de la cabine.

Fig. 60. — Locomotive américaine pour trains de voyageurs.

FIG. 61. — Locomotive américaine pour trains de marchandises.

Il convient de dire quelques mots du mode spécial d'utilisation appliqué par les Américains à leurs locomotives.

En Europe, chaque locomotive possède, en général, son mécanicien et son chauffeur attitrés ; la machine reste inutilisée dans les dépôts pendant que ses conducteurs se reposent ou ont quitté le service ; elle passe de temps en temps aux ateliers pour y subir de grosses réparations constituant une sorte de remise à neuf.

Aux États-Unis, au contraire, la locomotive est *banale*, c'est-à-dire qu'aucune équipe particulière ne lui est affectée. Elle marche sans trève ni repos ; quand ses conducteurs sont fatigués, ils sont remplacés par d'autres ; et elle roule ainsi sans arrêts jusqu'à ce que son degré d'usure la fasse condamner. Dans cette manière de procéder, les Américains voient l'avantage d'une utilisation plus grande des machines, et, comme les locomotives sont naturellement mises hors d'usage au bout d'un temps beaucoup plus court, il devient possible de se tenir toujours au courant du progrès, en les remplaçant par des machines plus perfectionnées.

Nous avons vu que c'est à la Suisse que revient actuellement l'honneur d'avoir la plus grande machine d'Europe ; ce sont les État-Unis qui possèdent la machine à marchandises la plus forte du monde : cette locomotive, du type connu sous le nom de *Consolidation*, est à quatre essieux couplés et à un essieu avec bissel ; elle pèse tonnes 69,500 en ordre de marche.

Sur le chemin de fer Canadien-Pacifique, les locomoves sont du type *Mogul*, c'est-à-dire à trois essieux ouplés et à un essieu bissel à l'avant.

Emploi des combustibles liquides. — Dans les districts pétroliers du Caucase et de la Pensylvanie, l'idée devait venir d'utiliser l'huile minérale et les autres résidus du raffinage du pétrole au chauffage des locomotives. Les premiers essais ont été faits par M. Urquhart, chef d'exploitation du chemin de fer Griasi-Tzaritzin dans la Russie méridionale; ils ont été continués aux États-Unis. Mais l'emploi exclusif du pétrole dans les foyers exige des conditions toutes spéciales et ne peut être appliqué que sur les lieux de production, tels que les Provinces Caspiennes et la Pensylvanie.

Le *Great Eastern Railway*, en Angleterre, a donc cherché à combiner l'emploi du pétrole et du charbon : on injecte le pétrole dans le foyer au-dessus de la couche de charbon, à l'aide d'un appareil placé de chaque côté du foyer et qui projette l'huile pulvérisée.

Ce système permet de faire monter rapidement la pression, ainsi que le prouve un essai dans lequel, en neuf minutes, la pression a été portée de 3,5 à 10 atmosphères.

Le pétrole est renfermé dans un réservoir contenant une provision suffisante pour un parcours d'environ 320 kilomètres.

CHAPITRE XIII

VOITURES ET WAGONS

Les voitures et les wagons constituent ce que l'on appelle le *matériel roulant* : les *voitures* sont les véhicules affectés au transport des voyageurs ; tous les autres, sont des *wagons*.

Les premiers chemins de fer ayant desservi principalement des charbonnages, les premiers véhicules furent des tombereaux.

Une voiture de luxe construite en 1842 pour la reine Adélaïde, présentait pour la première fois, sauf ses dimensions exiguës, les caractères des voitures modernes.

Pendant de longues années encore, on jugea que les voyageurs de deuxième classe pouvaient, sans inconvénient, être exposés aux intempéries, seul un léger rideau les abritant, suivant le cas, contre le soleil ou la pluie.

Il existait encore en 1844, sur le chemin de fer de Strasbourg à Bâle, des voitures de troisième classe découvertes, à 60 places debout ; il est vrai que des véhicules de genre, mais couverts, circulent encore de nos jours dans plusieurs pays étrangers, sous le nom de quatrième classe.

Depuis les curieuses berlines du chemin de fer de Saint-Étienne à Lyon, les voitures de première classe découvertes du chemin de fer de Versailles, et les chars-à-bancs employés dans l'Est, bien des progrès ont été faits dans la construction des voitures.

La place réservée à chaque voyageur a augmenté, les caisses des voitures ont été surélevées, les perfectionnements de la carosserie ont donné aux compartiments un aspect qui en rend le séjour plus agréable, l'éclairage à la bougie a cédé successivement la place à l'huile, au pétrole, au gaz et à l'électricité.

Le châssis de la voiture a subi de nombreuses améliorations destinées à adoucir l'allure des voitures et à protéger le voyageur contre les trépidations. Les ressorts de suspension, d'abord absents, puis très courts, ont été successivement allongés, en même temps que l'on employait un métal toujours meilleur.

Les roues et les essieux ont été l'objet d'études les plus minutieuses, pour arriver à éviter les irrégularités de marche et les secousses qui pourraient résulter d'un tournage défectueux, d'une excentration de la masse de de la roue ou d'un mauvais équilibrage de la paire de roues calée sur un même essieu.

Différentes parties du véhicule. — Le matériel roulant en usage sur les chemins de fer, se distingue de celui employé sur les routes, non seulement par le

calage des roues sur les essieux, par l'application de
boudins aux roues et par la conicité des bandages,
mais encore par la position de la caisse au-dessus des
roues. La caisse déborde, en effet, sur les roues, ce
qui offre l'avantage d'une plus grande largeur de cette
caisse, et ce qui n'a pas d'inconvénients, les véhicules n'étant pas exposés à verser comme sur les routes
ordinaires par suite d'inégalités du sol ou de tournants trop brusques, les deux rails étant toujours de
niveau et les courbes présentant des rayons assez grands.

Un véhicule de chemin de fer se compose de deux
parties essentielles, le *châssis*, et la *caisse* qui repose
sur le châssis.

Le châssis, formé d'un cadre en bois ou en métal,
fortement entretoisé par des croix de Saint-André, prend
ses points d'appui sur les *fusées* des essieux, c'est-à-dire
sur un prolongement de ces essieux à l'extérieur des
roues.

Les fusées tournent dans des *boîtes de graissage* renfermant de l'huile ou de la graisse, et pouvant glisser
verticalement entre les branches d'un étrier, appelé
plaque de garde.

La boîte de graissage est invariablement fixée par sa
partie supérieure au milieu des *ressorts de suspension*,
dont les extrémités se rattachent au châssis par des
menottes. Les chocs et les vibrations résultant des inégalités de la voie, transmis à la boîte de graissage par
l'intermédiaire des roues et des essieux, sont donc arrêtés
par les ressorts et ne parviennent pas jusqu'au châssis.

Une seconde suspension est, en outre, fréquemment réalisée entre le châssis et la caisse, soit à l'aide de ressorts, soit à l'aide de rondelles, pour amortir encore davantage l'effet des vibrations qui pourraient parvenir jusqu'au châssis.

Les ressorts, dont la longueur varie suivant qu'il s'agit de voitures à voyageurs ou de wagons à marchandises, sont formés de lames d'acier superposées et affectant, par leur ensemble, une forme parabolique.

Les *roues*, dont le diamètre varie de 90 centimètres à 1 mètre, et qui doivent être à la fois solides et légères, peuvent être *pleines* ou à *rais*.

Pendant longtemps les roues ont été formées d'un moyeu en fonte et de rais en fer, mais depuis plusieurs années, on emploie beaucoup les roues *Arbel*, tout entières en fer forgé : les divers éléments constituant la roue sont chauffés au blanc soudant, puis étampés d'un seul coup de marteau-pilon, de manière à produire la soudure parfaite de toutes les pièces.

Les roues à rais ont l'inconvénient de soulever la poussière et de présenter une plus grande résistance à l'air que les roues pleines : l'emploi de ces dernières tend, par suite, à se généraliser de plus en plus.

Les roues pleines se font de diverses manières : celles en fonte, d'un usage presque exclusif en Amérique, sont également employées dans divers pays d'Europe; sur les chemins de fer français leur usage est interdit dans les trains de voyageurs.

Les roues pleines en fer laminé sont employées sur

plusieurs réseaux français ; en Angleterre et en Allemagne
les roues pleines ont un centre formé de secteurs en bois
de teack. Les roues à centre en papier comprimé, ont été
également essayées, mais jusqu'à présent on leur reproche de ne pouvoir résister à l'action énergique des
freins continus. Les *bandages* munis d'un *boudin*, qui
doivent former la surface de roulement de la roue, sont
fabriqués avec un diamètre insensiblement plus petit
que celui des roues : on les place autour des roues après
les avoir chauffés ; en se refroidissant, le bandage tend
à reprendre son diamètre primitif, et il se produit ainsi
un serrage énergique, maintenant le bandage contre la
jante. Afin d'empêcher tout déplacement latéral du bandage, on le fixe, en outre, à la jante, à l'aide de rivets,
de vis ou de boulons.

Les bandages qui se faisaient autrefois en fer, ou en
fer et acier, se fabriquent aujourd'hui presque exclusivement en acier.

Les roues sont montées sur les *portées de calage* des
essieux, légèrement coniques, à l'aide d'une pression
hydraulique très énergique (30 à 40.000 kilogrammes).

Le châssis supporte les *appareils de choc et de traction.*

Les appareils de choc sont constitués par les *tampons*,
dont la *tige* pénètre dans un boisseau renfermant des
rondelles ou des ressorts : quelquefois les deux tampons,
situés d'un même côté du châssis, sont rattachés aux
extrémités d'un même ressort transversal placé à l'intérieur du châssis.

Les tampons d'une même extrémité de voiture ont,

en général, l'un un plateau plat, l'autre un plateau bombé, et ils peuvent ainsi rester encore en contact au passage des courbes.

Les *appareils de traction*, qui servent à l'attelage des véhicules entre eux, et qui reçoivent l'effort de traction de la locomotive, se composent d'une *barre de traction* placée suivant l'axe longitudinal du châssis, terminée à chaque extrémité par un crochet d'attelage et rattachée au châssis par l'intermédiaire de ressorts. Aux crochets de traction sont suspendus des appareils à vis que l'on introduit dans les crochets des voitures voisines : un tendeur permet d'opérer un serrage assez fort pour amener les tampons des véhicules en contact, de manière à donner à l'ensemble du train une certaine rigidité qui s'oppose aux mouvements de lacet, si désagréables pour les voyageurs.

En France, l'attelage est complété par les *chaînes de sûreté ;* en Allemagne, on emploie *deux* tendeurs à vis.

En Amérique, où les caisses sont supportées par deux trucks à bogies, les voitures n'ont à chaque extrémité, qu'un tampon central, et l'attelage se fait simplement au moyen d'une cheville.

Après le *train*, il nous reste à parler de la *caisse* de la voiture.

Les caisses sont de types très variés, mais elles se rattachent à deux modèles principaux, le modèle *anglais* et le modèle *américain*.

Dans le modèle anglais, chaque voiture est divisée en

compartiments dans lesquels on pénètre par des portières latérales.

Dans le modèle américain, les voitures très longues sont terminées à chaque extrémité par une plateforme d'accès, et traversées par un couloir longitudinal permettant la circulation d'un bout à l'autre du train.

On a beaucoup discuté sur les mérites et sur les inconvénients respectifs de chacun de ces deux types, et les ingénieurs ont été divisés pendant longtemps en deux camps opposés. Il semble aujourd'hui qu'on en arrive à reconnaître que là, comme en bien d'autres choses, la vérité est entre les deux et que les solutions qui répondent le mieux aux besoins généraux du public participent à la fois des deux systèmes : c'est dans ce sens que sont construites les voitures les plus récentes.

C'est ainsi que les Compagnies de l'Est et du Nord ont mis en service des voitures à couloir latéral dont nous donnons le plan dans la figure 62. Comme on le voit, ces voitures ont quatre compartiments, dont deux à six et deux à sept places, dans lesquels les voyageurs peuvent s'isoler comme dans les voitures ordinaires : ils ont, en plus, l'avantage de pouvoir circuler dans le couloir pour se dégourdir et pour admirer le paysage. Un cabinet de toilette complète l'installation de la voiture.

Sur d'autres réseaux, tels que l'Orléans, le P.-L.-M. et l'État, on a cherché à donner satisfaction aux besoins de confortable du public, en construisant des voitures très longues rappelant les voitures américaines.

La figure 63 reproduit le demi-plan d'une voiture de première classe du chemin de fer de P.-L.-M. à huit compartiments séparés.

Elle renferme six compartiments de première classe communiquant deux à deux et deux compartiments de fauteuils-lits communiquant ensemble. On accède à ces compartiments par des portières latérales. Chaque compartiment de première classe contient sept places et chaque compartiment de fauteuils-lits, trois places. Un cabinet de toilette avec water-closet dessert chaque groupe de deux compartiments.

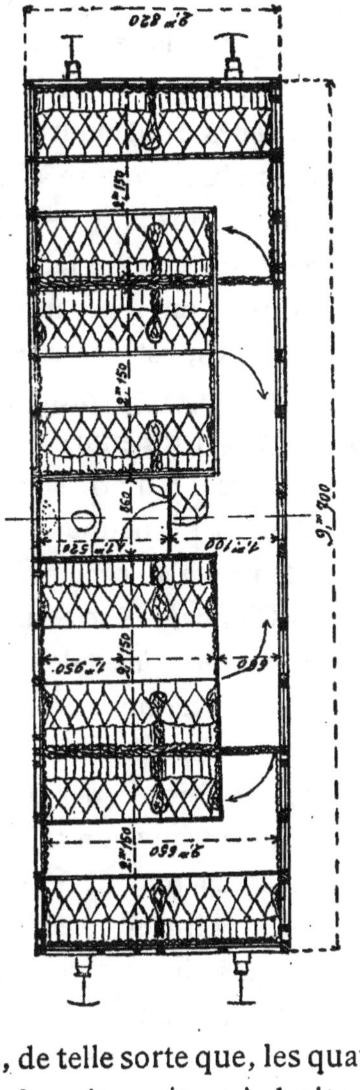

La voiture est montée sur deux bogies à quatre roues.

Un autre type de ces voitures (fig. 63) renferme huit compartiments de première classe où l'on a accès par un couloir intérieur brisé, de telle sorte que, les quatre compartiments d'un bout de la voiture étant à droite du corridor, les quatre autres sont à gauche ; chaque com-

Fig. 62. — Voiture de première classe à couloir latéral.

partiment contient six places. Un lanterneau, muni de châssis vitrés mobiles, règne au-dessus de tous les compartiments et leur donne ainsi plus de jour et d'air. Un cabinet de toilette, avec water-closet, est placé à chaque extrémité du couloir. Il y a deux terrasses aux extrémités ; elles sont pourvues d'une passerelle de communication d'une voiture à l'autre. En outre deux portières, avec marchepieds se développant automatiquement, sont placées, sur chaque face, au milieu de la longueur.

Un troisième type, monté, comme les précédents, sur deux bogies, est à intercirculation, avec couloir central (fig. 64). Cette voiture contient à chaque extrémité deux compartiments de quatre places chacun, et le reste de la caisse renferme trente et une places qui ne sont séparées par aucune cloison. Pour le reste, la voiture est identique au type précédent.

La Compagnie d'Orléans possède également des voitures longues, à couloir latéral, comprenant sept compartiments fermés, de six places, accessibles aux deux extrémités par des plateformes closes et pourvues d'une passerelle fermée par un soufflet. A chaque bout de la voiture se trouve un cabinet de toilette.

Sur le chemin de fer de l'État français, on emploie de longues voitures avec un couloir latéral desservant six compartiments de première classe à six places, ou sept compartiments de deuxième classe à huit places, ou huit compartiments de troisième classe à dix places. Un water-closet complète l'installation de ces voitures, qui ont 16^m,24 de longueur.

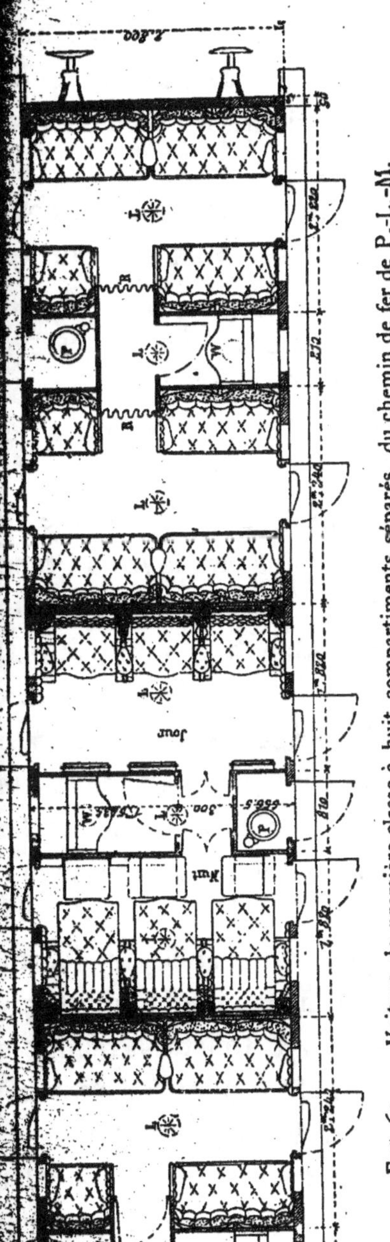

Fig. 63. — Voiture de première classe à huit compartiments séparés, du chemin de fer de P.-L.-M.

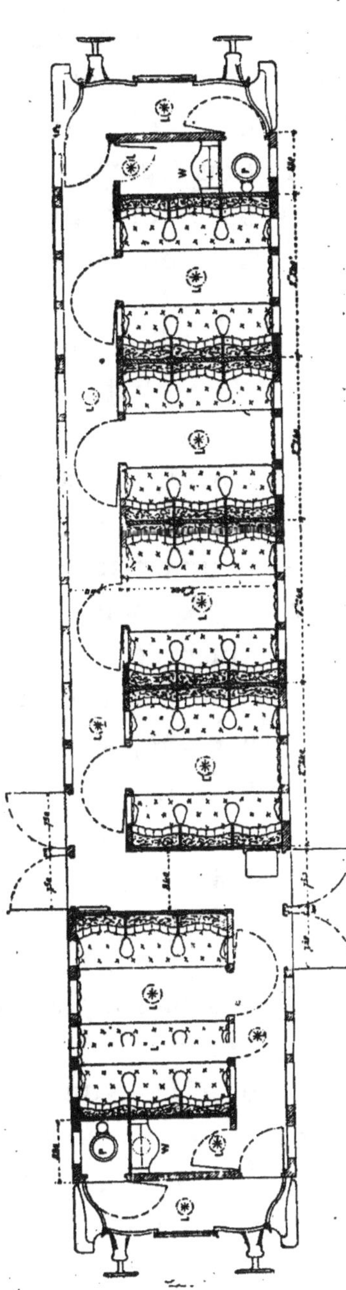

Fig. 64. — Voiture de première classe à intercirculation du chemin de fer de P.-L.-M.

En résumé, on voit que l'on cherche aujourd'hui à installer de grandes voitures d'une capacité au moins double de celle des voitures anciennes, et établies suivant trois types fondamentaux :

1° La voiture, très longue, reposant sur deux bogies est divisée en compartiments transversaux avec portières latérales.

2° Les compartiments transversaux sont conservés, mais l'accès a lieu par un couloir latéral.

3° La voiture est disposée suivant le système américain, en un seul compartiment avec couloir central.

Voitures anglaises. — Le premier des systèmes ci-dessus qui est actuellement le moins employé en France, est très répandu en Angleterre ; les nouvelles voitures des principales compagnies anglaises ont 6 comparti-ments de 1re classe à 6 places, ou 8 compartiments de 3e classe à 8 places. Ces voitures sont munies de water-closet. Fréquemment, un ou deux compartiments sont réservés aux bagages, surtout dans les voitures directes ; d'autres fois il y a un compartiment spécial pour le garde-frein.

On a pu remarquer, à l'Exposition de 1889, une voiture du Midland-Railway à 6 compartiments, dont 3 de 1re classe et 3 de 3e classe, avec toilette-lavabo pour chaque classe, un compartiment pour le conducteur chargé de la manœuvre des freins et du réglage de la lumière électrique. Cette voiture, montée sur deux bogies à 6 roues, a 17 mètres de longueur et peut con-tenir 16 voyageurs de 1re classe et 28 de 3e classe. Il est noter que sur le chemin de fer du Midland, il n'y a pas de 2ᵉ classe.

La Compagnie du London and North Western Railway fait circuler sur son réseau des voitures-salons à couloir latéral, montées sur bogies, réunies les unes aux autres par des passerelles de communication fermées.

Voitures américaines. — Les voitures du système américain ont, en règle générale, une seule classe et renferment 60 places. De chaque côté du couloir central, il y a des banquettes pour deux personnes, avec dossier reversible. Dans un angle de la voiture se trouve un water-closet avec toilette, et à l'angle diagonalement opposé, un fourneau, remplacé en été par un récipient à glace. Au-dessus du couloir un lanterneau surélevé contient les appareils d'éclairage et de ventilation.

Des volets protègent les voyageurs contre le soleil et des cadres avec des toiles métalliques empêchent l'entrée de la poussière quand les glaces sont baissées.

En Amérique, les classes ont été rétablies, en pratique, par la création des wagons d'immigrants, des wagons-fumoirs, et surtout des voitures-restaurants, salons et lits (*Palace-Cars* et *Pullmann-Cars*) installées avec un grand luxe.

Les voitures de luxe ont été introduites en Europe, il y a plusieurs années, lors de la création des grands express internationaux et intérieurs, dans les divers pays.

La figure 65 reproduit l'aspect extérieur d'un wagon-restaurant de la Compagnie Internationale des Wagons-Lits et des Grands Express Européens, construit sur le

Fig. 65. — Wagon-restaurant de la Compagnie Internationale des Wagons-Lits et des Grands Express Européens

...dèle américain. La figure ...donne le plan d'un res-...rant du chemin de fer de ...tat français, avec salles à ...anger pour les voyageurs ...diverses classes.

Voitures allemandes. — ...ur la plupart des chemins ...e fer allemands, autrichiens ...t hongrois, il existe quatre ...lasses de voitures ; la pre-...mière classe est très peu uti-...isée et considérée pour ainsi ...dire comme une place de ...luxe.

Les classes diffèrent entre ...elles par l'espace affecté au ...voyageur (par compartiment ...il y a 6 places de 1re classe, ...8 de 2e et 10 de 3e et de 4e) ...et par la garniture des com-...partiments. On peut dire ...que le matériel allemand, ...qui a été longtemps supé-...rieur au matériel français, ne ...présente plus cette supé-...riorité depuis l'adoption des ...nouveaux types de voitures ...en France.

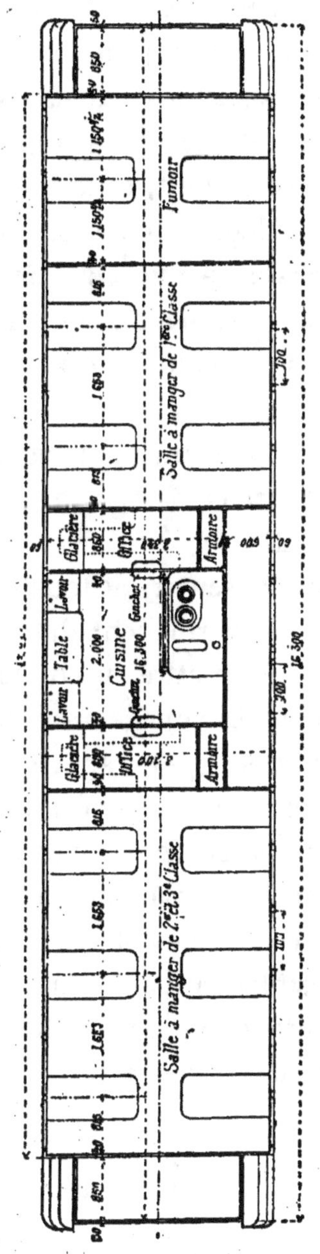

FIG. 66. — Plan d'un wagon-restaurant du chemin de fer de l'État français.

Voitures suisses. — Le matériel suisse est établi d'après le type américain, et il convient bien aux conditions particulières dans lesquelles s'effectuent les voyages dans ce pays : les trajets sont courts, il n'y a pas de service de nuit, et le voyageur doit avoir toute liberté de se déplacer dans la voiture pour admirer le paysage.

Voitures-tramways de la Compagnie du Nord. — La Compagnie du Nord fait usage pour ses trains-tramways, de voitures qu'elle a établies sur un type spécial, destiné à répondre au programme suivant :

1º Avoir un poids aussi faible que possible par voyageur transporté, afin de réduire au minimum le poids du train ;

2º Présenter, de tous les points de la voiture, un accès facile et permanent du conducteur sur la machine ;

3º Permettre au conducteur de circuler facilement au milieu des voyageurs pour donner les billets et faire les perceptions, et d'appeler facilement, avant chaque arrêt, le nom de cet arrêt, afin que les voyageurs puissent se préparer, se grouper et descendre rapidement ;

4º Avoir une voiture de grande capacité, dans laquelle le nombre des places offertes de chaque classe réponde sensiblement au nombre des places occupées, en augmentant un peu la proportion des premières et des deuxièmes classes :

> 10 à 12 pour 100 en première classe ;
> 20 à 25 pour 100 en deuxième classe ;
> Et le reste en troisième classe ;

5º Donner à chaque classe un accès différent, tout en

mettant l'accès unique par
quel, aux points d'arrêt
termédiaires non gardés,
us les voyageurs montent
descendent sous le contrôle
rect du conducteur;

6° Disposer la voiture de
lle sorte qu'on puisse, au
soin, y réserver un com-
artiment postal et un autre
our le service des bagages,
ans le cas où le train-tram-
way, étant substitué à un
rain du service ordinaire,
'est pas affranchi des obligations que doivent remplir
es trains pour le transport
des courriers de la poste, des
bagages et des messageries ;

7° Enfin, donner à la voiture, malgré sa grande capacité, une flexibilité qui lui
permette de passer dans des
courbes de 90 à 100 mètres
de rayon.

Pour répondre à ce pro-
gramme, divers types de voitures ont été étudiés par
M. Bricogne et adoptés par la

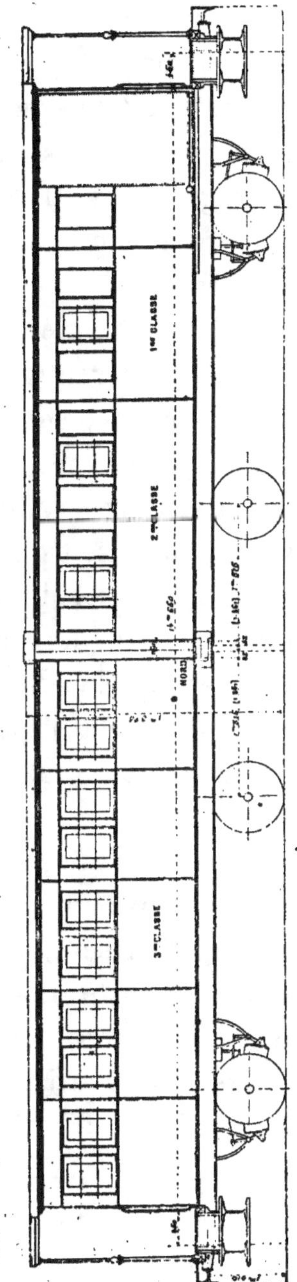

FIG. 67. — Voiture-tramway articulée de la Compagnie du Nord.

Compagnie. La figure 67 représente une voiture à quatre
essieux, mais le type le plus récemment adopté par la
Compagnie est un modèle à six essieux, composé de
trois corps articulés entre eux, renfermant 102 places
de voyageurs, ayant de plus un compartiment postal et
un compartiment de bagages et ne pesant, vide, que
27 tonnes.

La caisse a 24 mètres de longueur, elle est desservie
par un couloir central auquel on accède par trois plateformes à marchepieds, dont deux aux extrémités et une
au milieu de la voiture.

La caisse a trois compartiments de voyageurs : à l'une
des extrémités se trouve un compartiment de 2e classe à
20 places ; il est suivi d'un compartiment de 1re classe
à 12 places et d'un compartiment de 3e classe à 70 places, après lequel vient le compartiment de bagages, dans
lequel est installé l'appareil de serrage du frein ; puis le
compartiment postal, qui termine la voiture à l'autre
extrémité.

Chaque corps de voiture repose sur deux essieux, et
les trois corps sont réunis entre eux à l'aide d'une arti-
culation à charnière, très ingénieuse, imaginée par M. Bricogne, en sorte que chaque corps de voiture peut
prendre la position convenable au passage des courbes.

Cette voiture articulée présente donc sur une voiture
à caisse rigide de même contenance et de même longueur, montée sur des bogies, l'avantage suivant : au
passage dans les courbes de faibles rayons, les six essieux
de la voiture articulée, qui sont indépendants deux à deux,

incrivent aussi bien que ceux des bogies, mais,
plus, ses tampons restent en contact avec ceux des
véhicules voisins, tandis que les tampons des voitures à bogies sortent de la voie et cessent d'être en
contact.

Intercommunication. — Les appareils d'intercommunication, aujourd'hui d'un emploi général sur les chemins de fer français, sont destinés à mettre les agents des
trains en relation entre eux et avec les voyageurs, pour
leur permettre de donner un signal d'alarme en cas
d'accident ou d'attentat. En outre les appareils d'intercommunication signalent automatiquement les ruptures
d'attelage.

L'intercommunication est réalisée à l'aide d'appareils
soit électriques, soit pneumatiques.

Les appareils électriques du système Prudhomme, plus
ou moins modifié, ont été appliqués en 1865 sur le réseau
du Nord, puis adoptés successivement par les Compagnies
du P.-L.-M., de l'Est et d'Orléans.

Deux fils isolés courent tout le long du train, la continuité étant établie d'une voiture à l'autre au moyen
d'une attache spéciale. Des sonneries et des piles sont
placées sur ce circuit dans les fourgons des conducteurs, et des boutons d'appel, mis dans chaque compartiment à la portée des voyageurs, leur permettent de prévenir les agents au moyen de la sonnerie. Une ailette,
qui se développe à l'extérieur du compartiment, fait
connaître aux agents le point d'où l'appel est parti.

En cas de rupture d'attelage, les fils d'attache se brisent également et un dispositif spécial fait fonctionner les sonneries dans les fourgons.

Les appareils pneumatiques sont employés sur l'Ouest et le Midi.

Sur la Compagnie de l'Ouest, le voyageur, en agissant sur le bouton d'appel, fait fonctionner un petit sifflet d'alarme placé sur un branchement de la conduite du frein Westinghouse; en même temps, par suite de la dépression qui se produit à ce moment dans la conduite, un appareil avertisseur, installé sur la machine à proximité du mécanicien, attire l'attention de ce dernier.

Dans les voitures de la Compagnie du Midi, l'appareil d'intercommunication permet aux voyageurs d'agir directement sur le frein et d'arrêter le train. En pressant sur le bouton d'appel, le voyageur déclenche un levier agissant sur une valve de manœuvre des freins.

Il en est de même en Allemagne et dans divers autres pays où l'on emploie l'appareil Carpenter.

Dans chaque compartiment se trouve un levier immobilisé à l'aide d'une ficelle plombée. En cas de danger, on actionne brusquement le levier pour rompre la ficelle : dans ce mouvement, on provoque le déclenchement de la valve du frein et, par suite, le serrage immédiat.

Éclairage. — L'éclairage à la *bougie* n'est guère plus employé que dans les pays froids où l'huile serait exposée à se congeler. Le mode d'éclairage le plus répandu aujourd'hui est l'éclairage à l'*huile végétale :* les lampes à huile à bec plat, généralement employées ne donnent pendant qu'une lumière fumeuse et vacillante, et l'on peut dire que cet éclairage ne devient satisfaisant qu'avec les lampes à mèche ronde et surmontées d'un verre, telles qu'elles sont employées par la Compagnie du Nord. Ces lampes ont une intensité de 3/4 carcel, et, grâce à la forme spéciale du réflecteur en tôle d'acier nickelée dont elles sont pourvues, elles répartissent également la lumière dans toutes les parties du compartiment.

L'*huile minérale* présente trop de dangers et d'inconvénients pour être employée dans les chemins de fer, au moins avec les lampes ordinaires : cependant la Compagnie d'Orléans et certaines administrations anglaises, en ont fait l'application en la brûlant dans des lampes spéciales à flamme horizontale. Ces lampes donnent des résultats satisfaisants.

L'*éclairage au gaz* a pris une assez grande extension dans les pays limitrophes de la France : Belgique, Allemagne, Angleterre et Italie; en France même, il est employé sur les réseaux de l'Ouest, de l'Est, du Paris-Lyon-Méditerranée et de l'État

Le système le plus usité est le *système Pintsch* (fig. 69), pages 280-281 Sous chaque voiture est installé un réservoir *a* contenant du gaz riche provenant de la distillation d'huiles et comprimé à six atmosphères. Après avoir traversé un régulateur, destiné à compenser pendant la marche la perte de pression due à la consommation, le gaz est amené jusqu'aux lampes par une conduite disposée le long des parois et sur la toiture.

Dans d'autres systèmes, tels que le système Cambrelin, employé en Belgique, et celui du Métropolitain, de Londres, il n'y a qu'un seul réservoir à gaz, placé dans le fourgon à bagages, et les conduites des diverses voitures sont raccordées entre elles par des tuyaux en caoutchouc.

Il convient de mentionner le système ingénieux adopté par le Paris-Lyon-Méditerranée et qui consiste dans la mise en veilleuse automatique de la lampe, toutes les fois que l'on baisse le store entourant la coupe.

L'emploi du gaz nécessite l'installation d'usines spéciales et de réseaux de conduites d'alimentation dans les gares : ce sont là des complications qui retardent l'extension du système, avec d'autant plus de raison que le moment ne paraît pas éloigné où l'éclairage électrique des voitures de chemins de fer entrera complètement dans le domaine de la pratique.

L'*éclairage électrique* peut être réalisé de diverses manières.

Les essais tentés à l'aide des piles ne paraissent pas avoir donné de bons résultats, et l'on a ensuite expérimenté l'emploi de machines dynamo-électriques, commandées par l'essieu d'un des véhicules du train et chargeant des accumulateurs destinés à approvisionner les lampes à incandescence placées dans les compartiments.

Des expériences de ce genre sont faites en Allemagne. En Angleterre, le *London Brighton and South Coast Railway* éclaire ainsi trois trains de grande ligne et treize trains locaux ; le *Great Northern Railway* et le *Midland Railway* emploient des dispositions analogues. Enfin, l'express de

New-York à Chicago est éclairé par des accumulateurs et une dynamo placée dans le fourgon à bagages. Cette dynamo est actionnée par une machine Brotherhood à trois cylindres alimentée par la vapeur de la locomotive.

Le *Connecticut River Railroad* éclaire de même, depuis 1888, les trains de Springfield et Northampton. Le train impérial de Russie a une disposition analogue.

Actuellement, la préférence paraît se porter sur l'emploi des accumulateurs seuls, chargés aux extrémités du parcours par des machines dynamo fixes.

Les wagons-salons du *Pensylvania Railroad* sont éclairés à l'aide d'accumulateurs seuls ; chaque wagon renferme deux boîtes d'accumulateurs que l'on charge à poste fixe par une dynamo à incandescence et qui alimentent des lampes Edison.

Un certain nombre de trains du *Boston and Albany Railroad* sont éclairés par des accumulateurs Julien, alimentant des lampes Edison ; chacun renferme soixante accumulateurs, dont six de réserve, et vingt-deux lampes.

L'*Etat prussien* fait également usage d'un certain nombre de voitures éclairées à l'incandescence. Chaque voiture renferme cinq lampes de six bougies. Le courant est fourni pour vingt-quatre heures au moyen d'accumulateurs ; la lumière peut être réglée par le voyageur.

Le *Midland Railway* essaie, depuis 1887, le système *Timmis* qui résout les quatre problèmes suivants :

1° Chaque voiture a sa source d'éclairage distincte ;

2° Le conducteur peut éteindre et allumer de son poste toutes les lampes du train ;

3° L'installation d'éclairage sert en même temps à l'intercommunication entre les voyageurs et le conducteur ;

4° En cas de rupture d'attelage toutes les lampes s'allument dans la partie détachée.

Chaque voiture porte une batterie d'accumulateurs de dix éléments, et les voitures sont réunies entre elles par un câble à quatre fils.

La Compagnie du Nord éclaire les wagons-lits et restaurants de ses trains express et les voitures de luxe du *Club-train*, circulant entre Paris et Calais, avec des lampes à incandescence pourvues de réflecteurs en opale, alimentées par les accumulateurs de la *Société pour le travail électrique des métaux*. Chaque wagon renferme vingt et une lampes et seize éléments d'accumulateurs.

M. Eugène Sartiaux a, de même, étudié les dispositions de lampes électriques dans les voitures à couloir des trains-tramways de la banlieue de Paris et dans les voitures de première classe à quatre compartiments.

Signalons encore quelques dispositions particulières :

Sur le *Chemin de fer Métropolitain de Glasgow*, les voitures sont éclairées automatiquement à l'électricité pendant le passage sous les tunnels. A cet effet, les lampes sont reliées à une brosse métallique ou à une roue venant prendre le courant au contact d'un rail isolé, placé au milieu de la voie.

Sur le *Great Eastern Railway*, dans tous les trains de nuit, il suffit de laisser tomber un penny (10 centimes) dans une fente disposée à cet effet, pour déclencher un mécanisme qui envoie le courant d'un accumulateur dans une lampe de la puissance de cinq bougies, et l'éteint au bout d'une demi-heure.

L'éclairage électrique de l'avant des locomotives a également été réalisé. Il s'obtient par un régulateur à arc, mais on a constaté que les trépidations de la machine provoquaient bientôt l'extinction. Pour remédier à cet inconvénient, MM. Sedlazek et Wikulille ont imaginé une lampe spéciale qui résiste bien à la vitesse ordinaire des express. Le mouvement des charbons (fig. 69) est produit par un liquide, de la glycérine, qui remplit deux tubes

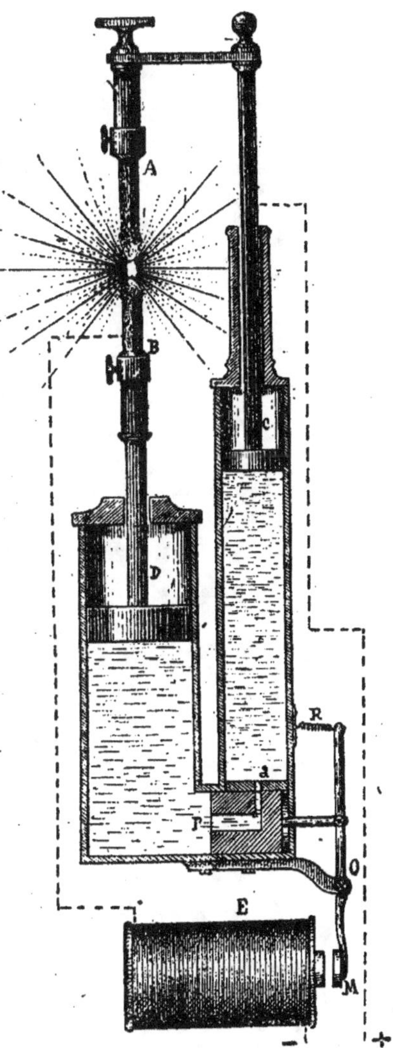

Fig. 68. — Lampe Sedlaczek et Wikulille.

verticaux dont les sections sont dans le rapport de 1 à 2. Ces tubes communiquent par un orifice a,

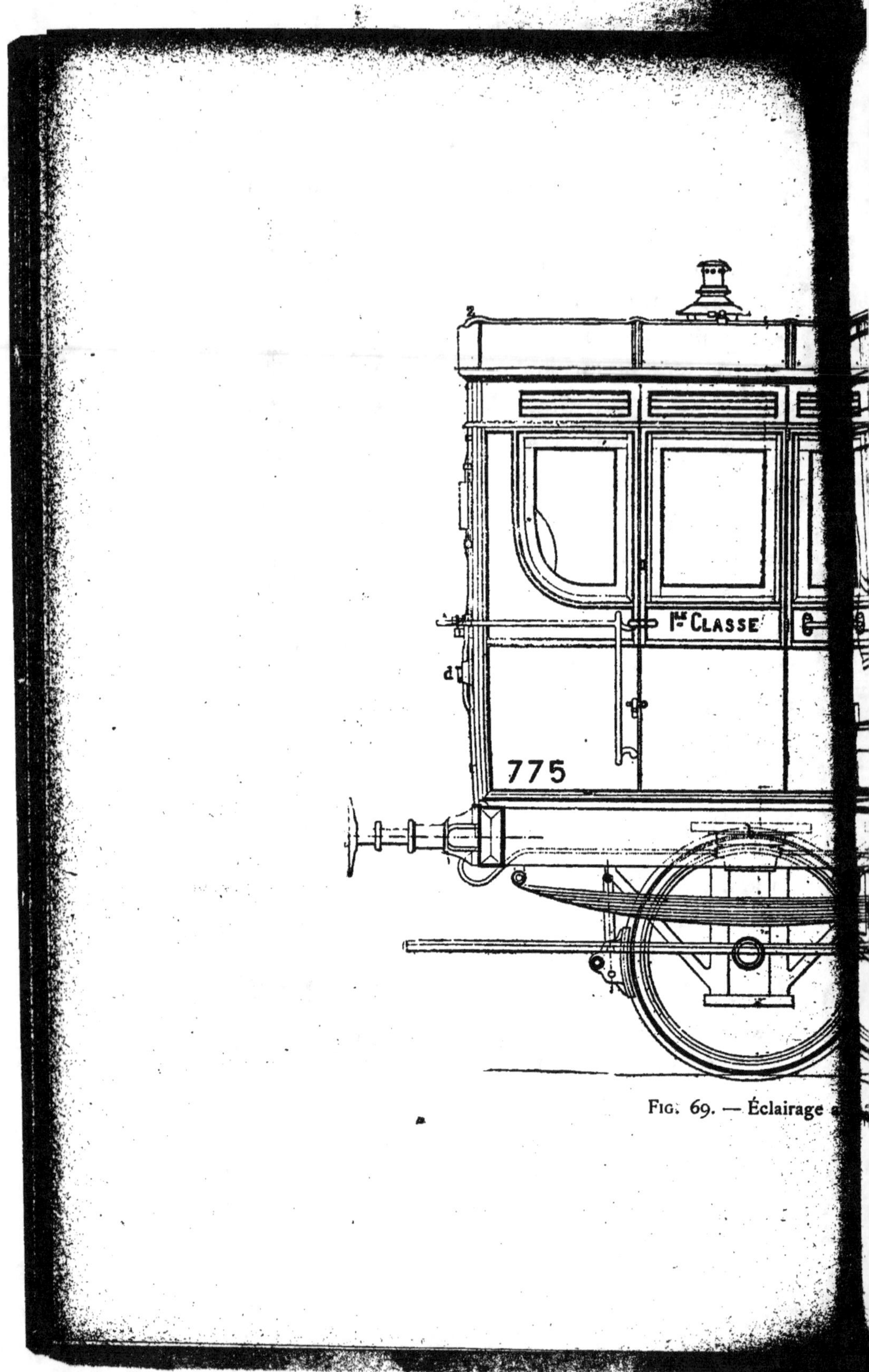

Fig. 69. — Éclairage

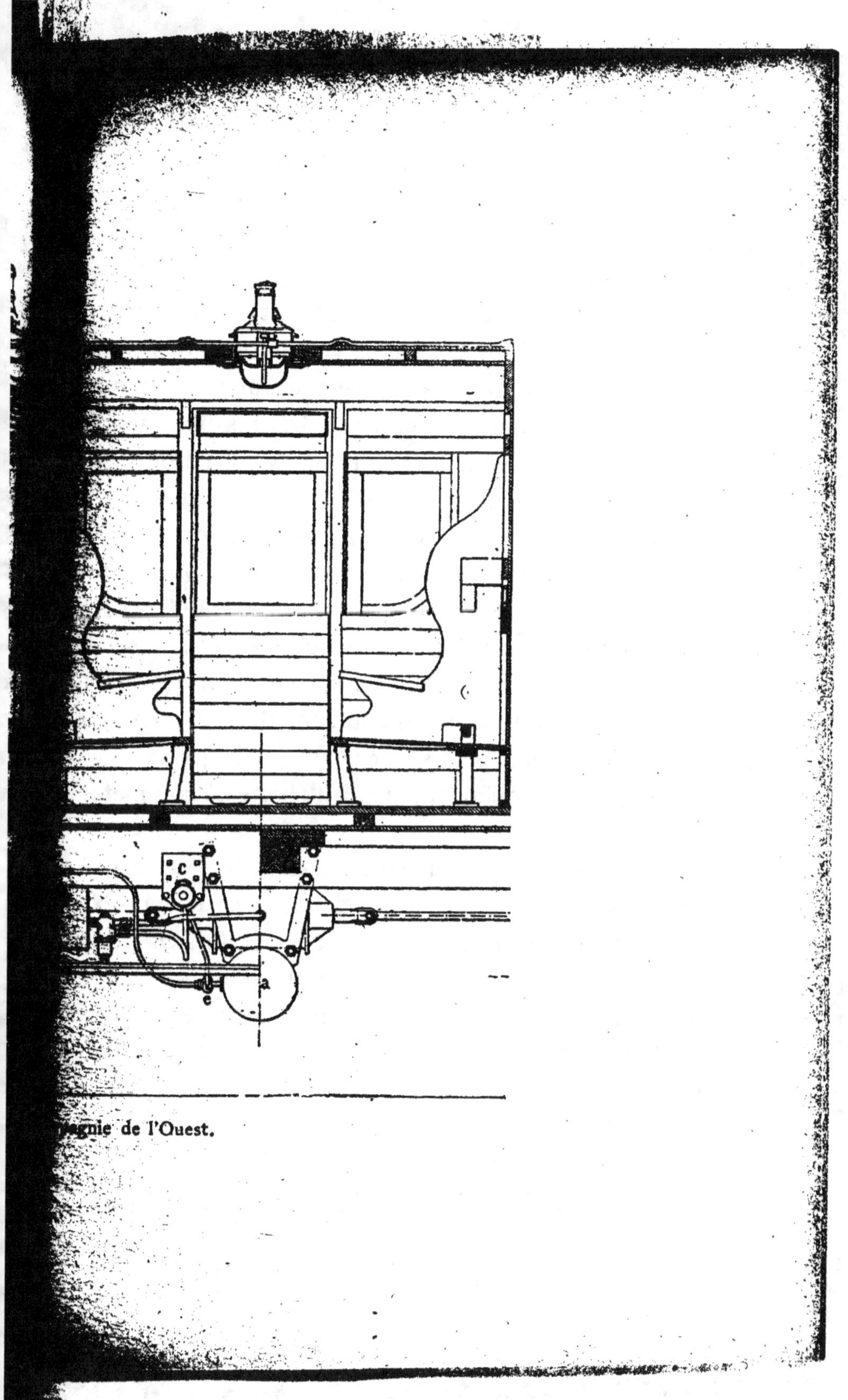

...agnie de l'Ouest.

que commande un piston P percé d'un conduit coudé. Ce piston est fixé à l'armature M d'un électro-aimant embroché dans le circuit général. Quand les charbons sont en contact, le circuit est fermé, et, le piston occupant la position figurée, l'orifice a est libre; l'arc s'allume, et un peu de liquide passe dans le tube C, pour permettre aux charbons de s'écarter. Mais aussitôt, la palette M est attirée, et le piston P, entraîné vers la droite, subit un petit déplacement et ferme a; lorsque la résistance de l'arc augmente, la palette M cède à l'action du ressort antagoniste R, et le piston P débouchant l'orifice a, un peu de liquide passe en D pour permettre le rapprochement des charbons. On a constaté que l'éclairage électrique n'altère ni la visibilité ni la coloration des signaux de la voie, et n'incommode nullement les mécaniciens ; il gêne les agents placés sur la voie, qui passent subitement d'une lumière intense à l'obscurité complète.

CHAUFFAGE[1]. — La question du chauffage des voitures à voyageurs est l'une des plus délicates et des plus complexes de l'exploitation des chemins de fer. On conçoit aisément la difficulté qu'il y a à chauffer une voiture à parois minces, vitrée sur une grande partie de sa surface, se déplaçant avec rapidité dans l'air froid pendant la marche, et dont les portières sont ouvertes à chaque

---

[1] Nous devons une grande partie des renseignements relatifs au chauffage, à l'obligeance de M. Jacquin, chef des services de l'Éclairage et du Chauffage de la Compagnie du Nord, qui a fait une étude spéciale de la question.

...ation par les voyageurs qui montent ou descendent. ...tte difficulté est d'ailleurs attestée par la grande diver-...é des systèmes en usage, et dont aucun n'a encore ...nné des résultats tels que l'emploi en ait été généralisé.

...On est en droit de se demander si l'on trouvera une ...lution générale applicable à tous les climats et en ...ême temps satisfaisant complètement et les conve-...ances du public et celles du service des stations et des ...ains dans l'exploitation des chemins de fer, et s'il n'est ...as plus logique, comme le font certaines administra-...ions, d'approprier dans chaque cas le système de chauf-...age aux conditions particulières correspondantes. Ainsi, ...a Compagnie du Nord poursuit l'application d'un sys-...ème différent de chauffage pour chacune des principales ...atégories de trains : trains express, trains omnibus, ...trains-tramways, et il est, en effet, évident que les ...onditions dans lesquelles doit se faire le chauffage, les ...exigences des voyageurs et les besoins du service ne ...sont pas les mêmes pour chacune de ces catégories de ...trains.

Bouillottes à eau chaude. — Le chauffage au moyen de ...bouillottes est encore l'un des plus répandus : les ...bouillottes sont généralement de forme plate et allongée, ...et au nombre de deux par compartiment.

...Elles sont ordinairement remplies d'eau et deux ...procédés sont aujourd'hui employés pour en opérer le ...réchauffage, sans les vider.

...Le premier procédé, employé par les Compagnies du ...Nord, de l'Ouest, de l'Orléans et du P.-L.-M., consiste à envoyer un jet de vapeur à haute pression dans les bouillottes, dont l'eau est ainsi portée à une température de 90° en deux ou trois minutes.

Le second procédé, employé par la Compagnie de l'Est, consiste à plonger à l'aide d'une noria les bouillottes dans une cuve d'eau bouillante : l'opération est plus longue et dure environ cinq minutes.

Bouillottes à acétate de soude. — Les Compagnies d'Orléans, de l'Ouest, du Nord, du P.-L.-M. et les chemins de fer hollandais font, en outre, usage de bouillottes renfermant de l'*acétate de soude*, produit chimique qui a la propriété de se maintenir pendant plusieurs heures à une température constante, voisine de 55°, au moment où il arrive à son point de cristallisation.

Le réchauffage de ces bouillottes exigeant cinquante minutes, si l'on procède par immersion dans l'eau bouillante, la Compagnie du Nord emploie des bouillottes spéciales traversées par un serpentin en cuivre. Pour opérer le réchauffage, il suffit alors de faire passer un courant de vapeur [1] à travers ce serpentin pendant 15 à 20 minutes, si les bouillottes étaient froides, et pendant 5 à 6 minutes, si elles étaient encore tièdes.

Chaufferettes à sable. — En Allemagne, on a fait l'essai de chaufferettes remplies de sable, préalablement chauffé dans des fours ; mais ces tentatives ont échoué.

---

[1] La Compagnie du Nord essaie d'opérer le réchauffage à l'aide d'un courant électrique qui porte la chaleur en tous les points de la masse à l'aide d'un rhéostat à mailles très serrées.

Chaufferettes Radelet. — Dans ce système, on introduit dans une chaufferette spéciale, une barre d'acier chauffée au rouge, qui en se refroidissant communique la chaleur à une enveloppe métallique. Dans la chaufferette, semblable à une chaufferette ordinaire, se trouve un fourreau en tôle dans lequel on met la barre, entre les parois de la double enveloppe, on bourre du coton minéral qui est très mauvais conducteur de la chaleur. On porte les barres au rouge dans des fours à reverbère.

Ces chaufferettes, employées sur les chemins de fer de l'État belge, sont très lourdes et il faut deux hommes pour les manœuvrer ; en outre, le coton minéral devient inerte au bout d'un certain temps et ne modère plus le passage de la chaleur : la température devient alors trop élevée pour les pieds des voyageurs.

Les barres d'acier elles-mêmes s'usent assez rapidement.

Chauffage Berghausen. — Le chauffage au moyen d'un charbon spécial, sous forme de briquettes, est très répandu en Allemagne : ces briquettes, dont la combustion est très lente, sont allumées et placées dans des fourneaux disposés sous les siéges ou sous les pieds des voyageurs.

Malgré les précautions prises, il est difficile d'éviter que les gaz de la combustion pénètrent dans le compartiment et viennent incommoder les voyageurs.

Chaufferettes mixtes. — Pour éviter ce dernier inconvénient, sans perdre l'avantage de la plus grande quantité de chaleur donnée par le chauffage avec des briquettes par rapport aux bouillottes, la Compagnie du Nord

emploie des chaufferettes mixtes à eau et à briquettes.
C'est l'eau qui chauffe le compartiment, tout en servant
d'isolant entre le foyer et les voyageurs.

Ces appareils, ayant la forme générale d'une chaufferette ordinaire, se composent de deux compartiments
superposés. Le compartiment supérieur contient l'eau,
le compartiment inférieur est disposé de façon à recevoir
une grille sur laquelle brûlent des briquettes chimiques.
La porte par laquelle on introduit les briquettes débouche directement en dehors de la voiture, et par suite, le
service du combustible se fait par l'extérieur du véhicule.

La porte de la chaufferette est percée de deux ouvertures munies de pavillons orientés en sens contraire, dans
lesquels l'air pénètre quel que soit le sens de la marche
du train. Une cloison longitudinale partage en deux parties égales l'intérieur de la chaufferette et oblige l'air à
circuler dans toutes ses parties. Les briquettes incandes-
centes disposées sur la grille de l'un ou de l'autre côté de
cette cloison, reçoivent donc toujours une quantité d'air
suffisante pour leur combustion, et l'on a soin de toujours mettre la grille dans celui des deux compartiments
qui est en avant de l'autre, dans le sens de la marche
du train.

La Compagnie de l'Ouest emploie des chaufferettes
mixtes fixes, munies à leur extrémité d'un foyer et
traversées par un carneau horizontal complètement entouré d'eau.

Poêles. — Le chauffage par poêles n'est pas employé
en France, et avec raison, à cause des dangers qu'il pré-

nte en cas d'accidents. Il sert en Allemagne pour certaines voitures de troisième et de quatrième classe et aux États-Unis pour les grandes voitures à bogies.

Appareils à air chaud. — Ce système employé en Amérique, en Suisse et en Allemagne, comprend un calorifère placé généralement sous la voiture et d'où l'air chaud est envoyé dans les compartiments : il a l'inconvénient de donner une chaleur trop sèche, peu agréable pour les voyageurs, et de ne pas chauffer suffisamment les pieds.

Thermo-siphons. — Les thermo-siphons sont des appareils à circulation d'eau chaude : ils ont été inaugurés en France par la Compagnie de l'Est, et leur emploi s'est étendu à certaines catégories de voitures sur les réseaux de l'État de l'Ouest et du P.-L.-M.

Les chemins de fer de l'État français emploient depuis plusieurs années le thermo-siphon de M. Gallet dans un certain nombre de voitures de luxe. Un double foyer en tôle situé sous la caisse de la voiture et muni de portes à chaque extrémité, renferme deux grilles en fil de fer, remplies de combustible. Le foyer, muni d'une prise d'air mobile à la partie inférieure et d'un tuyau d'échappement des gaz, est à double enveloppe pour la circulation de l'eau. Une canalisation longe la caisse de la voiture et conduit l'eau chaude dans les bouillottes placées dans les compartiments. Ces bouillottes sont composées de deux faisceaux de quinze tubes juxtaposés.

La Compagnie de l'Ouest a installé dans quelques voitures un autre système de thermo-siphon. L'eau circule dans un serpentin autour d'un foyer en forme de manchon perforé : elle est ensuite amenée aux chaufferettes qui sont formées d'une boîte en tôle dans laquelle des chicanes contrarient la circulation de l'eau. Le réglage de la chaleur se fait à l'aide d'un papillon contenu dans la cheminée du foyer.

Les voitures-lits toilette de la Compagnie d'Orléans et les grandes voitures à intercirculation des Compagnies d'Orléans et de P.-L.-M. sont également chauffées à l'aide de thermo-siphons.

On reproche à cette classe d'appareils d'exiger au moins deux heures de chauffage préalable pour la mise en train.

Chauffage Belleroche. — Le chemin de fer Grand Central Belge fait usage d'un mode particulier de chauffage à eau chaude imaginé par M. Belleroche. C'est un système continu : l'eau chaude, partant de la locomotive, y retourne après avoir parcouru toutes les chaufferettes du train.

Sur le tender de la locomotive est placé un accumulateur d'eau chaude, retour du train. Cette eau se mélange dans un réservoir avec l'appoint voulu d'eau froide fournie par le tender, et est alors lancée par un injecteur à vapeur dans la conduite de chauffage du train.

Les voitures portent, par compartiment, deux chaufferettes en fonte fixes, placées sous les pieds des voyageurs. Ces chaufferettes sont reliées entre elles, en deux files parallèles à la longueur du train, d'un côté par la conduite d'arrivée d'eau chaude, de l'autre par la conduite le retour. Les conduites des diverses voitures sont réunies entre elles par des raccords flexibles.

Chauffage par la vapeur. — Le chauffage par la vapeur est appliqué notamment en Allemagne et en Hollande.

La vapeur prise sur la locomotive circule d'un bout à l'autre du train dans des tuyaux traversant les compartiments à chauffer, après avoir passé dans un détendeur de vapeur qui abaisse la pression.

Une seule conduite générale règne sous toutes les voitures et la vapeur circule de l'avant à l'arrière du train, sans retour. Sur cette conduite se branchent des tubes placés sous les banquettes, au nombre de deux ; un écran métallique préserve les étoffes et les boiseries et renvoie la chaleur vers le milieu du compartiment. Les tubes sont des cylindres en cuivre dans lesquels la vapeur reste stationnaire.

En Hollande, un troisième cylindre est placé dans l'axe du compartiment : il est séparé des pieds des voyageurs par une gaine en tôle.

Les voyageurs peuvent régler la chaleur à l'aide d'un robinet qui permet de fermer l'admission complète dans les deux tubes *(froid)*, ou dans l'un des deux seulement *(tiède)*. L'indication *(chaud)* correspond à la pleine admission de la vapeur dans les deux tubes.

Les voitures sont reliées entre elles par un raccord mobile en forme de V portant à sa partie inférieure une soupape de vidange réglée de manière à rester ouverte lorsque l'appareil ne fonctionne pas et pour laisser, à ce moment, écouler l'eau de condensation. Cette soupape

13.

se ferme automatiquement lorsque la pression dépasse un demi-kilogramme.

A l'arrière de la dernière voiture, un petit ajutage de faible section forme l'extrémité de la conduite.

Ce mode de chauffage donne d'excellents résultats dans les pays froids et pour les trains qui effectuent de très longs parcours sans être remaniés, mais il faut redouter, comme dans le système Belleroche, les fortes gelées, les fuites par les raccords et les soupapes, qui entourent le train de buée, et surtout, et ceci est particulier au chauffage par la vapeur, l'échappement de vapeur par l'arrière, masquant la vue du train et de ses signaux.

L'expérience faite sur les chemins de fer de l'État prussien a montré que le degré de chaleur dans les voitures d'un train diminue en raison directe de leur éloignement de la locomotive : la chaleur est insuffisante au delà de la huitième ou dizième voiture. Aussi a-t-on été obligé d'intercaler dans les trains un fourgon-chaudière contenant un générateur à vapeur pour chauffer la queue du train : c'est là un expédient défectueux.

Le chauffage doit être commencé environ une heure d'avance, et il faut en conséquence que la machine soit attelée à ce moment à son train, si l'on ne dispose pas d'une machine spécialisée dans ce but. Il est, en outre, impossible d'intercaler des voitures non munies de conduites. La locomotive doit fournir 10 kilogrammes de vapeur par voiture et par heure : cette production correspond à une consommation de 2 kilogrammes de charbon.

Voitures à déclenchement en marche. — Pour éviter aux trains un arrêt inutile dans les stations où ils doivent seulement laisser des voyageurs, on peut faire usage de voitures à déclenchement en marche.

Les *slip carriages* sont très usités en Angleterre; en France, on n'en rencontre que sur le réseau de l'Ouest.

La figure 70 représente le système employé par la Compagnie de l'Ouest.

Les voitures à abandonner en route sont placées en queue du train et attelées au moyen d'un tendeur spécial (fig. 71); un conducteur prend place dans la guérite de la première des voitures à laisser. Pendant l'arrêt qui précède la station indiquée, le conducteur décroche les chaînes de sûreté; aux approches de la station, il ferme, au moyen de chaînes sur lesquelles il tire, les robinets du frein à air comprimé de chaque voiture et sépare les accouplements des tuyaux flexibles du frein. Enfin, en un point marqué par un poteau sur la voie, il ouvre le déclic D du tendeur dont la chape s'échappe du crochet d'attelage.

Le mécanicien accélère sa marche avec la partie d'avant, tandis que le conducteur resté sur la partie décrochée, en modère l'allure jusqu'à l'arrêt, en agissant sur le frein à air comprimé.

Si le conducteur oubliait de fermer les robinets du frein avant d'opérer le découplement, il produirait le serrage intempestif des freins du train tout entier, ce qui pourrait occasionner des ruptures d'attelage.

Afin d'obvier à cet inconvénient, le *Great Western*

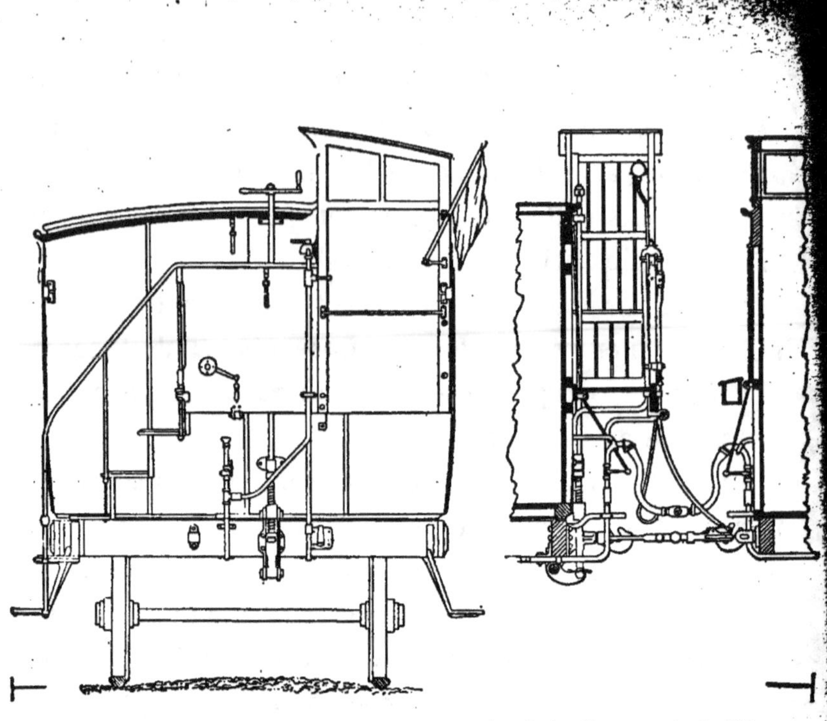

FIG. 70. — Voitures à déclenchement en marche de la Compagnie de l'Ouest *.

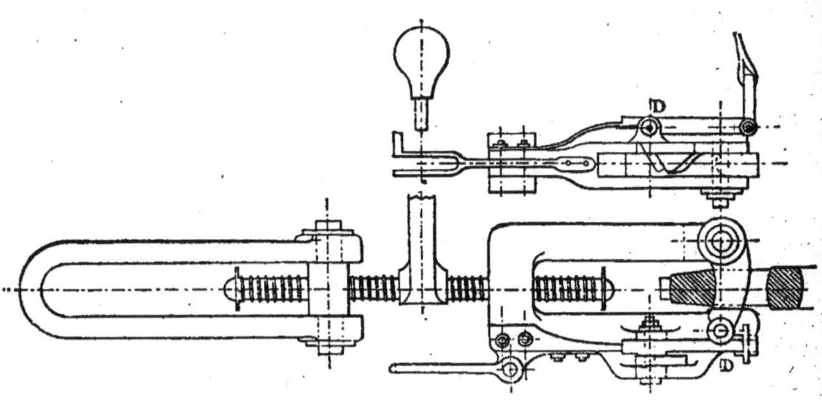

FIG. 71. — Tendeur à déclenchement de la Compagnie de l'Ouest.

* Figures empruntées au livre de MM. Pol Lefèvre et Cerbelaud, *Les Chemins de fer*.

ailway fait usage d'un système de déclenchement en
*m*arche (fig. 72), dans lequel la manœuvre du déclic est

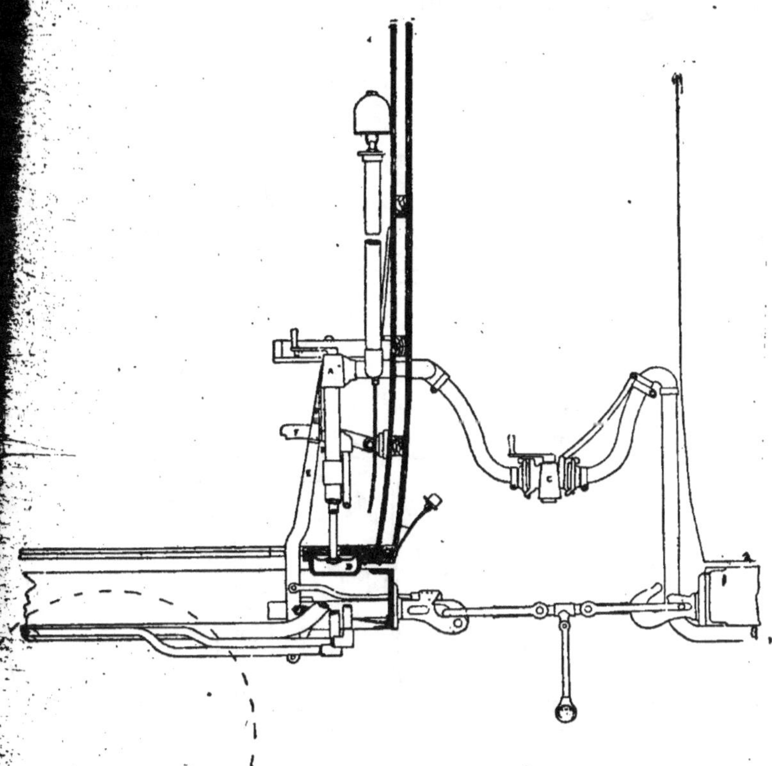

FIG. 72. — Appareil de déclenchement en marche
du *Great Western Railway*. Vue latérale.

enclenchée avec celle du frein, de telle sorte que la première ne puisse être faite avant la seconde.

Le conducteur se tient dans un compartiment spécial,
à l'avant de la voiture à décrocher en marche (fig. 73).
Tant que le *slip carriage* reste attaché à la partie principale du train, les robinets A et C sont tournés vers la

gauche, ce qui met la conduite principale et le réservoir
du frein à vide automatique en communication avec la
conduite générale du train : le cylindre à freins de la

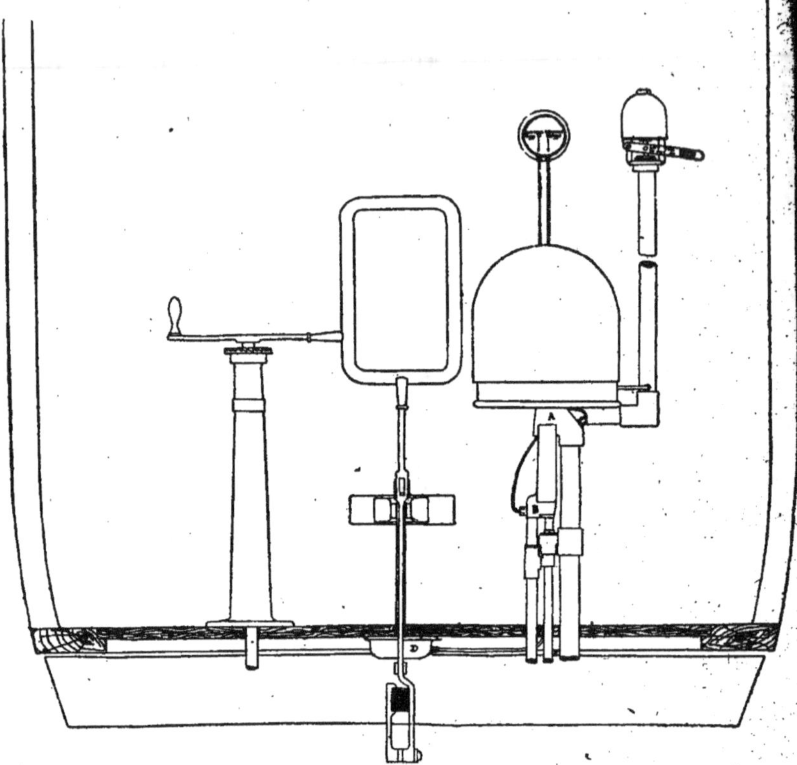

Fig. 73. — Appareil de déclenchement en marche du *Great Western Railway*.
Vue en bout de l'intérieur du compartiment du conducteur.

voiture obéit alors à la manœuvre du mécanicien, comme
sur toutes les autres voitures du train.

Lorsque la voiture doit être détachée, le conducteur
ferme le robinet C, pour couper la communication du
frein continu, et tourne le robinet A dans la position

...oulue pour assurer le fonctionnement du frein de sa voiture. Tant qu'il n'a pas fait cette manœuvre, le vide exis-
tant sous le diaphragme du petit réservoir D, relié par
une tige à la barre F, s'oppose au soulèvement de cette
barre, munie elle-même d'un cran qui immobilise le
levier E de déclenchement.

Les robinets A et C étant placés dans la position convenable, l'air pénètre dans le réservoir D, et le levier E
peut être dégagé du cran de la barre F.

En manœuvrant le levier E, le conducteur tire en
arrière le verrou situé au-dessus du crochet de traction,
dont le bec peut pivoter autour d'une charnière. Le
verrou étant retiré, l'effort de traction exercé par le tendeur, fait basculer le bec du crochet, le tendeur est libre
et la voiture est décrochée.

Avant de manœuvrer le levier E, le conducteur a
soin de découpler la conduite du frein près du robinet C.

MATÉRIEL A MARCHANDISES. — Les wagons à marchandises ont des formes et des dispositions variées suivant
la nature des produits à transporter : toutefois, les types
ne doivent pas être trop nombreux et se prêter à des
transports de diverses natures, si l'on veut avoir une
bonne utilisation du matériel.

Les wagons peuvent être rangés en trois catégories
principales : les wagons *fermés* ou *couverts*, les wagons
tombereaux et les *plateformes*.

Les wagons *couverts* sont pourvus de panneaux pleins
et d'une toiture : ils sont fermés par des portes rou-

lantes. On les utilise surtout pour le transport des ma[r]-
chandises de détail et de celles qui craignent la mouill[e]
ou encore pour les bestiaux.

Les *tombereaux* ont la forme d'un bac en tôle ou e[n]
bois. Ils servent au transport des matières en vrac, telle[s]
que la houille, les betteraves, les minerais, et de tout c[e]
qui ne redoute pas les intempéries.

Les *plateformes* sont constituées par un plancher san[s]
bords et sont employées au transport des pierres de taille[,]
pièces de bois, machines, voitures, matériel mili[-]
taire, etc.

Indépendamment de ces trois types principaux, i[l]
existe des *wagons spéciaux*, affectés à certains transport[s]
déterminés : wagons à lait, à poisson, à fruits, à bois[,]
à rails, wagons pour le transport des dames-jeannes[,]
des chaudières, des gros tubes, des plaques tournantes[,]
des volants et engrenage, ridelles à coke, wagons
citernes, wagons à deux trains, grues roulantes, wagons
de secours, etc.

Ces wagons sont généralement en petit nombre, et le[s]
type dominant est, d'ordinaire, le wagon tombereau qui
se prête au plus grand nombre de transports, surtout
moyennant l'addition d'une bâche pour protéger les
marchandises qui craignent la pluie.

La capacité de chargement des wagons est assez
variable. En Angleterre, elle est généralement faible et
d'environ 5 tonnes. Cela tient à ce que la petite vitesse
est inconnue de l'autre côté de la Manche : les marchandises sont expédiées dans le plus bref délai possible après

...ur remise et la rapidité de rotation du matériel sup-
plée à l'insuffisance de ce matériel.

Dans le reste de l'Europe, la capacité moyenne de
chargement est de 10 tonnes.

Aux États-Unis, où les wagons sont portés sur deux
bogies, on tend à augmenter de plus en plus la capacité,
qui était ordinairement de 9 à 12 tonnes ; elle est aujour-
d'hui portée jusqu'à 30 tonnes. Sur le chemin de fer de
Lehigh-Valley, il y a même un wagon de 50 tonnes de
capacité. Il a 11 mètres de long, et est porté sur deux
trucks à six roues. Pour augmenter la résistance de ces
longs véhicules, on les construit souvent avec des longerons tubulaires.

Les wagons à grande capacité tendent aussi à s'intro-
duire en Europe, et le chemin de fer du Nord de l'Em-
pereur-Ferdinand, en Autriche, possède des wagons
couverts, d'une capacité de 30 tonnes.

Unité technique du matériel. — Afin de faciliter les
échanges internationaux et pour éviter les transbordements aux frontières, transbordements toujours onéreux
et nuisibles aux marchandises, des conditions uniformes,
pour l'admission du matériel roulant à la circulation
internationale, ont été arrêtées dans une conférence
internationale réunie à Berne en 1886.

L'adoption de cette *unité technique* pour la construction
du matériel de chemins de fer a constitué un très grand
progrès.

*Aménagement des wagons pour les transports mili-
taires.* — Dans tous les pays de l'Europe, les besoins

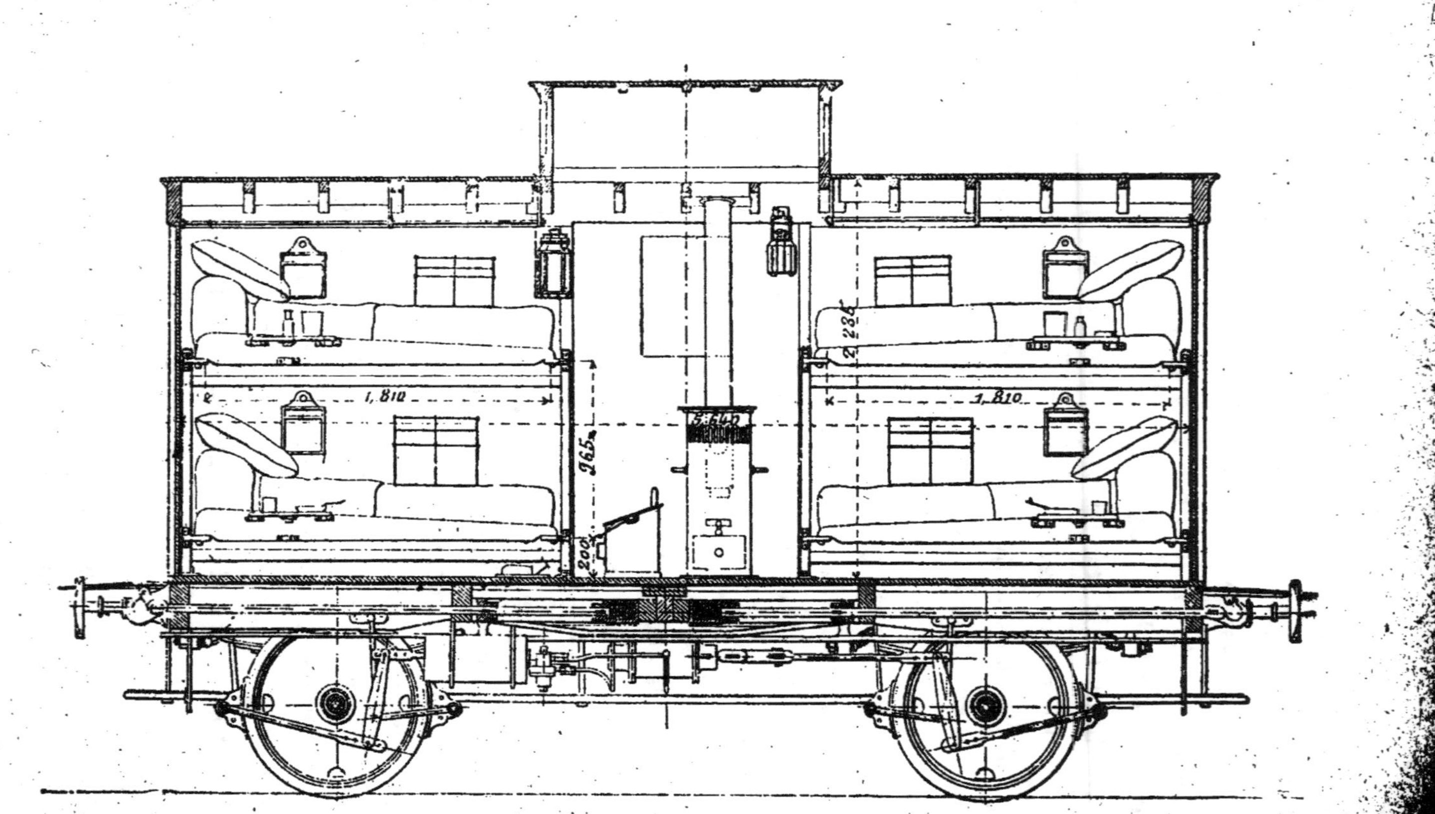

Fig. 74. — Train sanitaire. — Fourgon pour les blessés.

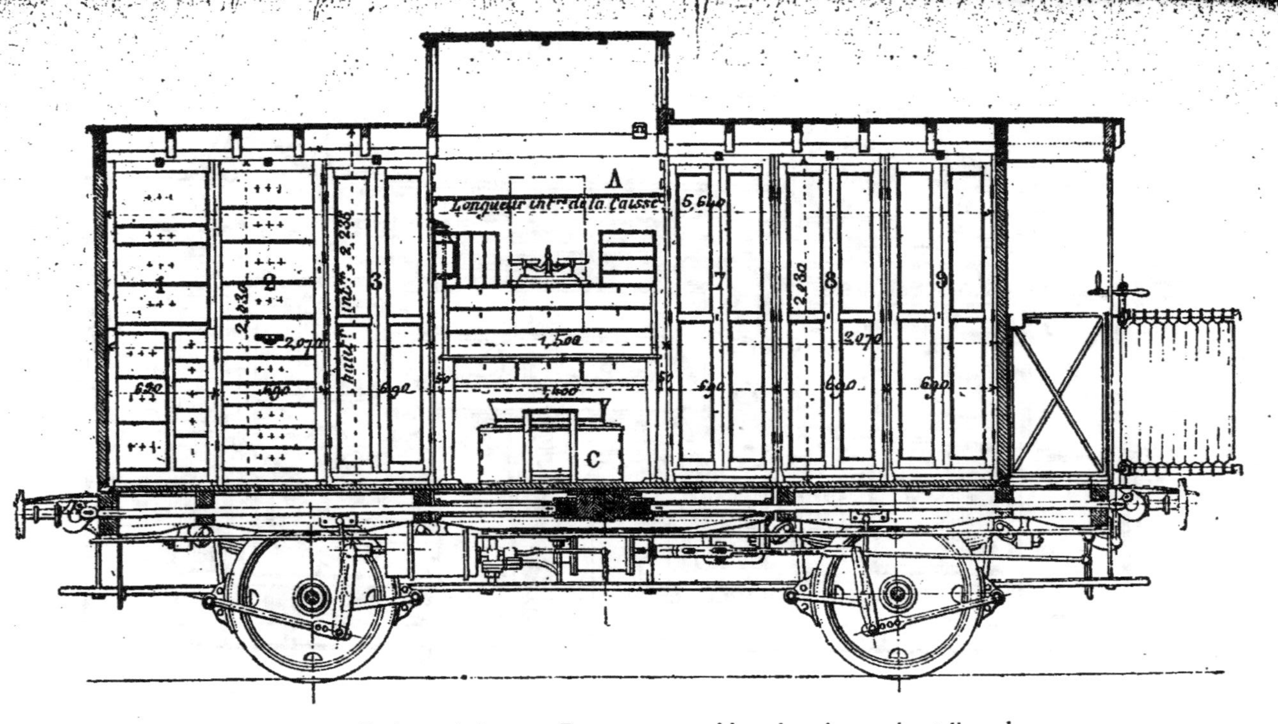

Fig. 75. — Train sanitaire. — Fourgon pour chirurgie, pharmacie et lingerie.

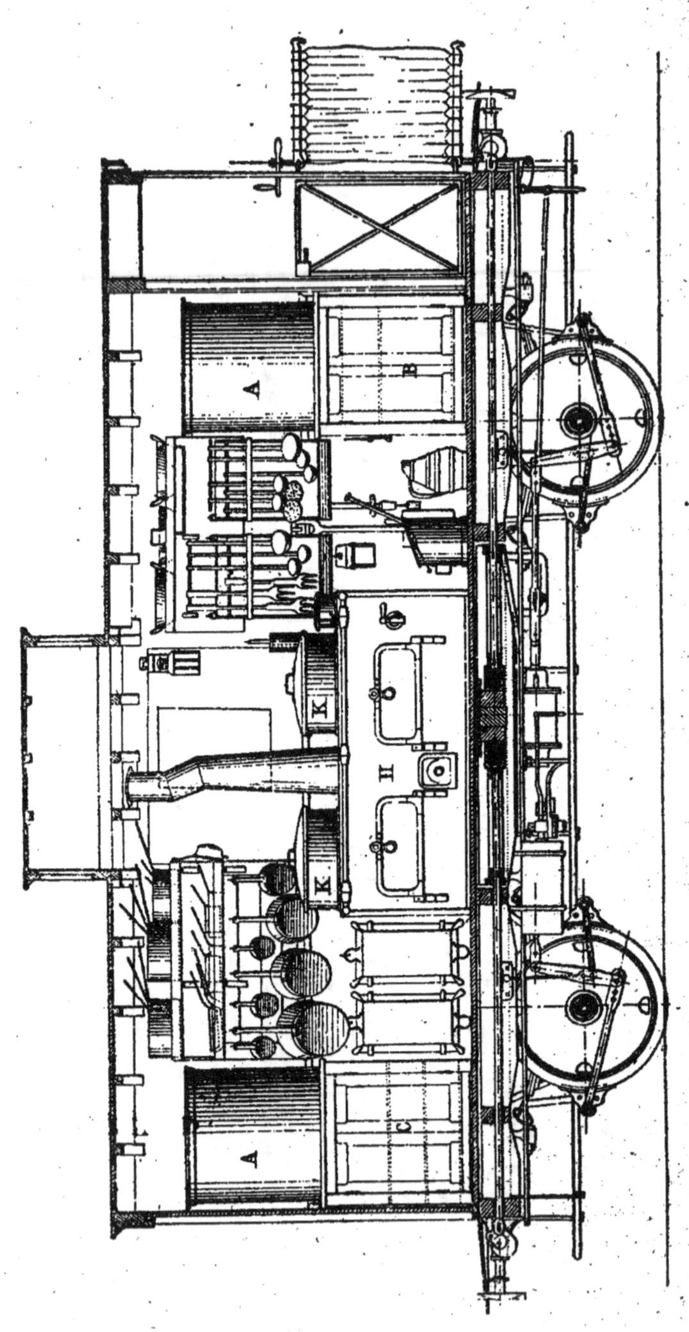

Fig. 76. — Train sanitaire. — Fourgon pour la cuisine.

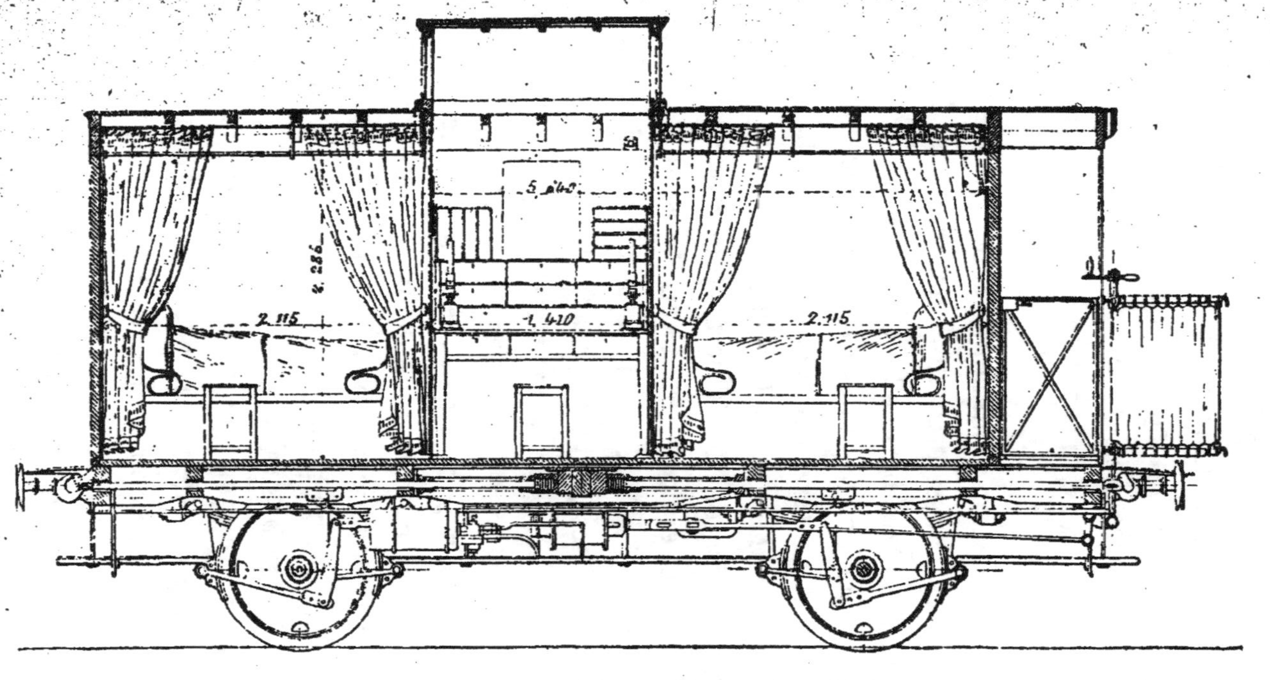

Fig. 77. — Train sanitaire. — Fourgon des médecins.

d'une mobilisation rapide en cas de guerre, ont conduit
à rechercher l'utilisation possible de tout le matériel disponible pour les transports de troupes. A cet effet, les
wagons à marchandises peuvent recevoir des aména-
gements spéciaux, préparés à l'avance, tels que des
bancs, etc.

Mais la question d'humanité ne perd jamais ses droits,
et l'on s'est aussi préoccupé des moyens d'emmener
les malades et les blessés loin des champs de bataille.

On a donc aménagé des *trains sanitaires*, sur lesquels
il nous paraît intéressant de donner des détails.

Trains sanitaires. — Le train sanitaire n° 1, construit
par la Compagnie de l'Ouest, après étude faite de con-
cert entre le service de santé au Ministère de la Guerre
et le service du matériel et de la traction des Chemins
de fer de l'Ouest, est un véritable hôpital roulant.

Il se compose de vingt-trois fourgons utilisés, en
temps de paix, aux transports de la Compagnie, savoir :
seize fourgons pour les blessés, un pour les médecins,
un pour les infirmiers, un pour la chirurgie, la phar-
macie et la lingerie, un pour la cuisine, un pour l'allège
de la cuisine, un pour les provisions, un pour le linge
sale et le combustible.

Chaque fourgon pour blessés (fig. 74) renferme
huit lits, placés deux par deux dans chaque angle du
véhicule, et comporte des dispositions spéciales pour
l'aérage et le chauffage.

L'aménagement comporte : dans le fourgon des médecins (fig. 77), trois lits en fer, un meuble-toilette, un

bureau, un water-closet ; dans le fourgon des infirmiers, des lits disposés comme ceux des blessés, un bureau, un porte-manteaux ; dans le fourgon pour chirurgie, phar-macie et lingerie (fig. 75), des meubles à tiroirs, ar-moires, etc. ; dans le fourgon pour la cuisine (fig. 76), un fourneau, des réservoirs d'eau et les ustensiles néces-saires à la préparation des aliments ; dans le fourgon al-lège de la cuisine, des tables, des garde-manger ; dans le fourgon à provisions, des armoires spéciales, et dans le fourgon à combustibles des sacs pour le combustible et des paniers pour le linge sale.

CHAPITRE XIV

FREINS

Freins ordinaires. — Les freins ordinaires ou *freins à main* constituaient autrefois l'unique frein des chemins de fer.

Les freins à main, qui diffèrent peu de ceux en usage pour les voitures circulant sur les routes ordinaires, ne servent plus aujourd'hui d'une façon effective que dans les trains de marchandises. Dans les trains de voyageurs, ils sont encore employés en France, mais seulement comme frein de secours en cas de non-fonctionnement du frein continu.

Ces freins à main consistent en une vis ou un levier agissant sur une timonerie qui appuie les sabots contre les roues ou les en éloigne.

Le nombre des freins ordinaires placés dans les trains, varie avec la composition, la charge et la nature du train, ainsi qu'avec le profil de la ligne.

Freins continus. — L'accélération de la marche des trains exigeant un nombre toujours plus grand d'essieux enrayables, afin de produire l'arrêt dans des conditions normales, il aurait fallu multiplier d'autant le nombre

serre-freins : on songea tout d'abord à faire serrer
plusieurs freins par un même agent ; de cette catégorie
était le frein Newall, employé de 1859 à 1880 par la
Compagnie du Nord, et agissant sur un groupe de
trois véhicules ; mais ce système devint lui-même insuf-
fisant, et il dut faire place aux *freins continus*. Les *freins
continus* opèrent le serrage simultané de tous les essieux
du train, à la volonté d'un seul agent, qui est généralement le mécanicien. Il y a deux grandes classes de
freins continus, les *freins à air comprimé* et les *freins à
vide*. En outre, chacun de ces freins peut être *à action
directe* ou être *automatique*.

Freins à air comprimé. — Le frein à air comprimé le
plus répandu est le frein *Westinghouse*.

Le frein à air comprimé se compose :

1° De cylindres à frein et de réservoirs auxiliaires
placés sous les voitures ;

2° De tuyaux de conduite et d'accouplement ;

3° D'appareils placés sur la locomotive et qui comprennent : une pompe de compression automotrice, un
réservoir d'air comprimé ou réservoir principal, un
robinet de manœuvre avec régulateur de pression.

La pompe automotrice comprime continuellement de
l'air dans le réservoir de la locomotive. Pour faire le
serrage des freins, on produit une dépression dans la
conduite générale en laissant échapper, par le robinet de
manœuvre, une partie de l'air comprimé. Cette dépression actionne les organes des appareils distributeurs
placés sous les voitures et permet à l'air comprimé des

réservoirs auxiliaires de se rendre dans les cylindres freins et d'y agir.

Pour desserrer les freins, on ferme le robinet de manœuvre et on rétablit la pression dans la conduite générale pour remettre les appareils dans la situation primitive. L'air qui avait agi s'échappe à l'extérieur et les cylindres reprennent leur position sous l'action des ressorts.

Le frein Westinghouse est caractérisé par son appareil distributeur, dit *à triple valve*.

Dans les autres systèmes Wenger, Carpenter, etc. l'air comprimé agit pendant la marche sur les deux faces des pistons des cylindres à freins; dans le frein Boydon, on emploie en outre des ressorts.

Les freins à air comprimé sont automatiques et fonctionnent d'eux-mêmes en cas de rupture d'attelage.

Freins à vide. — Les freins à vide se composent de trois parties :

1° De cylindres à freins ou de vases à diaphragme, en caoutchouc, placés sous les voitures ;

2° De tuyaux de conduite et d'accouplement ;

3° D'un éjecteur placé sur la machine.

Lorsqu'on aspire l'air que renferment les cylindres ou les vases à diaphragme, ils s'affaissent sous l'action de la pression atmosphérique, et ce mouvement détermine, au moyen d'un système de leviers, le serrage des freins de la voiture.

Les cylindres ou vases à freins communiquent, par une double conduite qui forme un circuit fermé et

étend sur toute la longueur du train, avec l'aspirateur
d'air, nommé *éjecteur*, placé sur la machine. Cet éjecteur reçoit la vapeur de la chaudière et la lance dans
l'atmosphère en entraînant l'air de la conduite et des
cylindres ou vases à freins.

Ainsi, pour serrer les freins, le mécanicien ouvre
la valve d'introduction de la vapeur dans l'éjecteur :
pour les desserrer, il ouvre la valve de rentrée d'air qui
termine la conduite générale sur la locomotive et qui
permet à l'air de remplir de nouveau la conduite et les
cylindres.

Le frein à vide présente l'avantage d'une grande simplicité ; il est peu sujet à dérangement. En outre, il
est essentiellement *modérable*, c'est-à-dire que son action
peut être facilement graduée de manière à ne pas produire de secousses, aussi désagréables pour les voyageurs
que préjudiciables au matériel.

Le frein à vide peut également être rendu automatique, ainsi que le prouve l'expérience de plusieurs
Compagnies anglaises.

Freins continus mécaniques. — En Bavière, on fait
usage du frein continu Heberlein, à commande mécanique. Une corde, placée le long du train, permet de
déclencher un contrepoids actionnant un treuil sur
lequel s'enroule une chaîne fixée aux leviers des freins ;
il y a un treuil par groupe de trois véhicules. Ce système donne lieu à de fréquents serrages intempestifs.

Freins continus électriques. — Bien que l'avenir soit
réservé, sans aucun doute, aux freins électriques qui ont

sur les autres l'avantage de l'instantanéité, ce genre
frein n'a reçu jusqu'aujourd'hui qu'une seule applicatio

Ce frein électrique, dû à M. Achard, a été expérimen
sur le chemin de fer de l'Est[1] : l'enrayage est prod
par un électro-aimant en communication avec un
métallique régnant sur toute la longueur du train.

Un courant, envoyé dans le fil par le mécanicien
un des agents des trains, produit le serrage instantan
de tous les freins.

[1] Sartiaux et Weissembruch, *Congrès international des Chemins*
fer en 1889. — Julien Lefèvre, *Dictionnaire d'électricité*, fig. 361.

CHAPITRE XV

CHEMINS DE FER MÉTROPOLITAINS

Depuis longtemps l'insuffisance des moyens de transport par voitures, omnibus ou tramways, s'est fait sentir dans les grandes capitales.

Il était naturel de songer, dès lors, à faire l'application des chemins de fer aux transports urbains, mais une pareille entreprise soulevait bien des obstacles nouveaux.

Tout d'abord, il est évident qu'un chemin de fer métropolitain ne saurait être établi au niveau du sol, parce qu'il entraverait complètement la circulation dans les rues qu'il couperait. Comme, de plus, un chemin de fer de ce genre devrait être tracé à travers les pâtés de maisons, son établissement entraînerait des dépenses d'expropriation d'autant plus considérables, qu'un métropolitain doit chercher à desservir les quartiers les plus populeux et les plus commerçants, c'est-à-dire ceux où le prix des terrains et des immeubles est le plus élevé.

Il ne reste donc que trois moyens d'établir un métropolitain :

1° On peut le faire souterrain, en le plaçant autant

que possible sous le sol des rues, afin d'éviter les expropriations ;

2° On peut l'établir aérien, sur des viaducs ass
élevés pour ne pas gêner la circulation des voitures
des piétons, ou même pour passer par dessus les toits d
maisons ;

3° Enfin on peut le tracer à la fois en souterrain et e
viaduc, en utilisant les accidents de terrain pour passe
du souterrain au viaduc, et réciproquement.

Les deux premiers systèmes sont applicables aux ville
qui, comme Londres, New-York et Berlin, sont con
struites en plaine, sur un terrain sensiblement horizontal
Le choix entre le souterrain et le viaduc dépend de l
nature du sous-sol, des convenances locales et des habi
tudes du public.

Le troisième système doit être appliqué rationnelle
ment aux villes qui, comme Paris, présentent un sol
accidenté s'opposant à l'application absolue du système
souterrain ou du système aérien, à l'exclusion l'un de
l'autre.

Métropolitain de Londres. — C'était, bien entendu, à
Londres que la nécessité d'un métropolitain devait s'imposer en premier lieu. Aussi, dès 1853, les Anglais com-
mencèrent-ils la construction du *Metropolitan Railway*.
C'est le système souterrain qui fut choisi pour l'*Inner
Circle* ou *cercle intérieur*, immense anneau de 21 kilomètres de longueur, qui part de la Cité, dessert les
grandes gares de chemins de fer situées au nord de
Londres, puis se recourbe pour revenir à son point de

Fig. 78. — Locomotive du chemin de fer métropolitain de Londres

départ en desservant les gares des lignes du sud d[e]
l'Angleterre, situées sur la rive gauche de la Tamis[e].
La dernière partie de cet anneau, comprise entre l[es]
stations de Mansion House et Trinity-Square n'a é[té]
achevée qu'il y a quelques années (1884) au prix de[s]
plus grandes difficultés : on en jugera si l'on sait que c[e]
tronçon de 1089 mètres de longueur n'a pas coût[é]
moins de 50 millions.

La plus grande partie de l'*Inner Circle* a été construit[e]
en tranchée ouverte, au-dessus de laquelle on a ensuit[e]
reconstruit une voûte formant tunnel.

Le métropolitain comporte un grand nombre de gare[s]
établies en souterrain, éclairées par des soupiraux prenant jour sur la rue ou dans des jardins, et distantes les
unes des autres d'environ 350 mètres.

Le réseau métropolitain ne comprend pas seulement
l'*Inner Circle*, il est complété par un *Middle Circle* ou
cercle moyen et par un *Outer Circle* ou *cercle extérieur*.
Ces deux cercles viennent se greffer sur le circuit intérieur de telle sorte que leurs trains s'intercalant, ainsi que
les trains des grandes lignes affluentes, dans ceux de
l'*Inner Circle*, le nombre des trains est proportionnel sur
chaque section à l'intensité du trafic : sur les parties les
plus chargées de la ligne, les trains se succèdent à intervalles de trois minutes.

Une circulation aussi active dans un souterrain nécessite forcément l'emploi de dispositifs spéciaux pour
assurer la ventilation et éviter la production de vapeur et
de fumée. Pour répondre à cette dernière condition, les

ocomotives du métropolitain (fig. 78) sont pourvues de foyers assez grands pour que le chauffeur n'ait pas besoin de charger la grille pendant les parcours en tunnels ; en outre, les gaz d'échappement de la cheminée peuvent être envoyés par des conduits spéciaux dans des réservoirs latéraux où se produit la condensation. Ces machines sont, enfin, étudiées pour démarrer rapidement.

Tout est d'ailleurs organisé pour éviter la moindre perte de temps : les trains, formés de voitures à tampons courts afin de réduire le plus possible leur longueur, sont toujours composés de la même manière : des écriteaux fixes, dans les gares, indiquent aux voyageurs de chaque classe où ils doivent se placer pour se trouver en face des voitures correspondantes lorsqu'arrivera le train dont des transparents lumineux, placés à l'avant de la locomotive et sur les quais des gares, font connaître la destination. Les portières des voitures peuvent s'ouvrir de l'intérieur ; elles se ferment automatiquement, et un agent n'a qu'à les pousser au moment du départ.

Chemins de fer aériens de New-York. — A New-York au contraire, c'est le système aérien qui a prévalu. Ce choix se justifie parce qu'on n'avait pas, comme à Londres, à construire un chemin servant non seulement au trafic urbain, mais encore à relier entre elles les diverses voies ferrées aboutissant à la capitale. Ce que l'on voulait, c'était plutôt un tramway plus rapide que ceux circulant au niveau du sol.

D'autre part, on n'avait pas à se préoccuper des considérations esthétiques, qui auraient une grande valeur dans une ville comme Paris, par exemple.

Les *elevated Railroads* de New-York sont établis sur des charpentes métalliques courant au-dessus de la chaussée et construites d'après les types différents, suivant la largeur des rues.

Dans les rues étroites, des arceaux en fer forgé sont établis de 10 mètres en 10 mètres, et reliés entre eux par des longerons sur lesquels sont posés les rails. Les pieds des arceaux reposent sur les trottoirs, et la chaussée se trouve ainsi recouverte d'une sorte de voûte interceptant l'air et la lumière.

Dans les avenues plus larges, les deux voies sont séparées et placées chacune au-dessus d'un des côtés de la chaussée : les deux viaducs sont reliés entre eux par des arceaux transversaux sous lesquels circulent les tramways, au milieu de l'avenue.

Enfin, sur les grandes artères, les deux voies sont entièrement séparées et placées chacune sur l'un des trottoirs. Ici, le mode de construction est plus curieux encore et d'une hardiesse tout américaine.

Sur le bord de chaque trottoir est disposée *une seule* file de colonnes : chacune de ces colonnes s'élargit vers le haut en un chapiteau qui supporte la voie, suspendue en l'air absolument comme s'il s'agissait de simples fils télégraphiques accrochés à un poteau.

Pour empêcher les déraillements, une file de madriers court le long de la voie et retiendrait, au besoin, les roues des véhicules.

Les stations sont espacées de 300 mètres environ : ce sont de légères constructions métalliques placées de part et d'autre de la ligne et auxquelles on accède par des escaliers.

Le tarif étant uniforme, le contrôle est des plus simples ; il se fait à la sortie des gares, où le voyageur doit déposer son billet dans un récipient de cristal.

Les locomotives, ainsi que les voitures, sont très légères. Les voitures sont du système américain à bogies, aussi arrive-t-il, aux points où la ligne fait un angle droit pour passer d'une rue dans une autre, que la voiture se trouve suspendue dans le vide, et que, pour en permettre le passage, il a fallu écorner les maisons.

La circulation sur ces lignes aériennes est des plus intenses ; les trains se succèdent à intervalles de deux minutes, et il paraît que l'on ne peut même dans ces conditions, suffire au trafic puisqu'on fait en ce moment un essai tendant à utiliser séparément chaque file de rails comme une voie spéciale, de manière à avoir sur la même largeur, quatre voies au lieu de deux.

A cet effet, on expérimente des locomotives et des voitures *bicycles* n'ayant qu'une seule file de roues.

La machine, à deux cylindres, n'a qu'une seule roue motrice de $2^m,40$ de diamètre, actionnée par deux pistons. A la partie supérieure, la locomotive ainsi que les voitures sont maintenues par des roues à gorge courant sur des guides fixés à des supports métalliques. Les voitures sont à deux étages et peuvent contenir 108 personnes.

La largeur du train n'est que de 1^m,20, on laisse donc 30 centimètres d'intervalle entre les trains qui se croisent, en utilisant les voies actuelles.

Métropolitain de Berlin. — A Berlin, situé dans une contrée absolument plate, c'est la solution aérienne qui a prévalu comme à New-York, bien qu'il se fût agi, dans ce cas, d'un véritable chemin de fer destiné autant à assurer la jonction entre les grandes lignes qu'à répondre au trafic métropolitain. Les raisons qui ont provoqué et hâté l'exécution du Métropolitain de Berlin, ont été d'ordre stratégique, et c'est ce qui explique pourquoi il a été établi sur des bases si larges, que ne justifierait pas le seul trafic ordinaire.

Le Métropolitain de Berlin comprend d'abord une ligne de ceinture ou *Ringbahn*, construite en 1872, et desservant les faubourgs de la ville, puis une ligne transversale formant un diamètre du chemin de fer ceinture dans le sens de l'est à l'ouest, et traversant le cœur de la capitale prussienne.

Cette transversale, la *Stadtbahn*, entièrement en remblai ou en viaduc, est établie à quatre voies : deux voies sont réservées au trafic du transit des grandes lignes, et deux voies au service métropolitain proprement dit.

Les viaducs sont entièrement en maçonnerie, sauf aux traversées de la rivière de la Sprée et de quelques grandes avenues : on évite ainsi le bruit assourdissant auxquel donne lieu le passage des trains sur le Métropolitain de New-York.

La figure 79 reproduit le type des machines employées

FIG. 79. — Locomotive du chemin de. fer métropolitain de Berlin.

sur le Métropolitain de Berlin ; elles sont chauffées au coke, afin de réduire le plus possible la production de fumée. Primitivement elles étaient pourvues d'appareils à condensation, mais on a reconnu l'inutilité de cette précaution, l'expérience ayant prouvé qu'il n'y avait aucun inconvénient à laisser échapper la vapeur dans la traversée de la ville.

Métropolitain de Paris. — Il y a de longues années que la nécessité d'avoir un chemin de fer métropolitain à Paris est reconnue, et que ce problème tente les recherches des ingénieurs : le nombre des projets n'est pas loin de la centaine, et nous ne saurions avoir la prétention de les décrire tous.

Mais nous devons donner à nos lecteurs une idée du dernier projet en date, actuellement soumis aux pouvoirs publics.

Ce projet comprend trois parties distinctes : d'abord le Métropolitain proprement dit, dont la concession est demandée par la Société des Etablissements Eiffel, puis le prolongement des lignes de la Compagnie du Nord dans Paris ; enfin, les raccordements des Compagnies d'Orléans, de Lyon et de l'Ouest.

Le tracé du Métropolitain, tel qu'il résulte des modifications demandées par le Conseil municipal de Paris, comporte en premier lieu un anneau intérieur. Cette ligne circulaire, d'abord en souterrain, part du Trocadéro, suit les avenues Kléber et Wagram, en contournant l'Arc de Triomphe de l'Etoile, puis le boulevard de Courcelles, quitte les boulevards extérieurs pour descendre vers la

are Saint-Lazare et l'Opéra par les rues de Saint-Pétersbourg, de Rome et Auber. De là, le Métropolitain se dirige, toujours en souterrain, par la rue du Quatre-
Septembre vers la Bourse, et suit la nouvelle rue
Réaumur, dont le percement est lié à l'exécution du
chemin de fer, en ligne droite jusqu'aux Arts-et-Métiers
et à la nouvelle Ecole Centrale. Il remonte par la rue
Turbigo, la place de la République et le boulevard Vol-
taire, vers le boulevard Richard-Lenoir, sur lequel il
s'élève en viaduc, de manière à se trouver à la place de la
Bastille et dans la rue de Lyon, au niveau des voies du
chemin de fer de Vincennes et de la gare de Lyon. Il
traverse ensuite la Seine sur un viaduc, en face de la
gare d'Orléans, contourne le Jardin des Plantes pour entrer à nouveau en souterrain derrière la Halle aux Vins,
et suivre, toujours en tunnel ou en tranchée ouverte, le
boulevard Saint–Germain et les quais jusqu'au Champ-
de-Mars. Enfin, la Seine est franchie par un viaduc, à l'aide
duquel la ligne rejoint son point de départ au Trocadéro.

Sur la rive gauche, un dédoublement du circuit part
de la gare d'Orléans et suit tous les boulevards extérieurs, en desservant les gares de Sceaux, de Montpar-
nasse et du Champ-de-Mars : il se soude près du
Trocadéro à la ligne précédente.

De la ligne circulaire partent en outre diverses ramifications :

Une ligne souterraine se détache à la place de l'Etoile,
par un double raccordement, et se relie à la Petite–Ceinture, à la Porte--Maillot ;

Une autre ligne souterraine se détache à l'avenue de Villiers, et suit les boulevards extérieurs jusqu'à la gare du Nord ;

Une troisième branche souterraine part de la place de la République et va rejoindre la Petite-Ceinture, à Ménilmontant, par l'avenue de la République ;

Enfin, une quatrième ligne se détache du circuit inté-rieur en viaduc, au Jardin des Plantes, traverse la Seine pour longer les quais jusqu'à l'Hôtel-de-Ville, en entrant en tunnel, puis se dirige vers les Halles Centrales par l'avenue Victoria et la rue des Halles.

Les stations seront espacées de 300 à 700 mètres.

Les prolongements du chemin de fer du Nord, dans Paris, comprennent deux lignes souterraines, destinées à relier la gare du Nord, d'une part avec les Halles Centrales, et d'autre part, avec le boulevard des Capu-cines.

Les tracés sont entièrement prévus sous les voies pu-bliques, comme pour le reste du Métropolitain, afin d'éviter les expropriations.

Ce chemin de fer souterrain, se raccordant à La Cha-pelle avec le chemin de fer de Ceinture par deux bran-ches actuellement en construction, remontera un instant au niveau des diverses lignes du Chemin de fer du Nord, pour permettre le passage des trains de ces lignes sur le Métropolitain et inversement ; puis, passant sous la gare du Nord, descendra dans Paris et aura une première station à l'angle du boulevard de Magenta et de la rue La Fayette. Là, il se bifurquera en deux lignes souterraines qui aboutiront, l'une aux Halles, l'autre au boulevard des Capucines.

Cette dernière descendra sous la rue La Fayette, avec stations au square Montholon, au carrefour Drouot et à la rue Taitbout. Elle passera sous le boulevard Haussmann et contournera l'Opéra pour venir se raccorder au Métropolitain à la station de la place de l'Opéra.

L'autre ligne descendra le boulevard de Magenta, le boulevard de Strasbourg, le boulevard Sébastopol et arrivera à la pointe Saint-Eustache, où elle se raccordera à la branche du Métropolitain venant du Jardin des Plantes. Des stations intermédiaires seront établies aux angles des rues du faubourg Saint-Denis, du Château-d'Eau, du boulevard Saint-Denis, et des rues Réaumur et Turbigo.

De la pointe Sainte-Eustache, les trains de marchandises pourront se rendre directement dans le sous-sol des Halles. Lors de la construction des Halles, on avait prévu ce cas, et les sous-sols sont disposés de telle sorte, qu'il n'y aura d'autres travaux à exécuter que la pose des voies. Ce n'est pas là un des moindres avantages qu'offrira cette nouvelle ligne, si l'on songe que trente millions de denrées de toutes sortes, marée, beurre, fromages, etc., pourront, chaque année, être amenés directement aux Halles.

Enfin, une branche reliera les gares du Nord et de l'Est, de manière à permettre aux trains métropolitains de desservir les deux gares dans les mêmes conditions.

Les raccordements que les autres Compagnies exécuteront pour se rattacher au Métropolitain seront les suivants :

La Compagnie d'Orléans prolongera d'abord la ligne de Sceaux jusqu'au carrefour Médicis et au square Cluny par le boulevard Saint-Michel, et, en second lieu, établira un embranchement à la gare du quai d'Austerlitz ;

La Compagnie de l'Ouest prolongera la ligne des Moulineaux, depuis le Champ-de-Mars jusqu'au square Cluny, en suivant les quais et le boulevard Saint-Germain. Ce prolongement constituera, comme nous l'avons vu, une portion de la ligne circulaire intérieure.

En outre, les lignes de l'Ouest (rive droite) et de Lyon se raccorderont à niveau avec le Métropolitain.

La capitale serait ainsi desservie par un réseau ferré très complet. Grâce à la perfection des procédés actuels, dont on a eu des preuves aux États-Unis et ailleurs, les tunnels aussi bien que les viaducs pourront être construits presque sans interrompre la circulation.

Quelques années suffiraient pour l'achèvement de cette grande entreprise, dont tous les détails ont été étudiés, de manière à répondre aux exigences de la circulation parisienne, sans nuire à l'esthétique. Le Métropolitain est, en effet, souterrain, dans toutes les parties où il aurait pu gâter les perspectives de nos belles rues ou masquer les façades des monuments : rien n'y trahira donc son existence à l'extérieur.

Il sera d'ailleurs facile de détruire l'aversion que peut produire *a priori* sur quelques personnes le voyage en souterrain, par un emploi judicieux des revêtements en

ence blanche émaillée, et de l'éclairage électrique dans
gares en tunnel.

Les trains seront très
urts et légers. Ils
ront remorqués par
s locomotives spé-
ales, pourvues d'ap-
areils de condensa-
on et de grands foyers
ui n'auront pas be-
oin d'être rechargés
endant la durée du
arcours en tunnel, en
orte que toute pro-
uction de fumée sera
vitée.

La figure 80 repré-
sente le diagramme
d'une de ces machines,
actuellement en con-
struction aux ateliers
du chemin de fer du
Nord, d'après le pro-
gramme de M. du
Bousquet, ingénieur
en chef du Matériel et
de la Traction de cette Compagnie.

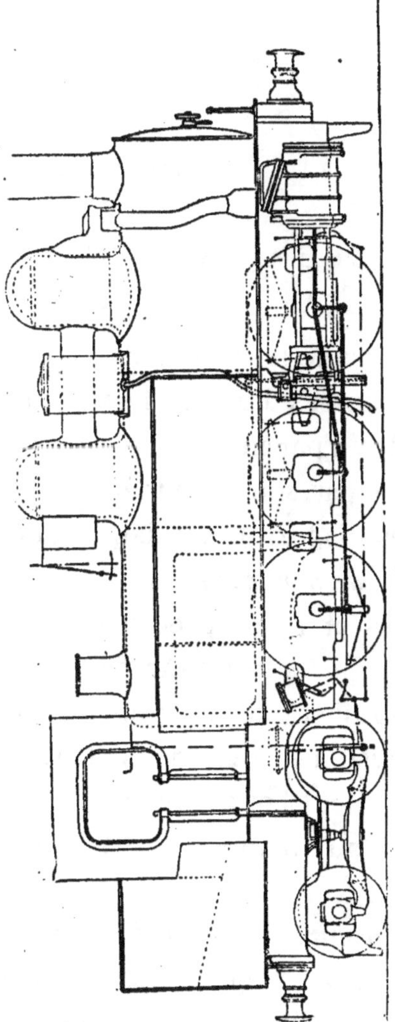

Fig. 80. — Locomotive pour le chemin de fer métropolitain de Paris.

CHAPITRE XVI

CHEMINS DE FER DE MONTAGNE

Lorsque le tracé d'une ligne de chemin de fer présen
des rampes d'une inclinaison supérieure à 30 ou 40 mil
limètres par mètre, il n'est pas possible de remorquer le
trains par simple adhérence. Il faut donc avoir recour
à des dispositifs spéciaux pour l'exploitation des *chemins
de fer de montagne.*

Les premiers procédés que l'on a cherché à appliquer
aux lignes à fortes rampes ont été : l'emploi de la pression
atmosphérique (chemin de fer de Saint-Germain), puis
le système Fell, dans lequel des roues horizontales
exerçaient contre un rail central la pression nécessaire
pour augmenter l'adhérence (chemin de fer du mont
Cenis).

Chemins de fer à crémaillère. — C'est en Amérique que
l'on a fait pour la première fois usage d'une voie à crémaillère (ligne d'Indianapolis à Madison, en 1847, ligne
du mont Washington, en 1868).

Le système à crémaillère a été appliqué, pour la première fois, en Europe, en 1874, au chemin de fer du
Righi (fig. 81), et il serait aujourd'hui fastidieux d'énumé-

FIG. 81. — Chemin de fer à crémaillère du Righi.

rer toutes les lignes à crémaillère existantes, chaq[ue]
montagne et même chaque monticule ayant quel[que]
prétention à la célébrité étant aujourd'hui pourvus d'[un]
accessoire de ce genre. Les cimes les plus vénérables
sont même plus respectées, et la Jungfrau, le mo[nt]
Cervin et le mont Blanc sont menacés chacun d'u[n]
chemin de fer... et d'un hôtel à leur sommet.

La voie porte, en son milieu, une crémaillère constitu[ée]
à l'aide de deux rails parallèles réunis par des boulo[ns]
transversaux formant des crans dans lesquels engrène[nt]
les roues dentées de la locomotive et des wagons.

La locomotive pousse les wagons à la montée et le[s]
retient à la descente; les voitures sont munies d'u[n]
frein très énergique qui cale les roues dentées sur la crémaillère, en cas d'accident, et immobilise ainsi instantanément et complètement le véhicule.

Les chemins de fer du Righi, car il y en a trois, e[t]
les autres lignes à crémaillère, construites jusqu'en 1880,
ne présentaient pas de rampes dépassant 25 pour 100.
Lorsqu'on voulut aborder, à cette époque, le problème
de l'ascension du mont Pilate, près de Lucerne, on reconnut que la moyenne devrait être de 36,6 pour 100,
et la pente maxima de 48 pour 100. Dans ces conditions,
le système à simple crémaillère ne présentait pas de garanties suffisantes, et l'on eut recours à un nouveau type
de voie, imaginé par le colonel Locher. Les rails sont placés sur des traverses en fer, encastrées dans des dalles de
granit, posées elles-mêmes sur une infrastructure en
maçonnerie (fig. 82). Au milieu de la voie, se trouvent

Fig. 82. — Chemin de fer du Pilate.

deux crémaillères posées à plat et disposées dos à do
comme une scie à deux tranchants.

La locomotive est soudée au véhicule de manière
diminuer autant que possible le poids mort, puisqu
l'adhérence ne joue plus de rôle sur les chemins de fer
crémaillère. Les roues sont sans boudins, et le train e
maintenu par la crémaillère. A chacun des deux essieu
de la voiture correspondent deux roues dentées horizon
tales, engrenant dans la crémaillère, celles d'arrière étar
seules motrices. En outre, deux roues horizontales or
dinaires, calées sur le même axe, embrassent la longrin
supportant la crémaillère. Enfin, des griffes pouvan
prendre leur point d'appui sous les rails, empêchent l'en
lèvement de la voiture par le vent, dans le cas où le trair
serait surpris par l'une de ces violentes tempêtes qu
font si fréquemment rage autour du sommet du mont
Pilate.

La chaudière de la locomotive est placée transversale
ment à la voie, de manière à rester horizontale.

Les voitures sont à quatre compartiments de huit pla
ces ; elles sont pourvues de deux freins à main, d'un
frein à air ordinaire, et enfin d'un frein régulateur auto
matique agissant sur les roues dentées qui se trouvent
immobilisées par une clavette, dès que la vitesse dépasse
$1^m,30$ par seconde.

La vitesse de marche est réglée à $3^{km},6$ à l'heure.

Chemins de fer mixtes. — Les lignes de montagne
que nous venons de décrire, n'ont que de parcours très
restreints, mais quand on a voulu aborder le problème

de lignes d'un parcours plus grand, telles que la ligne de Blankenburg à Tanne, ou la traversée du Val-d'Enfer, de Fribourg à Neustadt, dans le Grand-Duché de Bade, ou celle du col du Brünig, de Lucerne à Brienz, en Suisse, il a fallu recourir à un système mixte.

La ligne est à adhérence ordinaire sur les parties faciles du tracé et ce n'est que pour franchir les fortes rampes que l'on utilise la crémaillère.

Il y a, dès lors, dans ces lignes, un point délicat, celui où la locomotive, abordant une rampe, doit s'accrocher à la crémaillère à l'aide d'une roue dentée, qui n'a rien à faire dans les parcours où l'adhérence seule est employée. Pour permettre ce passage, la crémaillère est précédée d'une pièce d'entrée. La pièce d'entrée est constituée par une plaque en acier, qui porte des dents à hauteur pleine du côté de la crémaillère, et de plus en plus courtes de l'autre côté, à mesure que l'on se rapproche de la voie à adhérence simple. On facilite ainsi l'entrée exacte de la roue dentée de la locomotive dans la crémaillère. Des ressorts soulèvent la pièce d'entrée au moment voulu, et l'engrènement a lieu ordinairement après que la roue a dépassé cinq ou six dents.

Les locomotives sont construites de façon à fonctionner à la fois par adhérence et par engrènement; elles sont à trois essieux couplés, l'essieu médian portant en outre la roue dentée qui doit engrener dans la crémaillère, lorsque la rampe est trop forte pour permettre la marche par simple adhérence.

Sur la ligne de Brünig, les voitures sont munies d'un

frein à vapeur automatique qui provoque l'arrêt immédiat en cas de rupture d'attelage.

En France, nous possédons un exemple de chemin de fer mixte : c'est la petite ligne qui relie la gare de Langres à la ville, située sur une éminence. Cette ligne à 1475 mètres de longueur, et ses extrémités ont une différence d'altitude de 132 mètres : elle présente deux tronçons à crémaillère, d'environ 500 mètres de longueur. .

Les trains se composent d'une machine et de deux voitures.

Nous avons, au début de ce chapitre, fait allusion au projet de chemin de fer sur la Jungfrau. Il nous paraît intéressant de donner quelques détails sur ce projet.

Il existe déjà actuellement un chemin de fer mixte à adhérence et à crémaillère, qui va d'Interlaken, ville bien connue de tous les touristes, à Lauterbrunnen et à Mürren, au pied même de la Jungfrau. Ce chemin de fer envoie vers le milieu de son parcours un embranchement sur Grindelwald.

Le projet ne vise à rien moins qu'à prolonger la ligne existante, depuis Mürren jusqu'au sommet même de la montagne.

Afin de se protéger contre le froid et les avalanches, la voie ferrée serait presque entièrement en tunnel. Elle présenterait plusieurs stations intermédiaires, d'où l'on sortirait par des galeries pour se rendre aux principaux points de vue. L'intérieur du tunnel serait éclairé à l'électricité. La durée du voyage serait de deux heures, et ce temps de parcours est suffisant pour que les voyageurs puissent s'accoutumer graduellement à la différence de température entre la base et le sommet de la montagne.

La température au sommet du pic n'est d'ailleurs jamais inférieure à 14° au-dessous de zéro, en hiver; elle est d'un peu moins de 0° en été.

Chemins de fer funiculaires. — On peut encore franchir les plans inclinés en faisant emploi de la traction par câbles. Dès l'origine des chemins de fer, on a eu recours à ce système, pour faciliter le passage des fortes rampes, et aujourd'hui encore on se sert sur certaines lignes, d'une locomotive qui descend sur l'une des voies en entraînant un câble enroulé autour d'une poulie au sommet de la rampe, et dont l'autre extrémité est fixée au train qui doit gravir la rampe sur l'autre voie.

Les chemins de fer de la Croix-Rousse et de Fourvière, à Lyon, sont des exemples bien connus de funiculaires, mais c'est surtout dans ces dernières années, que ces sortes de chemins de fer ont pris beaucoup d'extension.

Le chemin de fer funiculaire qui escalade le cône de cendres du Vésuve, dont l'inclinaison est de 33°, est un curieux exemple de ce système.

Le chemin est à double voie, mais chaque voie ne comporte qu'un rail unique, sur lequel les voitures sont placées à cheval, de sorte que leur centre de gravité soit au-dessous du rail.

Des machines situées au bas de la ligne, mettent en mouvement deux tambours sur lesquels sont enroulés deux câbles indépendants. Ces deux câbles montent jusqu'au sommet du plan, de chaque côté de la voie montante et se replient sur des poulies pour redescendre de chaque côté de la voie descendante. Les voitures sont fixées de chaque côté à l'un de ces câbles; elles ont deux compartiments disposés en échelons.

L'emploi de la traction par câbles est surtout avantageux lorsqu'on peut disposer d'eau en grande quantité comme force motrice. C'est ce qui explique pourquoi les funiculaires sont très répandus en Suisse.

Au Giessbach, à Territet-Glion, au Gütsch, à Lugano, il existe des funiculaires hydrauliques.

Deux voitures, l'une montante, l'autre descendante, sont reliées par un câble, passant sur une poulie au sommet de la rampe.

Sous les voitures, se trouve une caisse à eau : on remplit la caisse de la voiture descendante, de manière à donner l'excès de poids nécessaire pour produire l'entraînement de la voiture montante.

Fréquemment, la ligne n'est qu'à trois rails, celui du milieu étant commun aux deux voies, et ne se dédoublant qu'au point de croisement des deux véhicules.

Au Bürgenstock, sur le lac des Quatre-Cantons, le chemin de fer funiculaire est actionné par l'électricité : on utilise la force motrice d'une chute d'eau située à 4 kilomètres de la ligne, et le transport de la force se fait par une ligne électrique jusqu'au funiculaire.

CHAPITRE XVII

CHEMINS DE FER A VOIE ÉTROITE

Lorsqu'il s'agit de construire des chemins de fer dans des contrées où les populations sont moins denses, où l'industrie et l'agriculture sont moins développées et moins productives et où, par contre, les accidents de terrain sont, en général, plus prononcés, l'adoption de la voie normale conduirait à faire les plus grandes dépenses aux points où l'on aurait à espérer le moins de recettes.

On est donc logiquement conduit à rechercher une solution plus économique, et cette solution réside dans l'adoption d'une voie moins large que la voie normale : la *voie étroite*.

La voie étroite, en effet, on le conçoit aisément, donne lieu à des dépenses de premier établissement moins considérables, les acquisitions de terrain étant moindres, la voie moins lourde et le matériel plus léger. La flexibilité de la voie étroite permet d'abord de mieux se rapprocher des centres à desservir et de mieux drainer le trafic, ensuite de contourner plus facilement les obstacles et d'éviter ainsi la construction d'ouvrages d'art coûteux.

Les largeurs de voie généralement adoptées sont 1 mètre, 75 centimètres et 60 centimètres.

La voie d'un mètre est la plus répandue en France ; on la rencontre sur le chemin de fer d'Hermes à Beaumont, sur les lignes de la Société des chemins de fer économiques, sur celles du Sud de la France, de Saint-Georges du Commier à la Mure, etc...

La voie de 60 centimètres existe sur le chemin de fer du Festiniog, dans le pays de Galles, bien que cette ligne ait à suffire à un trafic aussi important que beaucoup de lignes à voie normale.

Le matériel des lignes à voie étroite est construit sur les mêmes principes que celui des voies normales ; toutefois il est généralement muni d'un seul tampon pour faciliter le passage dans les courbes.

Chemin de fer Decauville. — Nous devons dire quelques mots du système de voie étroite Decauville, qui s'est répandu dans les usages industriels et militaires.

C'est une voie portative, composée d'une succession d'éléments mobiles comprenant chacun deux rails légers rivés sur deux traverses métalliques. Chacun de ces cadres est facilement transportable, et il suffit de les poser bout à bout pour improviser, sans terrassements préalables, un petit chemin de fer qui peut rendre de réels services.

L'emploi de ces chemins de fer portatifs n'est pas seulement limité aux exploitations industrielles ou aux

Fig. 83. — Chemin de fer Decauville de l'Exposition universelle de 1889.

constructions militaires ; le Decauville peut devenir un véritable chemin de fer stratégique, et il a été utilisé pendant la campagne de Tunisie pour l'établissement du chemin de fer de Kairouan.

C'est à l'Exposition Universelle de 1889 que le chemin de fer Decauville put faire définitivement ses preuves. Partant de l'Esplanade des Invalides pour aboutir à la galerie des Machines, la ligne avait un parcours total de 3000 mètres, avec cinq gares. La ligne comportait des rampes de 25 et 28 millimètres par mètre et des rayons de 30 et 42 mètres en pleine voie, et de 20 mètres dans les croisements et dans les sorties des gares.

La voie, à l'écartement de 60 centimètres, était constituée en rails pesant $9^{kg},5$ le mètre courant, et chaque longueur de 5 mètres était rivée sur huit traverses métalliques du type imaginé par le capitaine Péchot.

A la fin de l'Exposition on a constaté qu'après un un passage de 1.200.000 tonnes brutes, aucun rivet n'avait cédé sur toute la longueur de la voie.

Les croisements, aiguilles et pointes de cœur avaient aussi parfaitement tenu, bien que certains aient supporté le passage de plus d'un million de trains ou de machines.

Les locomotives étaient du type Mallet compound articulé (fig. 83), à deux groupes de deux essieux, pesant 11 tonnes et demie en ordre de marche : elles ont fait pendant six mois, seize heures de service par jour, avec des parcours de 3900 kilomètres par mois, à la vitesse moyenne de 23 kilomètres à l'heure ; les mécaiciens et les chauffeurs alternaient de manière à ne jamais faire plus de huit heures et demie de travail.

Les voitures, longues de 7ᵐ,25, larges de 1ᵐ,80, pesaient 3 tonnes et portaient cinquante-six voyageurs : elles étaient montées sur bogies et passaient librement dans les courbes de 20 mètres de rayon.

Pour assurer la sécurité, les passages à niveau étaient protégés par des disques à distance ; en outre, des appareils de Baillehache avaient été appliqués à toutes les gares et aux passages à niveau [1].

Ces appareils consistent en une pédale isolée qui ferme le circuit sous la pression des roues et actionne ainsi une sonnerie au poste suivant : cet appareil automatique ne faisait d'ailleurs que répéter le signal déjà fait à la main avec une sonnerie par le chef de gare qui expédiait un train.

Un réseau téléphonique complétait les installations.

L'effectif du personnel était de 265 agents dont 120 affectés au gardiennage de la voie et des passages à niveau.

Le service des trains comportait 252 trains pour les jours de semaine et 294 trains pour les dimanches et les jours d'affluence. On avait même trouvé moyen d'organiser des trains directs.

Dans les gares, un train arrivant, aussitôt évacué, était rempli par les 400 voyageurs qu'on avait au préalable approvisionnés dans une sorte d'écluse formée par

---

[1] Voy. J. Lefèvre, *Dictionnaire d'électricité*, Paris, 1891, art. CONTRE-RAIL ISOLÉ, p. 647.

des barrières. On pouvait ainsi réduire à trois minut[es]
le temps nécessaire pour débarquer 400 voyageurs et [en]
embarquer autant d'autres.

Le nombre total des trains a été de 42.500, ayant pa[r]
couru 106.250 kilomètres. Les six locomotives o[nt]
parcouru ensemble 113.882 kilomètres.

Le nombre de voyageurs transporté a été de 6.342.00[0]
et la recette a dépassé 1.650.000 francs, en six moi[s]
soit une recette kilométrique brute de 1.100.000 par an.

Chemin de fer monorail de Lartigue. — C'est le typ[e]
de la voie étroite réduite à son minimum, puisque la voi[e]
n'exige pour ainsi dire pas de terrain, ainsi qu'on peu[t]
le voir sur la figure 84 [1].

La voie se compose de tréteaux reposant sur des traverses placées sur le sol, et dont l'espacement varie avec
la portée et la force des rails que supportent les tréteaux;
les rails sont, d'ailleurs, renforcés par un fer à T placé
sous leur patin. Les différences de niveau du sol sont
rachetées par la différence de hauteur des tréteaux, en
sorte que les travaux de terrassement peuvent être, pour
ainsi dire, nuls. En plus du rail central, les tréteaux supportent des rails de guidage latéraux, destinés à empêcher le balancement des véhicules suspendus en équilibre
sur le rail central. Les tréteaux sont, en général, placés
à 1 mètre au-dessus du sol, mais les voies publiques sont
traversées à une plus grande hauteur.

Les voitures sont suspendues sur les rails par l'inter-
termédiaire des deux roues à gorge.

----

[1] *The Scientific American*, 1884. — *Science et Nature*, 1884.

Les locomotives ont des formes diverses. Elles peuvent
re à trois roues couplées, avec deux chaudières horizon-

FIG. 84. — Chemin de fer monorail de Lartigue.

tales suspendues chacune d'un côté, ou à deux roues couplées avec deux chaudières verticales. Les cylindres et le
mécanisme sont, de même que les roues, compris entre

les deux chaudières. Les locomotives ont, comme
voitures, des roues horizontales pour le guidage latér

Il y a plusieurs lignes de ce système en exploitatio
L'une d'elles est exploitée par l'électricité, dans les P
rénées-Orientales, aux mines de Ria ; le train char
descendant produit le courant nécessaire pour mettre
marche le train vide montant.

D'autres lignes sont établies en Algérie et en Tunis
pour des exploitations agricoles ; enfin, récemmen
un chemin de fer monorail de 16 kilomètres de longue
a été ouvert au service des voyageurs en Grande-Bre
tagne, de Listowel à Ballybunion.

CHAPITRE XVIII

TRAMWAYS

Les tramways ne sont que l'application de la voie ferrée à la circulation dans les rues et sur les routes. Aussi fait-on usage dans les villes, de rails à ornières ne dépassant pas le niveau du sol, afin de ne pas compromettre la circulation des véhicules ordinaires.

Les tramways sont généralement remorqués par des chevaux, mais on leur applique aussi les divers modes de traction usités sur les chemins de fer.

Tramways à vapeur. — Lorsqu'ils sont en rase campagne, on fait usage de la traction mécanique à l'aide de petites locomotives, mais l'échappement de vapeur et de fumée en rend l'emploi difficile dans l'intérieur des villes.

Il faut alors avoir recours à des moteurs spéciaux, produisant le moins de bruit possible.

Les locomotives sans foyer de M. Francq (fig. 85), en service dans les tramways de Rueil à Marly et de Paris à Saint-Germain (fig. 86), emportent avec elles, dans un réservoir spécial, une provision d'eau et de vapeur surchauffée, suffisante pour effectuer tout le trajet.

La chaudière renferme 1800 litres d'eau à la température de 1200° et la pression de la vapeur est de 15 atmosphères. Au fur et à mesure de la consommation de la

Fig. 85. — Locomotive sans foyer, système Francq.

vapeur, l'eau en fournit une nouvelle quantité. Un détendeur de vapeur règle l'admission de la vapeur dans
les cylindres, de manière à ce qu'elle y pénètre toujours
à la même pression.

FIG. 86. — Tramway à vapeur remorqué par une locomotive sans foyer. Ligne de Paris à Saint-Germain.

Tramways funiculaires. — La première application de traction par câble, aux tramways, a été faite, en 187[...] par Hallidie, à San-Francisco. La première ligne a été éta[...] blie dans Clay street. Le tramway funiculaire (fig. 8[...]) comporte un câble placé, sous le sol, dans un tube méta[...] lique présentant une rainure à sa partie supérieure (5[...]) Le câble est sans fin et est actionné par des machine[...] fixes : il dessert d'abord la voie descendante, passe su[...] une grande poulie de retour et revient à la machin[...] motrice par la voie montante.

Les voitures sont munies d'une griffe passant dans l[...] rainure et à l'aide de laquelle le conducteur peut saisir à[...] volonté le câble pour produire l'entraînement du véhicule.

Les avantages du système funiculaire sont la grande[...] vitesse, uniforme quel que soit le profil, la possibilité[...] d'arrêter instantanément, et enfin une grande réduction[...] dans les frais d'exploitation.

La figure 88 représente la disposition des machines[...] motrices des tramways funiculaires. On voit (2 et 3) que[...] le câble quitte la rue sur une poulie qui le dévie de[...] 90 degrés, et passe ensuite sur deux poulies motrices sur[...] chacune desquelles il fait trois quarts de tours ; de là il[...] passe sur une poulie de tension et retourne à la rue[...] où une dernière poulie le dévie de 90° suivant la voie[...] descendante. Le volant de la machine motrice doit être[...] extrêmement puissant pour imprimer un mouvement[...] régulier au câble dont la longueur dépasse parfois 7 kilo- mètres et demi de longueur. (4) reproduit le mode d'em- brayage des machines motrices.

Quelquefois on n'emploie qu'une seule poulie motrice au lieu de deux ; la jante de la poulie est alors pourvue de griffes qui serrent automatiquement le câble.

La poulie de tension est disposée sur un chariot mobile sur rails.

Le *grip* de la voiture est pourvu de deux petits volants : l'un pour amener le grip à la hauteur du câble, l'autre pour serrer les mâchoires du grip contre le câble. Les voitures sont munies de freins à sabot et à patin pour permettre l'arrêt rapide après que le conducteur a desserré le grip.

La vitesse de marche se règle par un serrage plus ou moins énergique du grip : si le grip est serré à fond la voiture prend la vitesse même du câble ; à mesure que l'on serre moins énergiquement, le câble peut glisser dans le grip qui transmet ainsi à la voiture une vitesse moindre, et il est facile de régler de la sorte graduellement la vitesse à l'arrivée et au départ.

Les tramways funiculaires ont pris une très grande extension à San-Francisco : on en a même construit à roues invisibles (fig. 87) : les roues sont placées dans la même rainure que le câble.

De là le système s'est répandu aux autres grandes villes des Etats-Unis et en Australie.

Il fonctionne également depuis plusieurs années dans quelques villes d'Europe, notamment à Londres.

On comprend facilement que ce système funiculaire est particulièrement avantageux dans les villes accidentées où les rues présentent de fortes déclivités.

Fig. 87. — Tramway funiculaire à roues invisibles de San Francisco.

Enfin tout récemment le tramway funiculaire devait prendre droit de cité en France, à Paris même, mais en recevant quelques perfectionnements.

Le chemin de fer funiculaire de Belleville dessert l'importante agglomération qui constitue les XIXe et XXe arrondissements et la met en communication rapide avec la place de la République.

Le tracé, partant du commencement de la rue du Faubourg du Temple, traverse le canal Saint-Martin, le boulevard du Temple et remonte la rue de Belleville jusqu'à l'église; il a une longueur totale de 2 kilomètres. La différence de niveau entre le point de départ et le point d'arrivée est de 63 mètres.

La rue de Belleville n'ayant que 7 mètres de largeur, le funiculaire a dû être installé à voie unique, avec des garages de distance en distance.

L'application du système à voie unique, faite pour la première fois, a nécessité quelques dispositions spéciales.

Les poulies de support et de guidage des brins montant et descendant, se trouvent accolées sous l'ornière unique : pour que les deux brins demeurent en tous points libres de se prêter à l'action du grip, il a fallu modifier la forme des poulies pour chacune des courbes rencontrées.

Au lieu d'établir la galerie des câbles, en bois avec cadres en fonte, comme dans les tramways de San-Francisco, on a préféré la constituer par un tube en beton, avec armature en fer pour soutenir les rails et l'ornière.

Fig. 88. — Machines motrices

…niculaires de San Francisco.

La galerie a 35 centimètres de largeur et 65 centimètres de hauteur.

Le câble est en fil d'acier ; il est composé d'une âme et de six torons ; son diamètre est de 3 centimètres, sa longueur de 4200 mètres et son poids de 13.000 kilogrammes.

Tramways à air comprimé. — L'air comprimé peut être employé pour la traction des tramways. Dans le système Merkarsky, l'air est comprimé par les machines fixes d'une station centrale, dans des réservoirs situés sous les voitures.

La ligne de Vincennes à Ville Evrard, de 63 kilomètres de longueur, est actuellement exploitée par des voitures automobiles Merkarsky.

Tramways électriques. — Deux systèmes principaux sont employés pour les tramways mûs par l'électricité : tantôt on produit l'électricité dans une station, située en un point quelconque du parcours, et on envoie le courant au moteur placé sur la voiture ; tantôt, au contraire, on alimente le moteur par une batterie d'accumulateurs, chargée à l'usine et placée sur le véhicule. Chacun de ces deux systèmes peut se prêter à plusieurs dispositions différentes.

Pour les tramways alimentés par une machine fixe, le courant de la dynamo peut être conduit au moteur par différents procédés. Dans le système Siemens et Halske, les essieux sont isolés des roues, et le moteur communique avec les rails par des balais ou des galets qui frottent ou qui roulent sur leur surface. La première application a été faite à Berlin en 1879 puis en 1881 entre l'École Militaire et la gare de Lichterfelde. Cette dernière ligne a 2400 mètres de longueur : le parcours dure 8 minutes. Les rails sont posés le long de la route ou dans les champs sur des traverses ordinaires en bois, sans aucune précaution spéciale pour l'isolement. A la traversée des routes, ils sont isolés.

Une ligne du même genre fonctionne en Angleterre entre la jetée de Brighton et Kempton, sur une longueur de 2 kilomètres : les traverses des rails sont simplement posées sur le galet de la plage, sans autre précaution.

Ce système se recommande au point de vue de la simplicité et de l'économie, mais il exige un emplacement séparé des rues et des autres voies, et les rails sont difficiles à isoler.

Dans un second système, MM. Siemens et Halske amènent le courant par un rail central isolé ; le retour se fait par les rails ordinaires. La ligne de Portrush à la Chaussée des Géants, d'une longueur de 9600 mètres, et celle de Bessbrook à Newry, d'une longueur de 4800 mètres, toutes deux en Irlande, sont établies sur ce principe.

Divers tramways ont été également construits en Amérique suivant des systèmes analogues, différant entre eux par le mode d'arrivée du courant au rail central et par les dispositifs isolants.

Dans le système Smith, appliqué à la ligne de Blackpool, il y a au milieu de la voie une rainure semblable à celle des tramways funiculaires dans laquelle se trouve le conducteur qui amène le courant. La même disposition a été adoptée par MM. Siemens et Halske pour le tramway électrique de Buda-Pest, d'une longueur de 10 kilomètres.

Enfin, dans un dernier système, le courant est amené par des conducteurs aériens et le retour se fait par les rails. Le conducteur aérien peut être formé soit d'un tube creux, dans lequel glisse un piston relié à la voiture, soit de barres métalliques sur lesquelles frottent des galets. Il est, dans tous les cas, soutenu par des poteaux munis d'isolateurs. Ce système, peu employé en Europe, est assez répandu en Amérique.

Ce système a été successivement appliqué en 1881 au tramway de l'Exposition du Palais de l'Industrie à Paris, en 1883 au tramway de Moedling près de Vienne, en 1884 à celui de Francfort-sur-Mein à Offenbach et en 1890 au prolongement de la ligne de Lichterfelde, près de Berlin.

Aux États-Unis, les principales applications du système à conducteur aérien sont faites par MM. Thomson-Houston qui ont établi un grand nombre de lignes à Washington, Boston, Omaha, Syracuse, etc. La figure 89 représente le tramway électrique de Washington.

Dans le système Thomson-Houston le contact est établi par une poulie à gorge qui roule sur le fil et d'où le courant descend jusqu'aux moteurs, au nombre de deux, à raison d'un par essieu.

Lorsque les tramways sont alimentés au moyen d'accumulateurs, ces appareils sont placés soit sous la caisse de la voiture, soit sous les banquettes. Les voitures sont ramenées périodiquement au dépôt pour

Fig. 89. — Tramway électrique de Washington (système Thomson Houston).

charger à nouveau les accumulateurs ou pour les remplacer.

Des voitures marchant par accumulateurs circulent à Paris sur la ligne de la Madeleine à Levallois-Perret, à Bruxelles, à Londres, à Birmingham et à Barking.

22.

CHAPITRE XIX

CHEMIN DE FER ÉLECTRIQUE DE LONDRES

Nous ne pouvons mieux terminer cet ouvrage qu'en donnant une description du chemin de fer électrique récemment inauguré à Londres, et dont la réussite permet d'entrevoir le vaste champ ouvert dans l'avenir à l'électricité pour la traction des chemins de fer métropolitains.

Ce chemin de fer qui relie un quartier très populeux du sud-ouest à la Cité, c'est-à-dire au cœur commercial de la ville, en passant sous la Tamise, a un peu plus de 3 milles (environ 5 kilomètres) de longueur. La voie montante et la voie descendante passent dans des tunnels distincts placés sous le sol des rues, tantôt l'un à côté de l'autre, tantôt l'un au-dessous de l'autre, suivant que la largeur des voies publiques le permet. A chaque station, de puissants ascenseurs dispensent les voyageurs de gravir les escaliers et établissent une communication facile et rapide entre la roue et le niveau des quais des stations ; afin d'éviter la répétition d'installations semblables de chaque côté des rues à chaque station intermédiaire, les tunnels d'aller et de retour y sont placés à des niveaux différents, de manière à permettre aux voyageurs de passer rapidement des ascenseurs ou des escaliers, situés d'un même côté de la rue, sur les quais de l'une ou de l'autre direction. La rampe la plus forte est d'environ 1/30.

Le point intéressant de ce chemin de fer est la traction, effectuée, non par des locomotives à vapeur, mais par des moteurs électriques. Le courant, produit dans une usine placée à l'une des extrémités de la ligne, est envoyé à travers les deux tunnels par un conducteur principal isolé. Un autre conducteur en acier est placé entre les rails, sur des blocs de verre, reposant sur les traverses. Ce conducteur est relié au conducteur principal vis-à-vis de chacun des postes de signaleurs répartis le long de la ligne.

Les locomotives sont constituées par un wagonnet sous lequel se trouvent trois collecteurs ou patins, qui reposent ou glissent sur le conducteur placé entre les rails et recueillent le courant suivant les besoins de la locomotive. Un levier permet au mécanicien de régler l'admission du courant ou de l'interrompre complètement.

Chaque locomotive pèse environ 10 tonnes et contient deux moteurs capables de développer un travail de 100 chevaux.

Les essieux des roues constituent les armatures des machines électriques, en sorte qu'il n'y a ni transmissions ni engrenages. Les rails forment le conducteur de retour et complètent le circuit.

Par suite de l'absence de vapeur et de fumée, la question de ventilation est bien simplifiée : la circulation dans chaque tunnel ayant toujours lieu dans le même sens, un courant d'air continu s'établit.

Toute la puissance nécessaire pour la traction et le fonctionnement des ascenseurs est produite dans une usine centrale. L'électricité est engendrée par trois machines capables de développer chacune une puissance de 375 chevaux-vapeur et actionnant chacune une dynamo Edison-Hopkinson ; le courant de deux dynamos étant suffisant pour faire marcher en tout temps les trains sur la ligne, la troisième forme réserve.

La tension maxima du courant est de 500 volts.

Dans la même usine se trouvent trois machines pour les pompes dont deux actionnent les ascenseurs hydrauliques de toutes les stations. L'eau est envoyée par les pompes dans un accumulateur situé dans l'usine, sous une pression de 1200 livres par pouce carré, et après avoir passé par les ascenseurs et avoir effectué son travail, l'eau est renvoyée dans les réservoirs pour y être reprise par les pompes.

Des conduites pour l'eau sous pression et pour l'eau en retour sont placées tout le long de la ligne et desservent les ascenseurs. Le nettoyage du tunnel est assuré à l'aide de petits robinets à injecteur reliés à la conduite principale d'eau sous pression.

Les stations (fig. 90) sont éclairées à l'électricité. Les voitures sont très bien comprises pour un service métropolitain ; elles épousent exactement la forme du tunnel et renferment deux banquettes longitudinales; on y accède par une porte à chaque bout. Les deux plateformes extrêmes des deux voitures voisines forment une large plateforme fermée par un grillage articulé.

Avant l'arrêt du train, les voyageurs se réunissent

Fig. 90. — Station du chemin de fer électrique de Londres.

sur la plate-forme d'où ils descendent rapidement ; d'autres voyageurs y montent et le train repart aussitôt, tandis que les voyageurs cherchent leurs places dans le wagon tout à leur aise.

La voie ne repose pas sur du ballast ; les traverses sont posées directement sur le parement en tôle du tunnel.

Les détails de construction de cette ligne, notamment pour le passage sous la Tamise, sont des plus intéressants, mais leur description nous entraînerait hors du cadre de cet ouvrage.

Les trains circulent à une vitesse de 30 milles, soit 48 kilomètres à l'heure.

C'est le premier pas, réellement pratique, fait dans la voie des chemins de fer électriques et son succès permet d'entrevoir qu'il sera bientôt suivi d'autres essais plus étendus.

FIN

TABLE DES MATIÈRES.

TABLE DES MATIÈRES

FIN DE LA TABLE DES MATIÈRES

E.HELLE

G. DALLET

LE MONDE VU PAR LES SAVANTS

DU XIX° SIÈCLE

Illustré de 800 figures

Un splendide volume de 1100 pages gr. in-8 à deux colonnes

Broché, sous couverture artistique. . . . . **18 fr.**

Cartonné, tranches dorées. . . . . **22 fr.**

Au moment où la France vient de célébrer les merveilleux progrès de son industrie, il serait injuste de ne pas associer à ce triomphe des ingénieurs et des industriels les savants illustres aux travaux desquels nous devons les conquêtes innombrables que la science a réalisées pendant le siècle qui s'achève, et qui est vraiment le *siècle de la science.*

Le monde que nous habitons offre à nos yeux un merveilleux spectacle; de jour en jour plus étudié et mieux connu, il se présente à nous avec ses tableaux variés qui provoquent notre admiration et dont les savants modernes ont surpris les secrets jusqu'alors impénétrables, grâce aux admirables instruments de travail qui ont décuplé leur puissance d'investigation.

Nous avons pensé qu'il fallait donner la parole aux maîtres eux-mêmes et les laisser exposer leurs découvertes dans ce magnifique langage qui leur est propre et qui porte avec lui le cachet de leur puissante individualité en même temps que de leur lumineuse et persuasive conviction.

Le Monde vu par les savants s'adresse à tous ceux, petits ou grands, qui sont curieux des choses de la nature, qui cherchent dans les lectures sérieuses des joies douces et des émotions vraies, à ceux qui ne possèdent sur l'histoire de notre globe aucune notion positive; il apportera profit et plaisir, une instruction amusante et un amusement instructif; il exercera l'active curiosité de l'enfance, il sera un sujet de méditations pour l'âge mûr; mis à la portée de tous, il répandra partout, au foyer de la famille, les salutaires leçons de la science.

Les figures, semées à profusion et, pour ainsi dire, à chaque page, sont dues à nos meilleurs artistes; elles sont le commentaire vivant de ces tableaux qui se déroulent devant le lecteur.

Cette encyclopépie, où le vrai luxe de l'exécution est uni à un bon marché inusité, constitue à la fois un riche album et un livre intéressant, qui parle à la fois à l'esprit et aux yeux, assez sérieux pour instruire, assez original pour charmer.

ENVOI FRANCO CONTRE UN MANDAT POSTAL

PHYSIQUE

LE MICROSCOPE
ET SES APPLICATIONS A L'ÉTUDE DES ANIMAUX ET DES VÉGÉTAUX
Par Ed. COUVREUR
Chef des Travaux de physiologie à la Faculté des Sciences de Lyon.
1 vol. in-16, avec 112 figures. . . . . 3 fr. 50

LA LUMIÈRE ET LES COULEURS
AU POINT DE VUE PHYSIOLOGIQUE
Par Aug. CHARPENTIER
Professeur à la Faculté de Nancy.
1 vol. in-16, avec 22 figures. . . . . 3 fr. 50

LES COULEURS
AU POINT DE VUE PHYSIQUE, PHYSIOLOGIQUE, ARTISTIQUE ET INDUSTRIEL
Par E. BRUCKE
Professeur à l'Université de Vienne.
1 vol. in-16 de 344 pages, avec 46 figures. . . . . . 3 fr. 50

LES ANOMALIES DE LA VISION
Par IMBERT
Professeur à la Faculté de Montpellier
Introduction par **E. JAVAL**, membre de l'Académie de médecine.
1 vol. in-16 de 363 pages, avec 48 figures. . . . . . . 3 fr. 50

ART MILITAIRE

L'ARTILLERIE ACTUELLE
EN FRANCE ET A L'ÉTRANGER,
CANONS, FUSILS, POUDRES ET PROJECTILES
Par le Colonel GUN
1 vol. in-16, avec 96 figures. . . . . 3 fr. 50

L'ÉLECTRICITÉ
APPLIQUÉE A L'ART MILITAIRE
Par le Colonel GUN
1 vol. in-16, avec figures. . . . . 3 fr. 50

ENVOI FRANCO CONTRE UN MANDAT POSTAL

CHIMIE

LE LAIT
ÉTUDES CHIMIQUES ET MICROBIOLOGIQUES
Par DUCLAUX
Professeur à la Faculté des sciences de Paris, membre de l'Institut.
1 vol. in-16 de 336 pages, avec figures. . . . . . . 3 fr. 60

LES THÉORIES ET LES NOTATIONS DE LA CHIMIE
MODERNE
Par Antoine de SAPORTA
Introduction par C. FRIEDEL, membre de l'Institut
1 vol. in-16. . . . . 3 fr. 50

LA COLORATION DES VINS
PAR LES COULEURS DE LA HOUILLE. MÉTHODES ANALYTIQUES
ET MARCHE SYSTEMATIQUE
POUR RECONNAITRE LA NATURE DE LA COLORATION
Par P. CAZENEUVE
Professeur à la Faculté de Lyon.
1 vol. in-16, avec 1 planche. . . . . 3 fr. 50

FERMENTS ET FERMENTATIONS
ÉTUDE BIOLOGIQUE DES FERMENTS. ROLE DES FERMENTATIONS
DANS LA NATURE ET DANS L'INDUSTRIE
Par Léon GARNIER
Professeur à la Faculté de Nancy.
1 vol. in-16, avec 65 figures. . . . . 3 fr. 50

L'ALCOOL
AU POINT DE VUE CHIMIQUE, AGRICOLE, INDUSTRIEL,
HYGIÉNIQUE ET FISCAL
Par A. LARBALETRIER
Professeur à l'École d'agriculture du Pas-de-Calais
1 vol. in-16, avec 62 figures. . . . . 3 fr. 50

ENVOI FRANCO CONTRE UN MANDAT POSTAL

INDUSTRIE

LA LUMIÈRE ÉLECTRIQUE
GÉNÉRATEURS, FOYERS, DISTRIBUTION, APPLICATIONS
Par L. MONTILLOT
Directeur de télégraphie militaire.

1 vol. in-16 de 406 pages, avec 190 figures. . . . . 3 fr. 50

LA TÉLÉGRAPHIE ACTUELLE
EN FRANCE ET A L'ÉTRANGER
LIGNES, RESEAUX, APPAREILS, TÉLÉPHONES
Par L. MONTILLOT
Directeur de télégraphie militaire.

1 vol. in-16 de 334 pages, avec 131 figures. . . . . 3 fr. 50

LA PHOTOGRAPHIE
ET SES APPLICATIONS AUX SCIENCES, AUX ARTS ET A L'INDUSTRIE
Par Julien LEFÈVRE
Professeur à l'École des sciences de Nantes

1 vol. in-16, avec 93 figures et 3 photographies. . . 3 fr. 50

LA GALVANOPLASTIE
LE NICKELAGE, LA DORURE, L'ARGENTURE
ET L'ÉLECTRO-MÉTALLURGIE
Par E. BOUANT
Agrégé des sciences physiques

1 vol. in-16, avec 34 figures. . . . . 3 fr. 50

LA NAVIGATION AÉRIENNE
ET LES BALLONS DIRIGEABLES
Par H. de GRAFFIGNY

1 vol. in-16 de 344 pages, avec 43 figures. . . . . 3 fr. 50

ENVOI FRANCO CONTRE UN MANDAT POSTAL

Lyon. — Imp A. Rey, 4, rue Gentil. — 3901